トルコ共和国のイスラーム教育と世俗主義

1940年代から1970年代における宗教政策

上野愛実
Manami Ueno

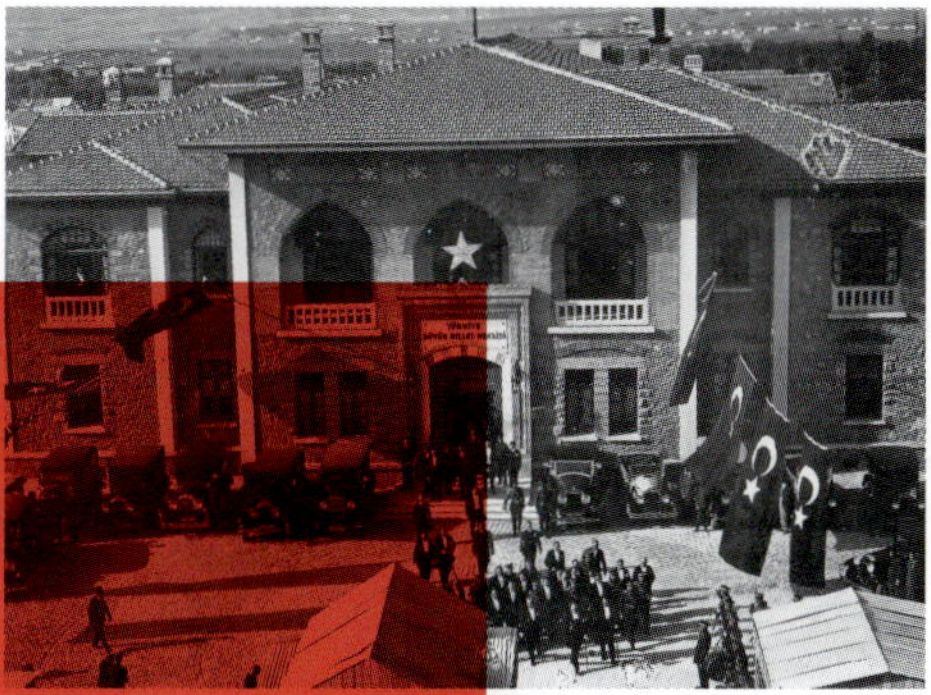

keiso shobo

目次

序章 …… 1
一、本書の課題 1
二、用語の説明 2
三、先行研究と本書の位置づけ 6
四、本書の目的と構成 10
五、史料 13

第1章 トルコ共和国の建国と宗教教育の廃止 …… 21
一、オスマン帝国からトルコ共和国へ 22
二、トルコ共和国の建国と世俗化改革 29
三、共和人民党政権の教育政策と宗教教育の廃止 37
小結 40

第2章 非宗教的な道徳教育から私教育における宗教教育へ …… 51
一、道徳教育の模索 52

二、宗教教育自由化の構想　68
小結　84
第3章　公教育における宗教教育の再開と国家による宗教管理……95
一、小学校への宗教科の導入　96
二、小学校四、五年の宗教科学習指導要領と教科書　111
小結　120
第4章　国家と良心の自由……127
一、民主党政権の成立と宗教政策　128
二、宗教教育に対する法学者の見解　132
三、中学校への宗教科の導入　145
四、中学校一、二年の宗教科学習指導要領と教材　161
小結　173
第5章　イスラームとトルコ人……183
一、一九六〇年クーデタと国民教育諮問会議　184

二、公正党政権の成立と高校への宗教科の導入 190
三、高校一、二年の宗教科学習指導要領と教材 199
小結 208

第6章 道徳と宗教 …… 215
一、道徳科の設置過程 216
二、中学校三年、高校三年の宗教科学習指導要領と教材 229
三、一九七六年道徳科教科書 238
小結 245

終 章 …… 253
あとがき 261
巻末資料（教科書目次） 265
文献目録 *iii*
索引 *i*

凡例

一、固有名詞のカナ表記については、日本での慣例的な表記がある場合にはそれに従った。

一、史料・文献の引用は、一行あけて、二字下げて表記する、あるいはカギ括弧「」で括った。引用文中で、中略がある場合は［…］で示し、補足がある場合は［　］を用いた。原文中で使用されている括弧〈　〉《　》（　）は、カギ括弧「　」または丸括弧（　）で表記した。

一、出典の表記には、注記式参考文献目録方式を用いた。定期刊行物史料に関しては、刊行物名、号数、日付、頁数の順に記載した。日付は、英語で月を表示し、その後に数字で日、年の順に並べた。

一、ルーミー暦の日付に関しては、丸括弧内にグレゴリウス暦の日付を付した。

序章

一、本書の課題

トルコ共和国では一九八二年に、選択希望制の宗教教育科目「宗教科」に代わり、「宗教文化・道徳科」が小学校から高校まで必修科目として導入された。さらに、この科目が必修であることは同年に改正された憲法で保障されることとなった(1)。トルコ共和国の国民の圧倒的多数はスンナ派ムスリムであり(2)、宗教マイノリティとして信仰を保障されているキリスト教徒とユダヤ教徒は各宗教・宗派の教育を独自に行うことが認められていたこともあり、この科目は主にイスラームの教義を教授しながら、生徒に道徳的なふるまいを説く内容とされた(3)。ムスリム内の少数派をはじめとした一部の国民からは良心と信教の自由を理由にこの科目に対して批判がなされてきたが(4)、政府は教育内容を微修正しながら、基本的にはイスラームを中心とした宗派教育を継続している。二〇一二年には保守政党である公正発展党政権が、宗教文化・道徳科を大学入学のための統一試験における出題科目とするまでに至り、公教育におけるこの科目の重要度はさらなる高まりを見せている。

宗教教育のこうした処遇に見られるように、トルコにおいて宗教的な事柄は原則として国家の管理下に置かれ、モスクで礼拝を指導する宗教的職能者なども行政機関である宗務庁の公務員である(5)。また、イスラームにおいてはキリスト教に見られるような教会組織がなく、モスクの導師なども聖職者として一般信徒から区別されるわけではない。

さらに、トルコにおいては共和国建国初期に民間の宗教組織は法律により活動を禁止され、今日この法律は形骸化しているものの、政府の意向に沿わない宗教組織／運動は取り締まりの対象とされる。このように、トルコ共和国においては国家こそが唯一の宗教的権威となり、国民の信仰を規定し、指導する存在とされてきたのである。

国家による宗教管理を基本としたトルコにおいて、宗教は政治的な関心事であり、なかでも公教育におけるイスラーム教育は建国初期以来、宗教をめぐる政策の中心に位置づけられてきた。ただし、トルコ共和国の公教育のなかで、イスラーム教育は常に行われてきたわけではなかった。共和国初期の近代化改革を受けて、初等教育から高等・専門教育にいたるまで公教育内の宗教教育がすべて廃止されていた時代があったのである。それでは、イスラームに関する教育科目はどのようにして再開され、必修化されるに至ったのだろうか。

本書は、普通教育を施す小学校から高校までのイスラーム教育科目に関する政策の変遷と、それをめぐる政治家や知識人の議論を扱うことで、トルコ共和国政府が宗教をどのように扱ってきたのかを通時的に考察するものである。主に対象とする時代は一九四〇年代から一九七〇年代とし、イスラーム教育科目が小学校において再開されてから、中学校、高校へと拡大され、一九八二年に必修化されるまでの過程を検討する。そして、宗教教育をめぐる政策の議論がいかに国家と宗教の関わりを変化させていったのか、二〇世紀中葉の政治家や知識人による試行錯誤がどのような結果をもたらしたのかを見ていくことで、ムスリムが圧倒的多数を占める国における政教関係の一事例を提供する。

二、用語の説明

以下では、本書の議論の前提となるトルコ共和国の宗教と政治に関する基本的な用語を解説する。

共和国初期に行われたイスラーム教育廃止の背景には、政府が推進した一連の改革がある。一九一九年から一九二二年の独立戦争においてトルコを勝利に導き、その国土を守った初代大統領ムスタファ・ケマル［・アタテュルク］(6)

は、共和国を樹立するや否や、国家の近代化を目指し、それまでの宗教に依拠した社会制度を次々に廃止していった。彼や彼を支持した政治家たちは、政治と社会から宗教を排除し、国民にとっての宗教の影響力を減退させていくことこそが近代化の道だと考えていた。

彼らのこうした発想は、近代ヨーロッパに端を発する世俗化の潮流を受けたものであった。ヨーロッパ諸国において社会における宗教の位置づけが変化し、その政治的、社会的影響力が低下していくなかで、こうした傾向は一九世紀から二〇世紀のあいだに、ヨーロッパを範とした近代国家化や植民地支配を通じて世界各地の宗教のあり方に変化をもたらすこととなった。欧米諸国や日本を扱ったこれまでの研究により、近現代における宗教やそれと対比される世俗の様相をめぐっては、前近代以来の社会のあり方に応じて地域によってさまざまな形をとったことが明らかにされ、それらの概念の自明性もまた問い直されるようになった[7]。これらの研究のなかで注目されてきたことのひとつが、教会や寺院といった宗教組織や制度と国家の関係である。その背景には、多くの国々が近代以降、政教分離やそれに類する原則を採用し、制度上は国家と宗教の関係を規定しつつも、実際には国毎の差異が見られたという事情があった。そのなかで、トルコ共和国においては、教会や寺院のような明確な宗教の担い手がおらず、宗教と国家機関が構造的に分離していないという点で特徴的であり[8]、それだけにトルコ共和国の事例は、近現代世界における宗教のあり方を考察する上で独自の意義を有すると言える。

それでは、トルコ共和国における世俗化とはどのようなものだったのだろうか。社会学者のホセ・カサノヴァによれば、世俗化は三つの不均質な命題からなっており、それらは、一、「宗教的な制度や規範から世俗的領域が分化していくという意味での世俗化」、二、「宗教的信仰や実践が衰退していくという意味での世俗化」、三、「宗教が私事化された周縁的領域に追いやられていくという意味での世俗化」に分類されるという[9]。カサノヴァの指摘する世俗化の命題一に関しては、オスマン帝国末期にすでに進んでおり、共和国建国初期において、少なくとも改革を推進した政治家たちは、世俗の領域と宗教の領域の区別を前提として受け入れていた。次節で詳しく見ていくように、これまでの研究は、トルコ共和国の改革やその基底にある思想・理念としての「世俗主義」のあり方をめぐって、それらが二や三の意味における世俗化の狙いを含むのかどうかを議論してきた。本書の立場は、アタテュルクらによる改革には、宗教の影響力の減退を見据えた、宗教の私事化という意図が込められていたと捉えるものであり、彼らが進めた改革を世俗化改革と呼ぶこととする(10)。

それでは、そもそも宗教という語は、二〇世紀のトルコ共和国の文脈ではどのような意味を有していたのだろうか。本書で扱う政治家や知識人の議論に登場するトルコ語の「宗教 din」という語は、アラビア語で審判や慣習、宗教などを意味する語であるディーン dīn に由来し、イスラーム、キリスト教、ユダヤ教などの制度化した信仰体系を総称する概念として使用される(11)。本書の議論においては、政教一致や、近代以前の政治体系としての神権政治などは基本的に想定されておらず、宗教と政治ないし国家の領域の区別は自明のものとされている。本書で宗教という言葉を用いる際には、こうした理解を念頭に置いている。

ただし、ここで留意しておきたいのは、本書で扱う政治的議論においては、宗教という語がイスラームのみを想定して用いられる場合がほとんどだという点である。トルコ共和国を主権国家として承認したローザンヌ条約によって、トルコの市民権を持ったキリスト教徒とユダヤ教徒はマイノリティとして独自の教育を行う権利を保障されていたため、彼らの教育は政治的議題とはならず、宗教教育が議論される際には国民の大多数を占めるムスリムのための教育のみが想定されていた。ただし、本書で見ていくように、非ムスリムがムスリムの国民たちからイスラームと並列される宗教を有し、その教育を行う者として認識されていたことの意味は大きく、少ないながらも宗教という語がキリスト教やユダヤ教などを含む宗教一般を想定して用いられることもあった。また、これと関連して、トルコ語においては、イスラームを指す場合、イスラームに宗教の語をつけた言葉が使用されることがある。この場合は、本書では原語に合わせる形でイスラーム教という訳語をあてる。

一方、宗教と対比される概念は、「非宗教的な、聖職者でない」などを意味するフランス語のライック laïque に由来するライクlaikという形容詞や、「世界、現世、俗世」を意味する、アラビア語由来のデュンヤdünyaやその形容詞形であるデュンイェヴィdünyeviを用いて表現される[12]。アタテュルクが創設したトルコ言語協会が一九四五年に刊行したトルコ語辞書の初版では、ライクは、「脱宗教のdinayrısı」と定義されており、同辞書内で「脱宗教の」は、「どの宗教にも肩入れせず、どの宗教とも関係がない：宗教を関与させない、あるいは宗教と関係がない、非宗教的な」と説明されていた[13]。

宗教と並んで本書で重要な概念となるのは、ライクの抽象名詞形であるライクリキ／ラーイクリキlaiklik[14]である。ライクリキは、アタテュルクを中心としたトルコ共和国初期の政治家たちがフランスのライシテに範をとり、宗教に対する国家の方針を示すものとして、一九三七年にトルコの国是のひとつに掲げた概念である。フランスのライシテが、政教分離を基本としつつ、信仰または良心の自由や国家の宗教的中立性、世俗性など、宗教への態度や方針を表現しながらもさまざまな意味で用いられてきたのと同様[15]、トルコのライクリキも政教分離や良心の自由の保障、宗教的中立性、さらには無宗教などの意味で理解されてきた。ライクリキがトルコ語に取り入れられた経緯は明らかにされていないが、粕谷元によれば、この語は一九二三年頃につくられ、論壇に登場し始めたという[16]。粕谷が指摘するように、国民のあいだでライクリキの解釈に合意はなく[17]、こうした事情は、研究者のあいだにおいても同様である。先行研究においてライクリキはしばしば、世俗主義secularismと訳されるが、本書で見ていくように、二〇世紀中葉における政治家や知識人の議論では「政教分離」に類する形で定義されることが多い。本書では、トルコの政治家や知識人たちが宗教教育政策を論じる際、具体的にライクリキ概念をどのように利用していたのかを検討していくため、原則としてlaiklikをライクリキ、そのもとになった形容詞もライクとカタカナ表記する。それによりこの語がさまざまな意味で理解されていたことを提示し、時代や文脈によってこの言葉に込められた意味の変化を分析する。

三、先行研究と本書の位置づけ

本書の課題は、二〇世紀中葉のイスラーム教育政策の変遷を検討することで、トルコ共和国政府による宗教に関する事柄への関与がどのように変化したのかを明らかにすることにある。以下では、本書の課題に関わる問題群として、(a) 政教関係、(b) 教育政策と国民形成の二つの主題に関わる先行研究を整理し、研究史上における本書の位置づけを行う。

(a) 政教関係

トルコ共和国においては、宗教に関する国家の指針としては「政教分離」を定義に含むライクリキ原則が掲げられてきたのと同時に、宗教は国家が何らかの対処をするべき問題と見なされてきたという、一見、矛盾するような様相が継続してきた。こうした事情ゆえに、トルコの国家ないし政治と宗教の関係は、トルコ共和国研究上、最も注目を集める主題のひとつと見なされてきた[18]。先に述べたように、トルコにおいては建国初期に世俗化改革が行われ、原則として、改革によって作り出された枠組みがその後の政治体制の基底にあることから、トルコの政教関係を説明する思想・論理であるライクリキは、世俗主義と言い換えられてきた。その結果、トルコ共和国研究上、世俗主義は、狭義の意味での世俗化や政教分離を指向する思想としてだけではなく、ライクリキの訳語として、国家と宗教の関係、なかでも、国家による宗教への関与のあり方、そしてそれらをめぐる思想や政策の方向性を意味する概念として広く、また多くの場合あいまいに用いられてきたと言える。

それでは、トルコのライクリキ＝世俗主義はどういった性格をもつものとされてきたのだろうか。政治学者のムラト・ソメルによれば、トルコの世俗主義に関しては、主に三つの方向から主張がなされてきたという[19]。一つ目は、トルコ共和国の世俗主義は、宗教に敵対的なものであり、すなわち宗教を否定し、排除するものであるとする見解である。二つ目は、一つ目をより厳密に説明したもので、宗教を公共空間から排除し私事化する、宗教の領域を縮小させることを狙うものとする主張である。三つ目は、これらとは方向性が異なり、国家に適合的なイスラームを形成しそれを促進するべく、宗教を国家の管理下に置くとするものである。

一つ目および二つ目の見解は、イスラーム政治運動の著名な研究者であるハーカン・ヤヴズと、政治学者であるアフメト・クルに代表される。彼らは、ムスタファ・ケマルや彼に追随した共和国初期のエリート層が、宗教を後進的と見なし、公共空間より排除することによって国家の近代化を推進したこと、こうした世俗主義のあり方がトルコの政教関係の基底となり、近年まで優勢だったことを述べる[20]。これに対し、三つ目の見解の代表者とされる、政治学者のウミト・ジズレ・サカッルオールやアンドリュー・デイヴィソンは、トルコにおいては政教分離が意図されたことはなく、政府の想定するイスラームがトルコのイスラームとして形づくられたこと、すなわちトルコの世俗主義は、宗教そのものの排除や否定を目指すものではないことを主張している[21]。これらの研究者は、共和国初期の改革において、宗教を司る行政機関として宗務局（後の宗務庁）が設置されたこと、モスクの建設や維持に国家から資金が出ていることなどをその根拠としている。

ソメルもまた三つ目の見解を支持しているように、近年、トルコのイスラームと政治の関わりを扱う研究の多くが、トルコの世俗主義は元来、宗教の存続を前提とした国家管理であり、宗教の影響力の減退や宗教の領域の消滅を狙うものではないという理解に依拠している。先に挙げたように、今日のトルコではイスラームを中心とした教育科目が必修とされ、それは他でもない国民教育省の管轄のもとで行われているように、現状に鑑みれば三つ目の主張が最も妥当であるように見える。

しかしながら、こうした捉え方は、政教関係がトルコ共和国の歴史を通じて一貫していたかのように理解するものであり、トルコの政教関係がたどった歴史的変遷を軽視しているように思われる。トルコの政教関係を一貫したものとして捉えることには、トルコ共和国政府が国父ムスタファ・ケマル・アタテュルクの改革を逸脱することなく継承してきたと主張すること、すなわちアタテュルクと彼の主導した改革の無謬さの証左を示すことができるという利点があり、その逆は、それへの否定につながる危険性があった。近年、アタテュルクを神格化する姿勢は見直されてきているが[22]、以上のような背景により、トルコの政教関係を扱う研究のなかでは、トルコの世俗主義は、当初より宗教の積極的な国家管理を狙ったものであり、それが現在まで続いているという見解が優勢となってきたと考えられる。

本書は、共和国初期の改革には宗教を社会や政治から排除する狙いがあったこと、その後、それが政治的利用を意図した宗教の国家管理へと移行していったことを明らかにするものであり、これまで十分には論じられてこなかった政教関係の変化を検討することで、以上のような世俗主義をめぐる理解の不一致を、整合性を持たせて説明することに第一の意義を有する。

共和国建国初期以降、近年までの事情に関しては、以上のように異なる見解が示されてきた一方、今日のトルコの世俗主義のあり方としては、国家が公共空間への宗教の表出を許容し、国民の信仰の維持を意図した宗教の積極的な国家管理を行うという性格にほぼ見解の一致が見られていると言える。それでは、こうした宗教の国家管理は、どのような論理のもとに行われているのだろうか。この論理を実証的に明らかにした研究として、二〇一〇年に出版されたウムト・アザクの著書を挙げることができる。アザクは、一九三〇年代から六〇年代の宗教政策や宗教に関わる事件の考察により、トルコ共和国の世俗主義は「反動イスラーム reactionary Islam への恐怖」に基づいているとし、政治家や知識人が、国家にとって望ましくない宗教組織や運動に「前近代的」、「反動 irtica」、「狂信」といったレッテルを貼り、それらから国民の信仰を守ると主張することで国家の宗教管理を可能にしてきたと論じている[23]。本書はアザクの議論に重要な示唆を受けており、アザクが扱わなかった宗教教育政策に注目することで、こうした管理の論理の形成と発展の過程を精緻に論じることにも貢献している。

(b) 教育政策と国民形成

トルコ共和国建国時、国内にはオスマン帝国期以来の多様な民族からなるムスリムが居住していた。トルコ共和国政府にとってこうした多民族から成る国民の統合を実現することは建国当初から重要な政治課題とされており、それだけに、国民形成をめぐる政策は、トルコ共和国史研究においても重要なテーマとされてきた(24)。他地域において見られるように、トルコ共和国政府も公教育を国民形成の手段として利用しており、教育政策の歴史を論じるこれまでの研究もそうした側面に注目している。

国民形成との関連で教育政策ないし教育内容の変遷を扱った研究としてまず挙げるべきは、歴史教育、そして公民教育を扱った研究であろう。歴史教育科目を研究対象としたエティエンヌ・コポーは、一九三一年から一九九三年までの長期にわたる歴史科の教育内容の変遷を分析し、一九七六年を境に、宗教的な要素がトルコ国民性のなかに取り入れられるようになったことを明らかにしている(25)。公民教育科目を扱った研究として代表的なのは、フュスン・ウステルの著書である。ウステルは、オスマン帝国末期の第二次立憲政期から一九九〇年代までのおよそ百年のあいだに行われた公民教育諸科目を分析対象とし、この期間を第二次立憲政期、共和国初期、一九五〇年代から一九八〇年代前半、一九八〇年代後半以降の四つの時代に分け、各時代の政府が想定するあるべき国民像が変化していくさまを検討している(26)。この研究によれば、公民教育科目には一九八〇年代後半より、宗教を国民統合の要素とする思想が盛り込まれるようになったという。これらのいずれの研究からも、トルコの公教育の内容には政治的意図が色濃く反映されていること、それゆえに政治の変化に伴い、教育内容にも変化が見られること、さらに宗教に関連して言えば、公教育のなかで宗教を国民性の一要素とする動きが一九七〇年代半ばから一九八〇年代に進んだことが明らかにされてきた。それでは、宗教教育に関する研究は、この点でどのような貢献をなしてきたのだろうか。

トルコの宗教教育をめぐっては、あるべき宗教教育のあり方を模索する教育学の観点からの研究が数多く発表されてきたのに対し、国民形成との関連で教育政策を論じた研究は限られている。そのなかで、宗教文化・道徳科を研究対象としたサム・カプランは、一九八〇年クーデタ後の軍事政権下で導入されたこの必修科目には、当時、軍部によって採用された「トルコ・イスラーム総合論 Türk İslâm Sentezi」[27]というトルコ性とイスラームの不可分を説くイデオロギーが反映されていたことを示し、アタテュルクの革命の擁護者である軍部がその表象とは裏腹に、いかに宗教を政治的に利用したのかを論じている[28]。また、二〇〇二年より今日まで続く公正発展党政権期に注目し、広くイスラーム教育政策を扱ったエリフ・ゲンチカル・エロレルは、同党が彼らの意図に適合した国民形成やその維持のために積極的に宗教教育政策を推進してきた様子を描き、近年のトルコの政治における宗教教育の意義を考察している[29]。

これに対し、宗教文化・道徳科が導入される一九八二年以前の宗教教育をめぐっては、その前身となる宗教科の設置過程が扱われるにとどまっており、国民形成との関係で宗教科の性格やそれをめぐる政治家たちの意図が十分に検討されてきたとは言いがたい[30]。しかし、本書で論じるように、宗教科は早い段階から国民意識を涵養する科目としての役割を期待されてきたのであり、トルコ人の国民性と彼らがムスリムであることの折り合いをどのようにつけるかは、宗教科の教育内容をめぐる関心事項のひとつだった。本書は、宗教教育をめぐる政治家や知識人の議論を見ていくとともに、宗教科の指導要領や教科書の内容を検討することで、国民性のあり方や宗教の捉え方をめぐってどのような新たな理解が展開されたのかを明らかにする。

四、本書の目的と構成

本書は、トルコ共和国政府が宗教的な事柄をどのように扱ってきたのかを検討すべく、宗教教育政策と、それに関わる政治家と知識人の議論に焦点を当てる。そして、共和国の改革は当初、宗教を排除する狙いをもつものだったが、ムスタファ・ケマル・アタテュルクの没後、政治家たちによりそうした狙いが変更されていき、宗教への積極的な管理に至ったという、これまで十分に論じられてこなかった政教関係の転換の過程とその余波を、二〇世紀中葉を通じて継続的に政策が打ち出された宗教教育に注目して論じることを目的とする。具体的には、一九四〇年代から七〇年代を対象とし、宗教教育科目が必修化されるまでの経緯を、その前身となる宗教科の開始と段階的な拡大過程を通して見ていく。そして、宗教教育が国民教育と結びつけられ、そうした側面が強化されていったこと、そのなかで国民性と宗教の捉え方に変化が見られたこと、その結果として、宗教教育の必修化が実現されたことを論じる。

本書は序章と終章、そして全六章からなる本論で構成される。

第1章では、本書の議論の背景としてオスマン帝国期に遡り、そこからトルコ共和国初期までのあいだに宗教と教育をめぐる政策にどのような傾向が見られたのか、そして国家／政治と宗教の関係がどのように変化したのかを、ムスタファ・ケマル・アタテュルクが没する一九三八年までを対象として概観する。その際に、トルコ共和国建国初期における世俗化改革の実施過程に注目することで、当時の急進的な宗教政策の性格を論じ、どのような経緯のもと、宗教教育が公教育から排除されたのかを見ていく。

第2章では、アタテュルクの没後、一九三〇年代末から一九四八年まで、すなわち、アタテュルクの創設した共和人民党による一党支配体制から複数政党制への移行が見られた期間の宗教教育政策および道徳教育政策を扱う。建国初期の世俗化政策の結果、一九三〇年代末までのトルコでは公教育内の宗教教育はすべて廃止された。宗教教育の不在は当初、道徳教育の模索を呼び起こし、それは公民教育のなかで行われることになった。しかしながら、こうした道徳教育は「道徳の危機」を喧伝する知識人の声を抑えることはできず、その後、共和人民党内で宗教教育の再開が検討されるようになる。本章は、共和人民党政府による道徳教育の模索から私教育の宗教教育である宗教塾の構想までを追い、非宗教的な道徳教育の実施と私教育における宗教教育の試み、そして、それらの教育内容を見ることで、アタテュルク後の政治家たちが共和国初期の政策方針をいかに維持しようとしていたのかを論じる。

宗教塾の構想は結果として実現されることはなく、それに代わり、共和人民党政権内では公教育内において宗教教育を再開する動きが進み、それは一九四九年に小学校に宗教科が導入されることで実現に至った。第3章では、一九四七年から一九四九年までを扱い、小学校における宗教教育再開の経緯と、新たに導入された宗教科の教育内容を見ていく。そして、宗教科の実現までの過程で生じた議論を、特に政治と宗教の関係についての政治家と知識人の理解に注目して検討する。これにより、一九四七年から一九四八年を転換期として、宗教と政治の分離を意味すると捉えられていたライクリキに関して、それが良心の自由という側面を持つことが強調されるようになり、結果として、良心の自由の保障を根拠に、共和人民党政権が公教育における宗教教育の実施をライクリキの名の下に正当化していったことを論ずる。

第4章では、一九五〇年代に注目し、複数政党制への移行に伴い、共和人民党に代わって政権を獲得した民主党が、どのようにして宗教への積極的な国家関与を肯定する理解を提唱していったのか、そして、それが同時代の知識人たちにどのように受けとめられたのかを検討する。そのために、公教育における宗教教育の是非をめぐる政治家や法学者、知識人の議論に注目する。これにより、一部の法学者や知識人の反対にもかかわらず、一九五〇年代半ばより独裁化していた民主党政権の強行によって中学校へ宗教科が設けられ、国家による宗教管理を正当化する論理が既定路線とされていったこと、そのなかでトルコ民族によるイスラームへの歴史的な貢献を喧伝し、トルコ民族の偉大さを強調する教育内容が宗教教育に盛り込まれていったことを明らかにする。

一九六七年には、中学校に続き、高校へと宗教教育が拡大していく。第5章では、この高校への宗教教育導入に注目し、一九六〇年代に入って宗教教育をめぐる議論がトルコ人の国民性を主題とするものとなるなかで、世俗的なトルコ国民像が後景に退き、トルコ人とイスラームのつながりが宗教教育政策のなかで自明のものとされていった過程を扱う。本章では、高校への宗教科の設置がどのような経緯を経て実現したのかを明らかにし、政府がトルコ人とイスラームの結びつきを好意的に説くことによって、国民教育のために宗教を積極的に利用していったことを論じる。

第6章では、一九七〇年代を対象とし、この時代に新たに導入され、宗教との関わりという点で注目を集めた道徳教育科目「道徳科」と、教授学年がさらに拡大された宗教科の二つを見ていく。具体的には、一九七四年の道徳科設置に至る経緯と、その後の一九七五年から七六年にかけて行われた道徳科指導要領の改訂、そして同七六年に行われた宗教科の教授学年の拡大とその内容を検討することで、一九八二年の宗教教育の必修化につながる経緯を論じる。それにより、一九七〇年代のトルコの教育政策をめぐっては、トルコ人の国民性とイスラームの性質の親和性が強調されるようになったこと、その過程でイスラームを国民文化と捉える視点が公教育をめぐる議論に取り入れられていったことを明らかにする。

終章では、宗教科と道徳科の統合により、宗教教育科目が必修化された過程を扱う。そして、これまでの本論の内容がどのようにこの科目の設置を説明しうるのかを論じ、研究史上における本書の意義を確認する。

五、史料

以上の課題を達成するべく本書で使用する主な史料となるのは、政府機関広報誌、新聞、教科書である。これまでの教育政策を扱う研究は、主に学習指導要領や教科書のみを用いて、その内容から政策を論じる傾向にあるが、本書ではそれらの史料に加え、政府機関広報誌や新聞といった定期刊行物の分析を行うことで、政策をめぐる政治的な背景を捉えながら宗教教育政策を明らかにすることを目指す。以下、各史料に関して説明する。

政府機関広報誌のなかでも本書の主要な史料となるのは、『トルコ共和国国民教育省広報誌』である。この広報誌は、国民教育省が発行する定期刊行物である。一九二六年二月一五日の創刊当時の名称は『教育省誌 *Maarif Vekâleti Mecmuası*』であり、一ヶ月に一号発行されていたが、その後、一九二八年に刊行が停止された後、一九三九年一月に、『トルコ共和国教育省広報誌 *T. C. Maarif Vekilliği Tebliğler Dergisi*』の名前で再び第一号から刊行されるようになり、以降は毎週一冊の刊行となった(31)。教育省が国民教育省へと改称されるのに伴い、一九四五年に『トルコ共和国国民教育省広報誌 *T. C. Millî Eğitim Bakanlığı Tebliğler Dergisi*』へと名称が変更された(32)。以下では、『教育省広報誌』と略す。『教育省広報誌』は、教育省の通達を学校教員などの教育関係者に知らせるために無料で配布される雑誌であり、制度的な側面について情報を得るための格好の史料である。年代により『教育省広報誌』に掲載される情報は異なり、当初は、各学校に採用された教員の名前やその給与額にまで及ぶ詳細な情報が掲載されていたが、国民教育省で行われる業務が増加するのに伴い、そうした個別の情報は省かれるようになった。本書の執筆にあたっては、同誌記事の網羅的な調査を通じて[33]、学習指導要領の内容をはじめ[34]、どの教材が何年から何年までのあいだ使用されることが認可されていたのか、いつ宗教や道徳教育科目の学習指導要領が変更・停止されたのかといった情報を入手し、それを使用した。

本書で用いる主要な史料の二つ目は、新聞（日刊紙）である。新聞はトルコ共和国の政治史を研究する上で重要な史料のひとつであり、既存の研究の多くが新聞を主たる情報源として使用してきた。二〇世紀中葉のトルコにおいて、新聞は、報道を行うだけではなく、知識人や政治家が自身の主張を公にし、政治的議論を行う場ともなっており、本書では主にそうした声を拾うべく新聞を利用した。当時のトルコの新聞記者たちは、他紙が報道する情報を引用したり、名指しで記事の内容を批判したりすることがあり、それを受けての応酬が新聞紙上で行われることもあった。加えて、政党の高等会議など、執筆者が議事録を入手できなかった、あるいは議事録が公開されていない会議の内容なども、各紙でなされた報道を通して情報を得ることができる。また、さまざまな出来事に対する各紙の見解を見ることで、社会において何が問題とされていたのか、どういった意見が見られたのかといったことを理解する手がかりとした。本書で扱う新聞には、政党の機関紙であるものとそうでないものがある。ただし、新聞によっては、機関紙ではなくとも特定の政党と近い関係をもつものもある。本書の対象である一九四〇年代から一九七〇年代においては、政府や軍部による圧力や経営難などにより、新聞が定期的に刊行されなくなる、廃刊することなどがあり、一〇年以上にわたって安定して刊行が続いている新聞は多くない。

本書の執筆にあたっては、二〇紙ほどの新聞を調査した上で、イスタンブルやアンカラといった大都市部を本部とする、比較的、安定して刊行されていた新聞を分析の対象とした。機関紙としては、共和人民党の『ウルス（国民）*Ulus*』、民主党の『ザフェル（勝利）*Zafer*』、公正党の『ソン・ハヴァーディス（最新情勢）*Son Havadis*』、国民救済党の『ミッリー・ガゼテ（国民新聞）*Milli Gazete*』を、独立した新聞社から刊行された新聞としては、『ジュムフリイェト（共和国）*Cumhuriyet*』、『ソン・テルグラフ（最新電信）*Son Telgraf*』、『イェニ・サバ（新しい朝）*Yeni Sabah*』、『ヴァキト（時）*Vakit*』、『ミッリイェト（国民性）*Milliyet*』、『ヴァタン（祖国）*Vatan*』紙を主に使用した。

本書で使用する主な史料の三つ目は、教科書（教材）ders kitabı である。これまでの教育学や歴史学の研究が示しているように、近代国家の諸政府は学習指導要領や検定制度を通じて教科書の内容を規定し、制約することで、教科書を、国民を教化するための主要な道具のひとつとしており、教科書は国家の教育政策を理解する上で重要な史料とされてきた[35]。トルコにおいて、政府は公教育を厳格な監督下に置くことを目指す傾向にあり、国民教育省の定める学習指導要領の拘束力が強いことはこれまでの研究でも指摘されてきた[36]。

トルコにおいて教科書は、国民教育省出版局と民間の出版社の両方から出版されているが、それらはすべて学習指導要領に則って執筆され、さらに国民教育省管轄下の教育審議会の検定を経て、同会によって認可されたもののみが学校で使用されるよう定められている。国民教育省出版局と民間出版社による教科書の記述に大きな違いがないことにも、拘束力の強いトルコの公教育制度の性格が表れていると言える。本書の執筆にあたっては、民間出版社の教科書叙述も調査した上で、政府の意図がより直接的に反映されていると考えられる国民教育省出版局の教科書を主に使用した。本書で見ていくように、国民教育省出版局から教科書が出版されないことがあり、そうした場合は、民間出版社から出版された教科書を用いた。考察対象とした教科書は、公民教育科目で使用された『トルコ人の道徳信条 *Türk Ahlâkının İlkeleri*』と、私教育の宗教教育のための教本として執筆された『ムスリム子弟の本 *Müslüman Çocuğunun Kitabı*』、宗教科の教科書、道徳科の教科書である。『トルコ人の道徳信条』と『ムスリム子弟の本』、そして一九七六年に出版された道徳科の教科書を分析対象として取り上げた研究は、管見の限りでは非常に限られているが、本書では、トルコの教育政策を理解する上でそれらの教材がどのような意義を有しているのかを論じたい。

以上に加え、トルコ大国民議会 Türkiye Büyük Millet Meclisi の議事録、国民教育諮問会議 Millî Eğitim Şûrası の議事録、イスラームを重視する価値観をもった知識人たちが時事問題などを論じる雑誌である『セビーリュルレシャト（真正への道）*Sebilürreşad*』や『ビュユク・ドウ（大東）*Büyük Doğu*』なども必要に応じて参照した。

これらの史料を複合的に用いることで、本書は一九四〇年代から一九七〇年代の宗教教育の変遷とそれをめぐる議論を検討し、トルコ共和国政府による宗教政策の転換を論じる。

注

（1）一九八二年憲法の原文は官報を参照した。*T. C. Resmî Gazete*, no. 17844 (October 20, 1982), 6-7 (art. 24).

（2）アメリカのピュー研究所の調査によれば、二〇一〇年の時点でトルコの総人口は七二七五万人であり、ムスリムの割合は九八%であるという。*The Global Religious Landscape: A Report on the Size and Distribution of the World's Major Religious Groups as of 2010* (Washington: Pew Research Center, 2012), 22, 50.

（3）宗教文化・道徳科の内容をめぐり、科目の導入時になされた議論については以下を参照。Halis Ayhan, *Türkiye'de Din Eğitimi* (İstanbul: Değerler Eğitimi Merkezi Yayınları, 2004), 281-318. 教科書の内容に関して、特に道徳教育の側面を扱ったものとして以下を参照（ただし対象は小学校、中学校のみ）。Eyup Şimşek, "İlköğretim Din Kültürü ve Ahlak Bilgisi Ders Kitapları 'Ahlak' Öğrenme Alanlarının İncelenmesi," *Atatürk Üniversitesi İlahiyat Fakültesi Dergisi* 38 (2012): 189-214.

（4）小泉洋一「トルコの政教分離に関する憲法学的考察――国家の非宗教性と宗教的中立性の観点から」『甲南法学』第四八巻第四号、二〇〇八年、三三七―三三九頁。公教育における宗教教育に反対する意見として、以下の文献も参照。Abdurrahman Dilipak, *Bu Din Benim Dinim Değil* (İstanbul: İşaret-Ferşat Ortak Yayınları, 1991).

（5）宗務庁については以下を参照。佐島隆「トルコ・イスラームの一形態としての宗務庁――政教関係の一断面」『イスラム世界』第三九／四〇号、一九九三年、四五―七二頁；İsmail Kara, "Din ile Devlet Arasında Sıkışmış Bir Kurum: Diyanet İşleri Başkanlığı," *Marmara Üniversitesi İlahiyat Fakültesi Dergisi* 18 (2000): 29-55; İsmail Kara, *Cumhuriyet Türkiyesi'nde Bir Mesele*

Olarak İslâm (İstanbul: Dergâh Yayınları, 2008), 51-177; İştar Gözaydın, *Diyanet: Türkiye Cumhuriyeti'nde Dinin Tanzimi* (İstanbul: İletişim Yayınları, 2009).

（6）第1章で言及するように、ムスタファ・ケマルがアタテュルクという姓を得たのは一九三四年のことであるが、本書では便宜的に、それ以前の年代に関しても、ムスタファ・ケマル・アタテュルクないしアタテュルクと呼称することがある。

（7）山口輝臣『明治国家と宗教』東京大学出版会、一九九九年；タラル・アサド『世俗の形成――キリスト教、イスラム、近代』中村圭志訳、みすず書房、二〇〇六年；大西直樹・千葉眞編『歴史の中の政教分離――英米におけるその起源と展開』彩流社、二〇〇六年；伊達聖伸『ライシテ、道徳、宗教学――もうひとつの一九世紀フランス宗教史』勁草書房、二〇一〇年；和田守編著『日米における政教分離と「良心の自由」』ミネルヴァ書房、二〇一四年；伊達聖伸編『ヨーロッパの世俗と宗教――近世から現代まで』勁草書房、二〇二〇年。

（8）Amit Bein, *Ottoman Ulema Turkish Republic: Agents of Change and Guardians of Tradition* (Stanford: Stanford University Press, 2011), 157.

（9）ホセ・カサノヴァ『近代世界の公共宗教』津城寛文訳、玉川大学出版会、一九九七年、二六八頁。

（10）アミト・ベインも、トルコ共和国初期の政策がカサノヴァによる世俗化の三つの命題を含んでいるものとしている。彼はまた、トルコの世俗主義政策がその初期から政治と宗教の「分離」と、政治による宗教の「管理」という矛盾した特徴を有することを指摘している。Bein, *Ottoman Ulema*, 157.

（11）後述するトルコ言語協会のトルコ語辞書では、宗教は、信仰体系および信心や帰依の対象となる思想、信条、そのための制度であると説明されている。*Türkçe Sözlük*, 1st ed. (Ankara: Türk Dil Kurumu Yayınları, 1945), 153. アラビア語の宗教の語の意味については以下を参照。L. Gardet, "Dīn," in *Encyclopaedia of Islam*, Second Edition, vol. 2, ed. B. Lewis, Ch. Pellat and J. Schacht (Leiden: E. J. Brill, 1965, repr. 1983), 293-296.

（12）英語の secular に由来する seküler という語が使用されることもある。

（13）*Türkçe Sözlük*, 1st ed., 153, 385.

（14）トルコ言語協会のトルコ語辞書では、一九四五年の初版では lâyiklik と表記され、一九八三年に出版された版からは y が削除されるようになり、その後、二〇〇五年から、長母音記号を取り除いて laiklik と表記されるようになった（正確には、一九八三年版の辞書ではライクリキに長母音記号は付されていなかった）。長母音記号の表記は必ずしも絶対的なものではなく、二〇〇〇年以前の史料においても長母音記号が付されていないことも多い。本書では長母音記号の有無にかかわらず、ライクリキと一貫して表記する。*Türkçe Sözlük*, 1st ed., 385; *Türkçe Sözlük*, 2nd ed.（Ankara: Türk Dil Kurumu Yayınları, 1955）, 492; *Türkçe Sözlük*, 3rd ed.（Ankara: Türk Dil Kurumu Yayınları, 1959）, 516; *Türkçe Sözlük*, 4th ed.（Ankara: Türk Dil Kurumu Yayınları, 1966）, 486; *Türkçe Sözlük*, 5th ed.（Ankara: Türk Dil Kurumu Yayınları, 1969）, 496; *Türkçe Sözlük*, 6th ed.（Ankara: Türk Dil Kurumu Yayınları, 1974）, 539; *Türkçe Sözlük 2 L–Z*, 7th ed.（Ankara: Türk Dil Kurumu Yayınları, 1983）, 782; *Türkçe Sözlük 2 L–Z*, 8th ed.（Ankara: Türk Dil Kurumu Yayınları, 1988）, 956; *Türkçe Sözlük 2 L–Z*, 9th ed.（Ankara: Türk Dil Kurumu Yayınları, 1998）, 1449; *Türkçe Sözlük*, 10th ed.（Ankara: Türk Dil Kurumu Yayınları, 2005）, 1295.

（15）ライシテについては、ジャン・ボベロ『フランスにおける脱宗教性（ライシテ）の歴史』三浦信孝・伊達聖伸訳、白水社、二〇〇九年；伊達『ライシテ』；伊達聖伸『ライシテから読む現代フランス――政治と宗教のいま』岩波書店、二〇一八年を参照。

（16）粕谷元「トルコの政教分離論再考――シャリーア・ワクフ省の廃止ならびに宗務局およびワクフ総務局の新設に関する法律（一九二四年）の検討から」粕谷元・多和田裕司編著『イスラーム社会における世俗化、世俗主義、政教関係』上智大学アジア文化研究所イスラーム地域研究機構、二〇一三年、六頁。

（17）粕谷「トルコの政教分離論再考」一〇―一一頁。

（18）トルコの政教関係を扱った先駆的な研究として、アリ・フアト・バシュギル、バーナード・ルイス、そしてニヤーズィ・ベルケスの著書を挙げることができる。Ali Fuad Basgil, *Din ve Lâiklik: Din Nedir? Din Hürriyeti ve Lâiklik Ne Demektir?*（İstanbul: Fakülteler Matbaası, 1954）; Bernard Lewis, *The Emergence of Modern Turkey*（London: Oxford University Press, 1961）; Niyazi Berkes, *The Development of Secularism in Turkey*（Montreal: McGill University Press, 1964）. 彼らの研究分野は、それぞれ法学、歴史学、社会学であり、こうした点からは、トルコの政教関係、特に世俗主義というテーマが、当初より複数の分野において関心を持たれていたことがわかる。トルコの宗教および政教関係、そして教育政策に関する先行研究史については、以下を参照。上野愛実「トルコ共和国における宗教教育政策（一九四〇年代～一九七〇年代）――宗教教育の再開から必修化まで」博士論文、東京大学、二〇二〇年、五―一七頁。

（19）Murat Somer, "Is Turkish Secularism Antireligious, Reformist, Separationist, Integrationist, or Simply Undemocratic?," *Journal of Church and State* 55, no. 3（2013）585–597.

（20）Hakan M. Yavuz, "Cleansing Islam from the Public Sphere," *Journal of International Affairs* 54, no. 1（2000）: 21–42; Ahmet T.

Kuru, "Passive and Assertive Secularism: Historical Conditions, Ideological Struggles, and the State Policies toward Religion," *World Politics* 59 (2007): 568-594; Ahmet T. Kuru, *Secularism and State Policies toward Religion: The United States, France, and Turkey* (Cambridge: Cambridge University Press, 2009).

(21) Ümit Cizre Sakallioğlu, "Parameters and Strategies of Islam-State Interaction in Republican Turkey," *International Journal of Middle East Studies* 28 (1996): 231-251; Andrew Davison, *Secularism and Revivalism in Turkey: A Hermeneutic Reconsideration* (New Haven: Yale University Press, 1998), 134-188; Andrew Davison, "Turkey, a "Secular" State?: The Challenge of Description," *The South Atlantic Quarterly* 102, no. 2/3 (2003): 333-350; Feroz Ahmad, *Turkey: The Quest for Identity* (London: Oneworld, 2014), 84.

(22) アタテュルクへの神聖視と学術研究の関係については以下を参照。M. Şükrü Hanioğlu, *Atatürk: An Intellectual Biography* (Princeton: Princeton University Press, 2011), 1-5.

(23) Umut Azak, *Islam and Secularism in Turkey: Kemalism, Religion and the Nation State* (London: I. B. Tauris, 2010).

(24) トルコ共和国政府によるトルコ国民の形成については、以下を参照。山口昭彦「現代トルコの国民統合と市民権――抵抗運動期から共和国初期を中心に」酒井啓子・臼杵陽編『イスラーム地域の国家とナショナリズム』東京大学出版会、二〇〇五年、二三九―二六三頁；Soner Cagaptay, *Islam, Secularism and Nationalism in Modern Turkey: Who is a Turk?* (London: Routledge, 2006).

(25) Etienne Copeaux, *Tarih Ders Kitaplarında (1931-1993) Türk Tarih Tezinden Türk-İslam Sentezine*, tr. Ali Berktay (İstanbul: Tarih Vakıf Yurt Yayınları, 1998).

(26) Füsun Üstel, *"Makbul Vatandaş"ın Peşinde: II Meşrutiyetten Bugüne Vatandaşlık Eğitimi* (İstanbul: İletişim Yayınları, 2004).

(27) トルコ・イスラーム総合論については本書第6章で扱う。日本語の文献としては以下の論考を参照。大島史「トルコ『八〇年体制』における民族主義とイスラーム――トルコ・イスラーム総合論を中心に」『イスラム世界』第六四号、二〇〇五年、一―二〇頁。

(28) Sam Kaplan, "Din-u Devlet All Over Again?: The Politics of Military Secularism and Religious Militarism in Turkey Following the 1980 Coup," *International Journal of Middle East Studies* 34, no. 1 (2002): 113-127; Sam Kaplan, *The Pedagogical State: Education and the Politics of National Culture in Post-1980 Turkey* (Stanford: Stanford University Press, 2006).

(29) Elif Gençkal Eroler, *"Dindar Nesil Yetiştirmek": Türkiye'nin Eğitim Politikalarında Ulus ve Vatandaş İnşası (2002-2016)* (İstanbul: İletişim Yayınları, 2019).

(30) 宗教科に関する論考としては以下を参照。Ayhan, *Türkiye'de Din Eğitimi*, 138-161; Eyup Şimşek, "Çok Partili Dönemde Yeniden Din Eğitimi ve Öğretimine Dönüş Süreci（1946-1960）," *Ankara Üniversitesi Türkiye Araştırmaları Enstitüsü Dergisi* 49（2013）: 391-444; Tuba Ünlü Bilgiç and Bestami S. Bilgiç, "'Raising a Moral Generation': The Republican People's Party and Religious Instruction in Turkey 1946-1949," *Middle Eastern Studies* 53, no. 3（2017）: 349-362.

(31) 本書で扱う一九四〇年代から七〇年代には、週に一号刊行されていた。その後、出版頻度は段階的に減らされていき、一九九〇年代後半からは基本的には一ヶ月に一号の刊行となり、必要に応じて増刊号が刊行されるようになった。

(32) 正確には、一九四五年一月一五日刊行の第三一一号から一九四五年四月九日の第三二三号までは一時的に、*T. C. Maarif Bakanlığı Tebliğler Dergisi* の名称が使用されていた。「教育」の意味として maarif の代わりに eğitim が誌名に使用されるようになったのは、一九四五年四月一六日刊行の第三二四号からである。本書以下の注ではすべて、*Tebliğler Dergisi* と略記する。

(33) 『教育省広報誌』は、国民教育省のインターネットサイトにＰＤＦ化されたものが掲載されている。http://dhgm.meb.gov.tr/www/tum-sayilar/icerik/814（二〇二四年六月二四日最終閲覧。）ただし、一九四〇年代から一九九〇年代に関しては掲載されていない号も多く、不足分はイスタンブル広域市立アタテュルク図書館 İstanbul Büyükşehir Belediyesi Atatürk Kitaplığı とベヤズト国立図書館 Beyazıt Devlet Kütüphanesi で閲覧した。

(34) 『教育省広報誌』に学習指導要領が常に掲載されていたわけではなく、一九四九年に設置された小学校四、五年次の宗教科の要領に関しては、本論で後述するように教科書の冒頭部分に掲載されていた。

(35) 例えば、イランの教科書を研究した桜井は、教科書の歴史とその特性から、教科書が「国民相互の連帯意識の形成」や国民統合を促進するための重要な役割をもち、「国家のメッセージや国家的象徴の伝達のために積極的に利用され」ることから、教科書を「国家的メディア」、「国家的装置」であると論じている。桜井啓子『革命イランの教科書メディア――イスラームとナショナリズムの相剋』岩波書店、一九九九年、四―一〇、二四―二五頁。

(36) Copeaux, *Tarih Ders Kitaplarında*, 80.

第1章　トルコ共和国の建国と宗教教育の廃止

建国の翌年にあたる一九二四年、トルコ共和国政府は国内の学校教育の方針を示すべく、学習指導要領を作成し、そのなかで小学校と中学校に宗教教育科目を設けることを規定した。しかしながら、そのわずか二年後の一九二六年から、政府は宗教教育科目を徐々に削減していき、一九三〇年代にはすべて廃止するに至った。小学校や中学校における宗教教育だけではなく、高等教育や専門教育からも宗教教育は排除されていき、これにより一九三〇年代末以降のトルコにおいて、公教育のなかで宗教教育は一切行われなくなった。本章は、公教育における宗教教育の廃止にはどのような背景があり、政策面でどのような方向性を受けて実現したものなのかを描くことを目的とする。

一九三〇年代のトルコ共和国における宗教教育廃止の背景には、ムスタファ・ケマルが推進した世俗化改革がある。宗教を対象として彼が行った改革は公私の分離を前提としており、公的な面ではイスラームを政治や法の領域から明確に排除すると同時に、個人の私的な領域に残されたイスラームをめぐっては積極的な排除の対象とはせず、それを宗務局を通じて国家の管理下に置き、共和国の統治に適合した形へと改変する施策が打ち出された。それだけに、トルコの世俗主義を扱ったこれまでの研究は、共和国初期の改革をめぐって宗教の領域の縮小や排除、あるいは国民統合のための宗教の管理や促進など、それぞれの研究者の主張に応じて異なる側面を強調してきた。これに対し、本章は、長期的に改革がもたらしえた結果を視野に、ムスタファ・ケマル・アタテュルクの改革は、国家が主導して宗教を個人の領域の問題へと私事化するものであり、さらにはその先に個人の領域における宗教の影響力が消失することを厭わないものであったと論じる。

以下では、トルコ共和国の前身であるオスマン帝国の末期にまで遡り、そこからアタテュルクが没する一九三八年までの時代における宗教政策の変遷を扱う。第一節で、オスマン帝国期の宗教政策と教育の状況について概観する。第二節では、新生トルコ共和国の改革について、アタテュルクによる宗教をめぐる諸政策を中心に見ていく。最後に第三節では、トルコ共和国初期の教育政策、特に宗教教育政策について論じ、宗教教育の廃止の意味を検討する。

一、オスマン帝国からトルコ共和国へ

本節では、トルコ共和国の前身となるオスマン帝国の始まりから崩壊までを概観する。その際に、オスマン帝国の宗教と教育に関する政策に注目することで、本論で対象とするトルコ共和国の政治体制や教育制度の背景を確認する。

近世オスマン帝国

オスマン帝国は、一三〇〇年頃にアナトリア西北部に生まれた君侯国に端を発し、その後の二五〇年ほどのあいだにバルカン半島を中核としつつ、アナトリアから東、南地中海地域を領域に収めるに至った多宗教・多民族帝国だった。オスマン王家を中心とする支配層と、帝国臣民の三分の二程度はムスリムである一方、人口の三分の一は、多様な民族・宗派の人々からなるキリスト教徒やユダヤ教徒によって構成されていた。(1) そのオスマン帝国は、マムルーク朝を滅ぼすとともに、東、南地中海地域を征服し、マッカ、マディーナを領域内に収めた一六世紀初頭以降、支配の正当性の根拠としてイスラームへの依存度を高めていく。こうしたなか、次第にムスリム臣民を均質化する政策が取られ、その大半をスンナ派が占めるようになった。(2) さらに、オスマン帝国は、シャリーア（イスラーム法）に基づいた法制度の整備を進め、その最高権威であるシェイヒュルイスラームのもと、ウラマーを司法と教育の担い手として

官僚機構のなかに取り込んでいった。また、一六世紀末以降、君主権力の低下に伴い、多様な行為主体が政治を担うようになるなかで、シェイヒュルイスラームを中心に、ウラマー層も政治の担い手の一角を占めていった(3)。一方、キリスト教徒やユダヤ教徒に対しては宗教上の自由を原則として、一定の制約のもとに彼らの信仰を容認する方針が取られた(4)。

一六世紀には東地中海を中心に覇権を築いたオスマン帝国も、西ヨーロッパ諸国の飛躍的な成長の前に、とりわけロシアとの戦争に大敗したことを受け、一八世紀後半には変革の必要性に迫られていく。特に、一七八九年に即位したセリム三世（在位一七八九—一八〇七年）は、軍の立て直しと領土の奪還を目指し、ヨーロッパ諸国の軍事や行政について調査を行わせ、改革に着手した。しかし、そうした動きは帝国の常備歩兵軍団であるイェニチェリの抵抗にあう。結果として、一七世紀初頭からしばしば見られたように、シェイヒュルイスラームがセリムの改革をシャリーアに反するとし、彼の退位を正当化する法学的見解（ファトワー）を出した(5)。このことが示すように、一七世紀以降のオスマン帝国では、宗教的権威は必ずしも王権に従属するのではなく、政治を担う一行為主体として、ときにスルタンの廃位に貢献することもあった。

近代国家化と教育改革——新式学校の設立

一九世紀に入り、オスマン帝国は高まりゆくヨーロッパの脅威を前に、近代国家化の道を歩んでいく。そのなかで、軍事、行政機構、司法、教育など、さまざまな面で改革が進められていった。

マフムト二世（在位一八〇八—一八三九年）は、これまで改革の障壁となってきたイェニチェリを廃止し、地方名望家を排除して中央集権化を進め、本格的な近代国家化を進めていった。そのなかで、彼は、イェニチェリと組んで改革に立ちはだかることもあったウラマーに対する統制を強めるために、シェイヒュルイスラームを長とする官庁を設け、国家機構に組み込む形でウラマー制度を再編した。また、新たに閣議を設置したのに伴い、シェイヒュルイスラームをその一員に加えた(6)。外務官僚の台頭もあり、これ以降、シェイヒュルイスラームは、政治を左右する存在ではなく、君主と高位官僚層が主導する政治に従属する傾向を強めていった。

マフムト二世の改革を継承したのは、彼のもとで成長した官僚層だった。彼らが牽引した一連の改革は、タンズィマートと総称され、徴税制度や中央・地方行政制度の抜本的な見直しが進められた。さらにそのなかでは、一八五六年の改革勅令により、臣民の信教の自由を保障するとともに、ムスリムと非ムスリムのあいだにそれまで存在した政治的、法的不平等を是正し、平等原則のもとで多様な宗教・宗派に属する人々をオスマン国民として統合する政策が掲げられた(7)。

さまざまな改革の波は教育分野にも及んだ。その端緒を開いたのは、西ヨーロッパの例を取り入れた軍事に関する新式の高等教育機関の設立である。これに加えてオスマン帝国政府は、軍医養成のための医学校や外務官僚養成のためのガラタサライ・リセなど、帝国の統治エリートの養成を主眼とした高等教育機関を分野別に設立していった。並行して教育における変革は初等教育および中等教育でも進み、宗教・宗派毎に新式の学校が設立されるようになる(8)。

オスマン帝国では旧来、宗教・宗派毎に教育の場が分かれており(9)、ムスリムに関しては、マクタブとマドラサという二種類の教育機関を有していた。そのうち初等教育機関であるマクタブでは、クルアーンの暗誦を中心に、イスラームの基礎的な教義、読み書き、算数などが教えられていた一方、高等教育機関のマドラサは、法学、神学、クルアーン解釈学、ハディース（預言者ムハンマドの言行録）学などの宗教諸学に加え、天文学、数学、医学、アラビア語文法学、論理学、修辞学などを教授するウラマーの養成機関として機能していた(10)。一九世紀に入り、マクタブなどの旧来の学校は部分的に存続し、それらにも改革がなされていく。これにより、マクタブでは、従来教えられていたクルアーンのアラビア語ではなく、トルコ語の読み書きを教える新しい識字教育が行われるようになった。また、クルアーンやイスラーム教理の科目に加え、地理、算数などの新科目が導入され、さらに、小人数の班のなかで指導・監督が行われる新方式の教授法が取られるようになった(11)。そして、教育の国家管理と改革を進めるために、一八五七年には公教育省が設置された。近代国家化と国民形成を目指す教育改革は進み、一八六八年に、六歳から始まる初等教育の義務化が定められた。翌一八六九年には公教育法が制定され、これにより、小学校、高等小学校、中学校、高等中学校、大学・高等専門学校と教育組織の段階が明確に設定されるとともに、帝国内のさまざまな教育施設を国家の管理下に置く原則が取られた。秋葉淳は、こうした教育改革の背景には、軍隊と官僚制に人材を供給するため、人々を啓蒙し、国家に奉仕する臣民の育成を狙う意図があったと述べており[12]、結果として、この時代に教育制度が整備されていった。

教育の分野と同様に、ウラマーが担った司法の面でもさまざまな改革が進められた。商法と刑法はフランスの例にならって制定され、これに対し民法はシャリーアをもとに法典化が進められた。旧来のシャリーア法廷は廃止されなかったものの、こうした制定法に基づいて裁く新たな法廷もつくられた。人材不足と財政難ゆえに、新たな法廷も部分的にウラマーに任せられることになったが、それらが政府の直属となったことで、司法に対する政府管理の傾向が強まった[13]。

こうしたタンズィマート改革の集大成として、一八七六年にはオスマン帝国憲法が発布された。全一一九条から成るこの憲法によって、オスマン帝国は議会制度を導入し、立憲君主制の国へと転換した。同時に憲法では、帝国の君主が「カリフ位によりイスラーム教の守護者であ」ること、すなわち宗教的権威を有することが明示された。これに加え、「オスマン帝国の国教はイスラーム教である」と記される一方、非ムスリム宗派共同体の「宗教的特権」もあらためて保障された[14]。別の条項では、宗教の如何にかかわらず、帝国臣民が「オスマン人」と呼ばれることが規定され、さらに、宗教宗派上の事項を除いて帝国に対する臣民の権利・義務を平等とする原則も盛り込まれた。また、公教育法以前から規定されていた初等教育の義務も、憲法に規定されることになった。

一八七六年に即位したアブデュルハミト二世は、憲法公布から二年と経たないうちに、ロシア軍の南下を受けたオスマン帝国の危機的な状況を利用して議会および憲法を停止し、以後三〇年間にわたって専制政治を行っていく。この専制時期に、アブデュルハミトは帝国の近代化を目指し、タンズィマート以来の改革を発展させていった。そのなかでも顕著なのは教育の普及であり、彼は、財政難のなかにありながら教育目的税を設け、学校教育の普及を目指した(15)。これにより、旧来の小学校に新式教育を導入するのに加えて、新方式を採用した小学校の新設も並行して進められ、この時期に臣民の教育への意識も高まったと見られている(16)。以上、見てきたように、一九世紀を通じて新式の学校は帝国各地へと幅広く普及していった。

アブデュルハミト二世による宗教の政治利用と青年トルコ革命

アブデュルハミト二世は、以上のような改革に取り組むのと同時に、イスラームを利用することで対外関係を有利に進めるとともに、臣民の忠誠を取りつけようとした。オスマン君主がカリフ、すなわちムスリム全体の指導者であるという理解は一八世紀後半から徐々に帝国政府によって強調されるようになっていた。ヨーロッパ列強が世界各地を植民地化していくなか、アブデュルハミトは自身がカリフであることを帝国内外に喧伝し、植民地化された地域に居住するムスリムを動員する宗教的権威を有することを主張した。帝国内の臣民に対しては、金曜礼拝や割礼祭といった儀礼の場を利用し、イスラームを保護するスルタン・カリフというイメージを強調することで、臣民の忠誠の獲得に努めた(17)。また、教育分野においては宗教教育を強化し、アラビア語を重視させるなどの政策をとった。ベンジャミン・C・フォルトナによれば、「世俗的」と見られがちな新式学校での道徳教育では、イスラームに依拠し、スルタン・カリフへの忠誠心を涵養する内容が教授されていたという(18)。これに加えて、政府は、帝国周縁部に居住し、これまで異端視されてきた宗派の人々をスンナ派ハナフィー法学派に改宗させるよう宣教活動に力を入れ、帝国内のムスリムの均質化を図った(19)。その一環として学校教育も利用され、オスマン政府は異端的とされた住民が居住する地域での小学校の建設を積極的に支援した(20)。

この時代になって、タンズィマート期以来設置されてきた新式の高等教育機関も卒業生を輩出し始めたが、専制下にあっては人事が硬直するなかで彼らが官界において出世することは困難であった。こうして専制政治への不満を共有した若者たちのなかから、変革を求める動きが起こされていく。彼らは「統一進歩協会 Ittihat ve Terakki Cemiyeti」と名乗り、検閲とスパイ網による取り締まりに依拠したアブデュルハミトの専制体制に抗して、憲法の復活を求めて秘密裏に運動を始め、一九〇八年には憲法を復活させることに成功した。青年トルコ革命と呼ばれるこうした体制転換により、議会制が復活し、第二次立憲政期が始まった。その一方で、体制転換に伴う帝国の不安定な状況を受け、ブルガリアの独立宣言をはじめとして、徐々にオスマン帝国の領土が縮小していく。こうした転換期にあって帝国内の混乱が収拾されないうちに、一九一一年にはイタリアによって、北アフリカに唯一残されていたオスマン領であるリビアが侵略される。さらに翌年、オスマン帝国から独立したバルカン諸国同盟とのあいだでバルカン戦争が勃発し、これに敗北したオスマン帝国はバルカン領も失うことになった[21]。

オスマン帝国の解体とムスタファ・ケマルの台頭

帝国存続の危機に瀕し、政府はその維持のために国民統合の対象を限定していく。バルカン戦争の敗北後、さらに一九一四年には第一次世界大戦が始まるなかで、統一進歩協会はバルカン戦争の敗北の一因を国民意識の弱さに帰し、祖国のために戦える愛国心をもつ国民を育成するために、国民教育に力を入れるようになる[22]。この時期の国民教育の推進は、当時執筆された歴史教科書の記述にも表れている。その際、バルカン戦争で旧オスマン領のキリスト教徒と戦うなかで国内のキリスト教徒に対する不信感が高まる時代状況を受けて、オスマン臣民の範囲を「トルコ人ムスリム」へと限定する傾向が強まっていたという[23]。

こうしたなか、統一進歩協会のメンバー、すなわち統一派は、宗教の担い手の政治的、社会的影響力をさらに弱め、政治を宗教から解放することを目指した。その一環として、シェイヒュルイスラームは閣議から外され、またシェイヒュルイスラームのもとにあったシャリーア法廷が法務省へと移管された[24]。ただし、統一派の政策は、必ずしも宗教の否定ではなく、西洋化・欧化主義を目指しながら、理論に基づいた法解釈がなされたイスラームならば近代化を実現できるという理解に依拠していた。統一進歩協会の中心的存在であったズィヤ・ギョカルプ（Ziya Gökalp, 一八七六―一九二四年）は、当時の社会状況を批判し、イスラームのなかで法の修正を行う必要性を説いた。彼のトルコ・ナショナリズムの考えは、イスラームを必要とするものであり、この思想は後にトルコ共和国の宗教政策に影響を及ぼすことになる。[25]一方、統一派のなかには、宗教を後進的と見なし、それ自体を否定する人物もいた。統一進歩協会のメンバーであったムスタファ・ケマルも、これらの言論から影響を受けることになった。[26]

オスマン帝国は第一次世界大戦に同盟国側で参戦した結果、敗北し、一九一八年には降伏した。一九一一年からの度重なる戦争でオスマン領は縮小しており、バルカン戦争の敗北後の一九一三年の時点ではアラブ領とアナトリアしか残されておらず、第一次世界大戦を経て、アラブ領も連合国によって奪われていった。こうしたなか、アナトリアの地をムスリム住民と共有していたキリスト教徒であるアルメニア人を強制移住／虐殺し、ムスリム人口の割合を高めることで、アナトリアの地を守ろうとする方針がとられた。バルカン戦争以前は、多宗教・宗派が混在するなかで帝国の存続が図られようとしていたが、領土を失ったことにより、ムスリムが圧倒的多数派を占める国への転換が目指されたのだった。[27]こうした傾向は、共和国建国後に実施されるギリシアとの住民交換につながることになる。

オスマン帝国の敗戦を受け、連合国がアナトリアの分割をもくろむなか、第一次世界大戦中に頭角を現した軍人ムスタファ・ケマルは、国土の維持のために、一九二〇年四月、アナトリアの中央部に位置するアンカラで議会を召集し、翌月に革命政府を組織した。このとき、ムスタファ・ケマルは多民族・多言語にわたるアナトリアのムスリムを動員するために、オスマン帝国やカリフの権威を強調していたが、連合国下のオスマン帝国政府は革命政府を帝国の敵と見なし、革命政府を打ち落とすべくアンカラへ進軍した。同時期に、連合国の意を受けてアナトリアへ侵攻したギリシア軍をアンカラ政府が追い落とすとスルタンの態度は一変したが、ムスタファ・ケマルは、一九二二年一一月にアンカラで大国民議会を開催し、そこでスルタン制とカリフ制の分離およびスルタン制の廃止を決議させ、オスマン帝国を解体した(28)。

二、トルコ共和国の建国と世俗化改革

一九一九年に始まり、トルコ共和国建国に至る戦いは独立戦争と呼ばれ、独立戦争を勝利に導いたムスタファ・ケマルはトルコ共和国の建国者として大統領の地位に就いた。彼は、共和国建国後から一九三八年に死去するまで、宗教に関わるさまざまな改革を行っていった。そのうち、建国後まもない一九二〇年代に優先的に進められたのは、政治に介入しうる宗教の担い手を排除するものであった。それらの改革が一通り行われた後、一九三〇年代にはさらに、より一般の国民の生活に根ざした事柄が改革の対象とされていった。本節では、本論の主題である宗教教育政策がどのような経緯のなかで行われたのかを把握するために、共和国の世俗化改革の全体像を提示する。

宗教的行為主体の排除

一九二三年に連合国とのローザンヌ条約の締結により、トルコ共和国は主権国家としての承認を得た。ローザンヌ条約の付属議決書のなかではギリシアとの住民交換が定められており、宗教を基準として、イスタンブル以外のトルコの領域に居住していたギリシア正教徒と、ギリシア領に住むムスリムの交換がなされ、帝国最末期に高まったムスリム住民の割合をさらに高め、ほぼムスリムのみからなる国への転換が図られた。これにより、政治と宗教の関係は、政治とイスラームの関係にほぼ限定されることになった。

新生トルコ共和国が抱えたムスリム住民は、トルコ語話者だけでなく、クルド語やアルバニア語、アラビア語など、言語的にも多様であり、オスマン末期にロシア帝国から流入したタタール系やチェルケス系などの人々や、領土縮小とともにバルカンの旧オスマン領から流入した人々を含んでいた。トルコ政府は、そうした多民族・多言語のムスリ

ム住民を「トルコ国民」とすることで国民国家化を図っていく。[29] ただし、一部のキリスト教徒やユダヤ教徒はトルコ共和国内に留まり、ローザンヌ条約によりマイノリティとしてその権利を保護されることになった。こうして、ギリシア人、ユダヤ人、アルメニア人といった少数派の学校は存続を許され、それぞれの教育機関において宗教教育を行うことも認められた。[30] ただし、ムスリム内の宗教的多様性は度外視され、トルコ最大の宗教少数派であるアレヴィーにはマイノリティとしての権利は与えられなかった。[31]

共和国の改革のなかでも最初に着手され、以後の政教関係において大きな意味を有していたのは、カリフ制とシェイヒュルイスラームの廃止であった。[32] 廃止が決定される二日前の一九二四年三月一日、ムスタファ・ケマルは、議会の開会演説のなかで、共和国政府はイスラームを「政治の道具としての地位から解放」すること、そして、信仰や良心を政治から切り離すことこそが、国民の幸福につながり、イスラームがその「偉大さ」を発揮することに寄与すると述べた。この演説では、ライクやライクリキという言葉は用いられなかったものの、宗教と政治の分離がすでに共和国の宗教政策の方針として想定されていたことは明らかである。[33] 前節で見てきたように、国政における重要度は相対的に低下したとはいえ、マフムト二世の時代から、イスラーム法の最高権威であるシェイヒュルイスラームの処遇をどうするかは重要な課題のひとつだった。カリフ位に関しても、帝国期には、オスマン帝国に留まらない全世界のムスリムの指導者としての権威を有するとされ、独立戦争後にはスルタン制と切り離してまであえて存続が図られたほどに慎重な扱いを要するものであった。しかしながら、オスマン帝国が消滅すると、ムスタファ・ケマルはそれらを一掃するという大胆な方法を取った。新井政美はこれを、帝国末期にズィヤ・ギョカルプらがスルタン制から切り離されたカリフ位の職責や、近代文明とイスラームの調和などについて行っていた議論、すなわち帝国末期以来の「イスラム改革に関する知的営為」を「完全に無視」した行為だと表現している。[34]

同一九二四年内には、シェイヒュルイスラームに続き、ウラマーが法官を務めたシャリーア法廷が廃止された。一九二六年には、シャリーアを基礎としたオスマン民法に代わり、スイス民法、イタリア刑法の内容が採用され、イスラームに依拠した法制度が排除された。こうして、一夫多妻などのイスラームに基づいて行われる法的行為は違法とされることになった。一九二六年には、アルコールの販売や製造、摂取を禁止した一九二〇年に施行された法律が撤廃され、それらが完全に合法化された[35]。

一九二五年、これまでウラマーの養成を担ってきたマドラサと、帝国臣民の初等教育の一部を担っていたマクタブが廃止された。こうして、オスマン帝国において長いあいだ機能していた旧来の学校が閉鎖されたこと、それとともにシャリーアに則った法制度が廃止されたことにより、シェイヒュルイスラームに加えてウラマーも活躍の場を失い、以降、トルコにおいてウラマーは養成されなくなった[36]。オスマン帝国においてイスラームに関する事柄を管轄していた機関が廃止されていくなか、その代替として一九二四年、首相府直属の機関として、宗務局（一九五〇年に宗務庁と改称）が設置される。こうして、内閣の下に、宗教的事柄を管理する体制が整えられた。以降、モスクで礼拝を指導する導師や説教師、礼拝の呼びかけを詠むムアッズィンなどは、国家から給与を支払われる公務員となり、その監督は宗務局に任せられることになった[37]。アミト・ベインによれば、共和国初期に宗務局の公務員となった者のなかには、オスマン帝国期にマドラサで教育を受けたウラマーたちが数多く含まれており、彼らは共和国の宗務に関する政策に完全に同意していたわけではないながらも、トルコにおける反宗教的な動きがこれ以上進むことを防ぐべく、宗務局のなかで公務に従事したという[38]。

以上のように、一九二三年の建国から間もないうちに、宗教に関わる抜本的な改革が行われた。それらは、オスマン帝国期においてそうであったような、宗教者が政治に関与する事態を回避するためのものであり、政治制度、法制度からの宗教者の排除こそが、ムスタファ・ケマルが最も早急に取り組むべき改革だと考えていたことが明らかである。以下で見ていくように、こうした性急な改革は国民からの反発を招くことになった。

政治、司法制度の面で急進的な政策が断行されるなか、一九二五年にはシェイフ・サイトの乱と呼ばれるクルド人の反乱が起こった。トルコ共和国領内においてクルド人は、アナトリアの東部に広く居住しており、オスマン帝国期には帝国の支配下にありながらも、それぞれの部族のもとで実質的な自治を有していた。部族集団に細分化した状態にあった彼らは、第一次世界大戦からトルコ共和国の独立戦争を経て、クルド人の自治が保障されなくなるという事態が起きると、一九二四年九月からトルコ政府に対して反発を示すようになり、それは一九二五年二月、シェイフ・サイトによって率いられた、クルド人の自治ないし独立と、カリフ制の復活を掲げた大規模な反乱につながった。シェイフ・サイトは、トルコにおける主要なタリーカ（イスラーム神秘主義教団）であるナクシュバンディー教団のシャイフ（長）であり、この反乱は、さまざまに分化したクルド人を集結させるために、教団のネットワークを利用することで組織されたものであった。このクルド人の独立運動の勃発を受け、政府はただちに治安維持法 Takrir-i Sükûn Kanunu を制定、また独立法廷 İstiklâl Mahkemesi を設置することでこれを取り締まった。そして、シェイフ・サイトと首謀者たちを処刑するだけに留まらず、この反乱を理由に、国内にあるすべてのタリーカの修道場を閉鎖し、その活動を禁止した(39)。ムスタファ・ケマル自身、独立戦争の際に人員、また物資の面でタリーカに支援を依頼していたことに見られるように、彼はタリーカが民衆に与える影響力や動員力を理解しており、その危険性を考慮して閉鎖を決意したと見られている(40)。

シェイフ・サイトの乱は、建国後間もないトルコにとってひとつの転機となった。反乱を収めるにあたって、ムスタファ・ケマルは東部地域に戒厳令を敷き、「宗教、あるいは宗教的に聖なるものを、政治的な狙いのための基盤ないし道具と見なす目的で組織を作ること」を祖国反逆罪法 Hıyanet-i Vataniye Kanunu で規定された違法行為に加えた(41)。さらに、この反乱を、野党であり、ムスタファ・ケマルと対立していた進歩主義者共和党 Terakkiperver Cumhuriyet Fırkası を批判する材料とし、後に同党を閉鎖させた。このようにシェイフ・サイトの乱は、ムスタファ・ケマルにとって支配体制を強化するための好機となったのだった。タリーカの活動禁止と同時に、各地域に存在する聖者廟も閉鎖され、宗教的標章となっていたターバンなども廃止された(42)。

一九二七年、共和人民党は、党の綱領に宗教に関する原則を設けた。それは、信仰および良心の問題を「政治から解放」し、「国家と国民の諸事において、宗教と現世 dünya を完全に互いから分離することを、最も重要な原則と見なす」というものであった[43]。この原則は、宗教を政治からだけではなく、国民の諸事、すなわち社会からも排除するという方針を示すものであった。ただし、この時代には、政府はまだライクリキないしライクという語を公に掲げていたわけではなく、一九二〇年代になされた世俗化改革はライクリキの名の下でなされてはいなかった。

社会と個人の生活からの宗教の排除

政府は一九二〇年代後半から、オスマン帝国の伝統を一掃する姿勢を明確にし、宗教の政治や法制度からのさらなる排除を狙い、大胆な姿勢を取り始めるようになっていった。

一九二八年には、一九二四年に制定された憲法の第二条「トルコ国家の宗教は、イスラーム教である」という文言が削除された。続く世俗化政策の一環として、同一九二八年一一月には、アラビア文字の使用が禁止され、それに代わってラテン文字が導入された。さらに、アラビア語やペルシア語を語源とする言葉をできる限り排除し、トルコ語を語源とする言葉を取り入れる言語純化政策も進められた。よく知られるように、イスラームの聖典であるクルアーンは、アラビア語で神から直接に呼びかけられたとされる言葉から成っており、アラビア語とイスラームの関係は非常に密接なものがある。それだけに、ケマルが行った言語改革は、特に宗教を重視する人々に大きな衝撃を与えるものであり、彼にとって一連の言語改革は、識字率の向上を目指すという側面に加えて、イスラームからの決別を意図したものでもあった[44]。さらに、同時期には、モスクの閉鎖や売却が行われ、その数は国内に所在するモスクの半数に及んだことが指摘されている[45]。加えて、トルコ共和国政府は、残存したモスクで行われる金曜礼拝の際の説教もアラビア語からトルコ語へと変更し、同時に、宗教儀礼の一部である説教の内容は宗務局によって監督されることになった。こうして金曜礼拝の際の説教は、政府の意向を伝達する場としても機能するようになった[46]。

一九三二年にムスタファ・ケマルは、礼拝の呼びかけであるアザーンのトルコ語化を行い、当初イスタンブルのみで、一九三三年からは全国で、アラビア語でアザーンを詠むことを禁止した。アザーンのトルコ語化は人々の反発を招き、トルコ語版のアザーンを詠むことを拒否する者や、旧来のアラビア語のアザーンを詠んだことで逮捕される者が出た[47]。このように、ムスタファ・ケマルによる社会からの宗教の排除、およびイスラームのトルコ化に対して反発が起きることもあったが、政府は厳格な支配体制の下でそれに対処していった。一九三五年には週休がイスラームに由来する金曜日から日曜日へと変更され、こうした政策からは、ムスタファ・ケマルが、社会制度からもイスラームをできる限り排除しようとしたことがうかがえる[48]。ただし、それにあたっては国民からの反発をなるべく避けたいとの政治的な配慮もあり、共和人民党政府は、個人の生活に根ざした宗教的事柄に関しては、それを一掃するという極端な政策は取らなかった。

一九二〇年代後半から一九三〇年代にかけては、国民による政府の改革に反発する動きが見られた。それらは世俗化改革を批判し、宗教の復活を主張するという形をとった。一九二五年のシェイフ・サイトの反乱に続き、翌一九二六年には、ムスタファ・ケマルを狙った暗殺も画策された。しかしながら、この計画は失敗し、結果として関係者は死刑に処された[49]。このように、共和国の改革は決して国民からあまねく受け入れられたわけではなかったが、ケマルと彼を支持する政治家たちは、共和国の体制に反対する者たちや自身に対する批判を封じ込めていく。その際、彼らは、共和国の改革に反対する動きを「反動」と表現することで、改革を正当化していった。ここで言う反動とは、イスラームを正当性の根拠として共和国の体制に反対する者を指している。この言葉は、一九〇九年四月に統一派が青年トルコ革命への反対運動を批判する際に用いた表現に由来し、それが共和国期にも使用されるようになったものである[50]。トルコ共和国の反動の言説の生産および再生産の過程を研究したアザクによれば、一九三〇年に起きたある事件が反動という言説の普及に大きな役割を果たしたという。

その事件とは、通称、メネメン事件あるいはクビライ事件と呼ばれる、クビライという名の予備将校が殺害された事件である。アナトリア西部の都市イズミル近郊のメネメンという町で、シャリーアの復活を求める群衆が暴動を起こし、クビライを殺害した。暴動の首謀者は、ナクシュバンディー教団に所属していること、そして自身が救世主であることなどを主張していた。政府はこの事件を受け、実際には事件への関与が不確かであるにもかかわらず、ナクシュバンディー教団のなかのエレンキョイ・グループのシャイフとその息子ら関係者を逮捕し、処刑した。(51) アザクは、教団のシャイフに罪を着せる作為的な方法や、事件の翌年から開始されたこの事件に関する追悼記念行事の分析から、政府がメネメン事件を政治的に利用し、ナクシュバンディー教団をトルコ共和国に対する反動勢力の象徴的存在として提示していくさまを論じる。こうして、タリーカないしそれに代表される宗教組織、宗教勢力は、前近代的、未開、野蛮な存在として、その後のトルコ共和国において想起されるようになる。アザクは、ケマリストと称される、ムスタファ・ケマルの改革を引き継いだ政治家や知識人たちがその後、この事件や類似する出来事を記念することで、反動への恐怖心を煽り、その恐怖を再生産し、国家の体制を維持したと述べている。(52)

これと同時期に、ムスタファ・ケマル率いる共和人民党は、権威主義的一党支配体制の強化へと進んでいく。一九二九年、世界恐慌の打撃を受け、国内の社会経済状況がさらに困窮するなか、ムスタファ・ケマルは共和人民党の引き立て役として野党の設立に取りかかった。しかし、アリ・フェトヒに設立させた自由共和党 Serbest Cumhuriyet Fırkası がケマルの思惑を越えて支持を得たために、彼は同党を自主的な解散に追い込んだ。(53) こうして共和人民党の不人気を目の当たりにしたことが、ムスタファ・ケマルに一党支配体制の強化の必要性を感じさせることとなった。その一環として、知識人層と彼らが運営する団体を掌握し、政府が規定するナショナリズム以外の思想を取り締まるべく、統一進歩協会と密接な関係をもち、トルコ・ナショナリズムの普及に貢献してきた知識人グループ「トルコ人の炉辺 Türk Ocağı」を解散させた。(54) そして、共和人民党の意向を普及させることに役立てるべく、それを「人民の家 Halkevi」という名称の文化組織に改組した。(55)

一九三〇年代に入り、共和人民党政府はそれまでの強硬的な姿勢から、国民の支持を獲得するための方向へと踏み出すことになる。イイト・アクンは、共和人民党によるそうした方向性は、一九二〇年代後半からの経済の悪化と政府への国民の不満を受けて、一九三〇年代初頭になってから、「政権の正当性の再構築と、共和国のイデオロギーのもとに民衆を動員するために」獲得されたものだと述べている(56)。その方策のひとつが、国家の宗教政策を定義し、正当化することであった。そして、それは一九三一年、共和人民党の綱領にライクリキが盛り込まれることにつながった。粕谷によれば、このときにライクリキの語が初めて公の文書に登場したという(57)。綱領において、ライクリキは以下のように説明された。

宗教的理解 din telâkkisi は良心［に関する事柄］vicdanî であることから、党は、宗教的思想 din fikirleri を国家 devlet および現世 dünya の問題、ならびに政治から分離することを、我が国民の現代的進歩における、主な成功要因であると見る(58)。

このように、共和人民党は、宗教を良心に関する事柄とみなし、それを国家や現世、政治から分離することをライクリキだと定義した。この文言にある「現世の問題」とは具体的に何を指しているのか不明であるが、宗教を政治や国家からだけではなく、現世の問題からも切り離すことが目指されていることからは、党は、宗教の領域を個人の私的領域という狭い範囲のみに押し遣ることを狙っていたことがうかがえる。ライクリキは、共和主義 Cumhuriyetçilik、人民主義 Halkçılık、ナショナリズム Milliyetçilik、国家主義 Devletçilik、革命主義 İnkılapçılık とともに、党の理念として綱領に挙げられ、これらは党の方針として「六本の矢」と総称された(59)。

一九三四年、ムスタファ・ケマルは議会から自身にトルコ語起源の言葉で「トルコ人の父」を意味する「アタテュルク」の苗字を贈らせ、名実ともにトルコ共和国の建国者として自身の地位を確立した。さらに、一九三七年には、党綱領「六本の矢」の内容が憲法に明記され、ライクリキは他の理念と合わせて、トルコの国是となったのである。

三、共和人民党政権の教育政策と宗教教育の廃止

トルコ共和国政府による改革のもと、教育制度へも変更が加えられることになった。本節では、教育制度に対して行われた政策を概観し、そのなかで、どのようにして公教育から宗教教育が排除されていったのかを見ていきたい。

新しい教育制度と国民教育の拡充

多民族・多宗教の臣民を包摂する帝国から単一の民族であるという仮想のもとで国民国家形成を目指すなか、国民形成の手段のひとつとなったのは教育だった。一九二四年三月には教育統一法 Tevhid-i Tedrisat Kanunu が施行され、オスマン帝国末期の教育普及策により設立された諸々の学校を含む、国内のすべての教育機関が国家の管理下に置かれ、それまで民間で行われていた教育を含め、国家の管理外での教育は原則として禁止された[60]。

トルコ共和国の教育制度は、帝国期のそれを基本的には継承するものであったが、帝国期の教育とは大きく異なる点があった。それは、それまで新式教育の導入後も並行して続けられていた旧来の学校制度が廃止されたことである。しかしながら、ここで注目されるのは、司法制度とは異なり、教育の分野においては宗教がただちに一掃されることにはならなかった点である。先の教育統一法は、宗教的職能者を養成するための学校と、宗教の専門家を養成するための高等教育機関である神学部を開校することを規定していた。これにより、国内の各地には導師・説教師養成学校 İmam-Hatip Mektepleri が、国内唯一の大学であったダールルフヌーン Darülfünun には神学部が設置された[61]。

一九二四年、トルコ共和国において初めて学習指導要領 müfredat programı が作成された[62]。それにより、小学校は六年制から五年制へと変更され、小学校において行われる初等教育を受けることが義務とされた[63]。また、小学校は無償で、男女共学とされた。中学校と高校は各三年制となり、中等教育 orta eğitim/öğretim に位置づけられた[64]。一

九二四年学習指導要領によれば、小学校で教授される科目は、トルコ語、地理、算数、幾何、歴史、図画、工作、音楽、体育、自然調査・農学・保健のほか、道徳・祖国科 Musahabat-ı Ahlakiye ve Malumat-ı Vataniye と、クルアーン・宗教科 Kur'an-ı Kerim ve Din Dersleri を含んでいた[65]。道徳・祖国科は一年生から五年生まで週に一時間、クルアーン・宗教科は二年生から五年生まで週に二時間、教授されることが規定されていた。また、女子生徒には、これらの科目に加え、編み物・裁縫・刺繡、家政も教授された[66]。中学校においては、トルコ語・文学、外国語（フランス語、英語、ドイツ語）、アラビア語、ペルシア語、歴史、地理、生物学、生理学、植物学、地質学、物理、化学、数学、絵画、音楽、体育、図画、実験に加え、祖国科 Malumat-ı Vataniye、宗教科 Din Dersleri が教えられることになった。女子生徒には、家政、育児が設けられ、工作の代わりに刺繡・裁縫が教授されることになった。高校では、トルコ語・文学、外国語、アラビア語、ペルシア語、歴史、自然、地質学、物理、代数、幾何学・製図、実験、哲学、社会科、力学、天文学、三角法、化学が教授されることが規定され、宗教教育科目や道徳科目は設けられなかった[67]。オスマン帝国末期の小学校や中学校では、オスマン語や算数、歴史などに加え、宗教教育科目としては、クルアーン、クルアーン読誦、教理 İlm-i Hal、宗教学 Ulûm-ı Dîniye が教授されていたことを考えると、共和国建国後すぐに、宗教に関する科目が大幅に縮小されたことがわかる[68]。

一九二八年に着手された言語改革によりトルコ語の純化が進められるなか、一九二〇年代末からは教育政策面でもトルコ国民意識の涵養を目指す方向性がとられた。その一環として重視されたのが、国民史の作成、そしてそれを広める歴史教育だった。ムスタファ・ケマルの監督のもと、一九三〇年には、彼の養女であるアフェト・イナンを含む、トルコ主義者として知られる一〇名によって『トルコ史概要』が書かれた。同書では、トルコ民族は古代シュメール、ヒッタイト文明の担い手であり、後にはギリシアおよびローマ文明に影響を及ぼしたとされ、トルコ民族がいかに優れ、人類の発展に貢献してきたかが説かれた[69]。一九三一年から四一年まで使用されていた高校用の歴史科の教科書でも、トルコ人がシュメール文明をはじめとした諸文明を築いた民族であることが説明され、トルコ人の偉大さ、その

結果として達成されたトルコ共和国の革命、そしてムスタファ・ケマルを礼賛する内容などが盛り込まれていたという。(70)

宗教教育の縮小と廃止

トルコ共和国政府は当初、子どもたちに教授される宗教教育に関しては、オスマン帝国期の教育内容を継承する形で行うこととした。一九二四年学習指導要領では、小学校では二年生から五年生までクルアーン・宗教科が教授され、その内容は、クルアーン、預言者の生涯、イスラーム信仰の基本事項などであった。(71)中学校およびそれに相当する教員養成学校の宗教科でも、(72)礼拝、断食、巡礼、喜捨などのイスラームの基本的な事項や預言者ムハンマドの生涯を教授することとされた。(73)

道徳・祖国科は小学校一年から五年まで教授されることになり、一年生から三年生までは道徳について、四、五年生で国家に関する内容が教育されることになった。指導要領を見る限りでは、公民としての責務や政治の仕組みなどが基本的な内容であり、宗教的な内容は含まれていなかった。(74)二年後の一九二六年に指導要領が改訂されると、道徳・祖国科の名称が、道徳を除いた形で祖国科 Yurt Bilgisi へと変更された。(75)祖国科の目的は、「子どもに、周囲で起こっている物事、生じている出来事の道徳、経済、法律……端的に言えば、社会に関する意味を理解させること」、「国家、国民、家族の協力に準拠した道徳感情を生じさせ、実践させること」などとされた。(76)同じく、一九二六年要領の宗教教育科目の目的はというと、「子どもたちに偉大なる神に対する感謝と愛の感情を呼び覚まし、イスラーム教を愛するように促し、全ムスリムの信仰における調和の利益を教えること」とされた。(77)

ただし、同じく一九二六年からトルコ共和国政府は、宗教教育が行われる学年数と時間数を段階的に減らすことで、教育から宗教を慎重に排除していく。一九二六年までは小学校二年生から五年生まで週に二時間教えられていた宗教の授業が、三年生から五年生までと縮小され、時間も各週一時間に減少した。一九三〇年には希望者のみを対象とした課外科目として、五年生のみに半時間設けられることとなり、一九三一年以降は、都市部の小学校および教員養成学校において、宗教に関する授業は課内・課外問わず行われなくなった。村落部の小学校では、一九二七年の指導要領改訂により宗教の授業が課外から課内とされたが、その後一九三〇年に課外になり、都市部に続き一九三九年に完全に廃止された。中学校では一九二七年の指導要領改訂に伴い、宗教教育が廃止された[78]。さらに、中学校に相当する導師・説教師養成学校も、宗務局の公務員であるイマームなどの人員が削減されたために就職が困難になったこと、同学校からは神学部を含む大学への進学が不可能だったことなどから結果として学生数が不足し、一九三〇年には閉鎖されることになった[79]。その三年後の一九三三年には、唯一の大学であったダールルフヌーンの神学部も、学生数の減少を受け、同大学がイスタンブル大学へと改組される機会に閉鎖された[80]。

このように、トルコ共和国では建国最初期に、オスマン帝国期の授業内容を継承する形で宗教教育の実施が継続した。しかしながら、共和国政府は、宗教教育を宗務局の管理下に置き、維持・拡大することで政治利用するという選択肢は取らなかった。政府は教育省の管轄下に置かれた宗教教育を、一九二六年から段階的に削減していき、一九三〇年代末には、都市および村落部どちらにおいても、初等教育から高等、専門教育まで、宗教を学校教育から完全に排除した。その後、一九四九年まで公教育における宗教教育不在の時代が続く。

小結

トルコ共和国建国初期の世俗化改革のなかで実施された宗教政策は、政治制度、司法制度、さらには社会や人々の慣習からイスラームを排除するという性格を有していた。政府は、国民が宗教的信仰を有すること自体は否定しなかったが、共和人民党の綱領に掲げられたライクリキの定義が示すように、宗教を人々の内面の信仰に限定し、個人の領域のみに留めようとしたのだった。ただし、ここで留意すべきは、個人の内面だけで宗教が存続しうるかはそもそも問題とされなかった点である。結果として、共和人民党政府の宗教政策は国内に宗教への否定的な雰囲気を生み出し、一九三〇年代には、神学部や導師・説教師養成学校が定員不足で閉鎖するまでに至った。高等・専門教育から普通教育の初等・中等教育までを含め、宗教は公教育から完全に消え、こうした状況は一九四〇年代末まで続くことになる。その結果、トルコ国内からは、次第に宗教的職能者が姿を消していくことになったが、政府は国民個人の信仰を維持することさえ困難にするこうした事態に対策を講じなかった。このことからは、政治家たちが国民の内面の信仰、すなわち良心の自由を保障してまで、宗教を積極的に利用しようとは考えていなかったことがうかがえる。さらに言えば、共和国政府は宗教を私事化し、その後、結果としてそれが消失することを期待していたとも考えられる。これまでの共和国初期の政教関係を扱う研究の一部は、アザーンのトルコ語化や宗務局の設置から、共和国初期の政治家たちは宗教を利用することを狙っていたと捉えてきた。しかしながら、これらは改革の急進性を和らげる一時的な措置としてとられた対策という側面が強く、宗教をめぐるさまざまな政策とそれらがもたらした結果を、一九三〇年代後半までを視野に入れて考えると、アタテュルクの改革は宗教の排除という姿勢をより強く有していたと見ることができるのである。

宗教の不在によって空いたその隙間を埋めるための新たな方針は、ケマリズムと総称されることとなった。シュクリュ・ハーニオールは、ケマリズムが科学とナショナリズムの融合を説く、トルコ国民のための新しい「宗教」となったと評し、アタテュルクはその創始者と見なされたと述べる(81)。オヌル・アタライもその著書において、一九二〇、三〇年代にムスタファ・ケマルの思想こそが「世俗的な宗教」として確立されていったと論じている。彼によれば、ケマリズムにおいては、文明ないし西洋、実証主義などを含む近代科学、そしてトルコ・ナショナリズムが神聖化されたとし、当時の共和人民党政権の強硬な姿勢がアタテュルクへの信奉のもとで正当化されていったと説明する(82)。

ライクリキが国是とされた憲法改正の翌一九三八年、ムスタファ・ケマル・アタテュルクは死去した。アタテュルクという偉大な指導者の亡き後、トルコ共和国の政治を主導する政治家たちは、国是とされ、彼の遺産とも言うべきライクリキを否定することができない状況に置かれた。一方、二〇世紀前半を通じて、トルコにおいても近代化と世俗化を等しいものとするこれまでの、そしてアタテュルクが有していた理解を社会に当てはめることが困難であることが明らかとなっていくなか、政治家たちはアタテュルクの政策を見直す必要に迫られていく。それでは、アタテュルク後の政治家たちは、宗教をめぐる国民の要望に配慮しつつ、ライクリキをどのように維持しようとしたのだろうか。この問いに答えるために、第2、3章では、一九三〇年代末から一九四〇年代の宗教教育政策および道徳教育政策を扱う。

注

（1）キリスト教徒人口の割合が高いバルカン領のほとんどを失った後の一九世紀末に行われた人口調査では、臣民の七二%をムスリムが占めていた。Kemal H. Karpat, *Ottoman Population 1830-1914: Demographic and Social Characteristics* (Madison: The University of Wisconsin Press, 1985), 148-149.

（2）Derin Terzioğlu, "How to Conceptualize Ottoman Sunnitization: A Historiographical Discussion," *Turcica* 44 (2012/2013): 301-338.

（3）政治構造のこうした転換に関して、Baki Tezcan, *The Second Ottoman Empire: Political and Social Transformation in the Early Modern World* (New York: Cambridge University Press, 2010).

（4）上野雅由樹「ミッレト制研究とオスマン帝国下の非ムスリム共同体」『史学雑誌』第一一九編第一一号、二〇一〇年、六四—八一頁。

（5）Ali Yaycioglu, *Partners of the Empire: The Crisis of the Ottoman Order in the Age of Revolutions* (Stanford: Stanford University Press, 2016), 158-202.

（6）秋葉淳「オスマン帝国近代におけるウラマー制度の再編」『日本中東学会年報』第一三号、一九九八年、一八五—二一四頁；Ali Akyıldız, *Tanzimat Dönemi Osmanlı Merkez Teşkilâtında Reform (1836-1856)* (İstanbul: Eren Yayıncılık, 1993), 179-185; Ahmet Cihan, *Reform Çağında Osmanlı İlmiyye Sınıfı* (İstanbul: Birey, 2004), 157-172.

（7）ただし、ムスリムと非ムスリムの平等を約束するという急進的な改革は、一部のムスリムから反発を招くこともあった。一八五九年には、イェニチェリの廃止とともに閉鎖されたベクタシー教団に代わって、オスマン社会に浸透していたナクシュバンディー教団のシャイフ兼マドラサの教授が、ウラマーやマドラサの学生、一部の将校とともにクーデタを企てた。この動きは未遂に終わり、関係者は逮捕されたという。この事件（通称クレリ事件）については以下を参照。Florian Riedler, *Opposition and Legitimacy in the Ottoman Empire: Conspiracies and Political Cultures* (Abington: Routledge, 2011), 12-25.

（8）秋葉淳「オスマン帝国の新しい学校」秋葉淳・橋本伸也編『近代・イスラームの教育社会史――オスマン帝国からの展望』昭和堂、二〇一四年、八六―九二頁。

（9）キリスト教徒やユダヤ教徒は、教会学校などのように、それぞれの古典語の教授とそれを通じた宗教的な知の伝達の場として、学校を有していた。上野雅由樹「アルメニア人オスマン官僚の教育的背景」『近代・イスラームの教育社会史』一四一―一四二頁。

（10）オスマン帝国末期のマドラサとマクタブについては、以下を参照。秋葉淳「アブデュルハミト二世期オスマン帝国における二つの学校制度」『イスラム世界』第五〇号、一九九八年、三九―六三頁；秋葉淳「オスマン朝末期イスタンブルのメドレセ教育――教育課程と学生生活」『史学雑誌』第一〇五編第一号、一九九六年、六二―八四頁；秋葉淳「『伝統教育』の持続と変容――一九世紀オスマン帝国におけるマクタブとマドラサ」『近代・イスラームの教育社会史』二六―五〇頁。

（11）秋葉「『伝統教育』の持続と変容」三三―三六頁。

（12）秋葉「オスマン帝国の新しい学校」八六―九二頁。

（13）制定法裁判所に関しては、以下を参照。Avi Rubin, *Ottoman Nizamiye Courts: Law and Modernity* (New York: Palgrave Macmillan, 2011); Jun Akiba, "Sharī'a Judges in the Ottoman Nizāmiye Courts 1864-1908," *Osmanlı Araştırmaları* 51 (2018): 209-237.

（14）大河原知樹・秋葉淳・藤波伸嘉訳「[全訳] オスマン帝国憲法」報告書、東洋文庫、二〇一二年。http://doi.org/10.24739/00007560（二〇二四年六月二五日最終閲覧。）

（15）アブデュルハミト二世期の教育政策については以下の研究を参照。Selçuk Akşin Somel, *The Modernization of Public Education in the Ottoman Empire 1839-1908: Islamization, Autocracy and Discipline* (Leiden: Brill, 2001).

（16）秋葉淳「オスマン帝国における近代国家の形成と教育・福祉・慈善」広田照幸・橋本伸也・岩下誠編『福祉国家と教育――比

較教育社会史の新たな展開に向けて』昭和堂、二〇一三年、一四七―一四八頁：秋葉「オスマン帝国の新しい学校」九五―九六、一〇二―一〇三頁。

(17) Selim Deringil, "Legitimacy Structures in the Ottoman State: The Reign of Abdulhamid II (1876-1909)," *International Journal of Middle East Studies* 23, no. 3 (1991): 345-359.

(18) Benjamin C. Fortna, "Islamic Morality in Late Ottoman 'Secular' Schools," *International Journal of Middle East Studies* 32, no. 3 (2000): 380-389.

(19) Selim Deringil, *The Well-Protected Domains: Ideology and the Legitimation of Power in the Ottoman Empire 1876-1909* (London: I. B. Tauris, 1998), 68-84.

(20) 秋葉「オスマン帝国の新しい学校」九六頁。

(21) 藤波伸嘉「オスマン帝国と『長い』第一次世界大戦」池田嘉郎編『第一次世界大戦と帝国の遺産』山川出版社、二〇一四年、一九四―一九七頁。

(22) 秋葉「オスマン帝国の新しい学校」一〇五頁。

(23) 小笠原弘幸「歴史教科書に見る近代オスマン帝国の自画像」『近代・イスラームの教育社会史』一七七―一八一頁：藤波伸嘉「帝国のメディア――専制、革命、立憲政」『近代・イスラームの教育社会史』二六二頁。

(24) 藤波「『長い』第一次世界大戦」二〇〇―二〇一頁：新井政美『トルコ近現代史――イスラム国家から国民国家へ』みすず書房、二〇〇一年、一三一頁。

(25) ズィヤ・ギョカルプおよびオスマン帝国末期のトルコ・ナショナリズムや宗教に関する思想については、以下を参照。新井政美「トルコのナショナリズムに関する一考察――ズィヤ・ギョカルプを中心に」『史学雑誌』第八八編第二号、一九七九年、一九一―二二一頁：伊藤寛了「オスマン帝国末期におけるズィヤー・ギョカルプのナショナリズムとイスラーム改革思想」『イスラム世界』第六五号、二〇〇五年、一―二四頁：Markus Dressler, "Rereading Ziya Gökalp: Secularism and Reform of the Islamic State in the Late Young Turk Period," *International Journal of Middle East Studies* 47, no. 3 (2015): 511-531; Umut Uzer, *An Intellectual History of Turkish Nationalism: Between Turkish Ethnicity and Islamic Identity* (Salt Lake City: The University of Utah Press, 2016), 63-91.

(26) Hanioğlu, *Atatürk*, 56-62.

(27) 藤波「『長い』第一次世界大戦」二〇三―二〇八頁。

(28) Hanioğlu, *Atatürk*, 102-138.

(29) 新井政美「『オスマン市民』の自由と平等――ミドハト憲法から一九二四年憲法へ」立石博高・篠原琢編『国民国家と市民――包摂と排除の諸相』山川出版社、二〇〇九年、一五四―一五七頁；穐山祐子「『国民』の測りかた――トルコ共和国における近代人口センサス導入をめぐって」『言語社会』第七号、二〇一三年、一七八―一九二頁。

(30) Lerna Ekmekçioğlu, *Recovering Armenia: The Limits of Belonging in Post-Genocide Turkey* (Stanford: Stanford University Press, 2016), 90-98; Günay Göksu Özdoğan et al., *Türkiye'de Ermeniler: Cemaat-Birey-Yurttaş* (İstanbul: İstanbul Bilgi Üniversitesi Yayınları, 2009), 194.

(31) アレヴィーとは、第四代カリフであるアリーへの信奉を特徴とする信仰集団のことである。アレヴィーの定義とその変遷については、以下を参照。Markus Dressler, *Writing Religion: The Making of Turkish Alevi Islam* (Oxford: Oxford University Press, 2013). 今日のトルコにおけるアレヴィーのアイデンティティに関する日本語文献として以下を参照。若松大樹「トルコにおけるアレヴィーの人々の社会変化――宗教的権威と社会範疇に関する人類学的考察」『文化人類学』第七六巻第二号、二〇一一年、一四六―一七〇頁；今城尚彦「世俗主義の葛藤を生きるトルコの宗教的少数派――イスタンブルに住むアレヴィーの若者たちの信仰実践」『文化人類学』第八七巻第一号、二〇二二年、二六―四三頁。

(32) カリフ制廃止議論に関しては、粕谷元「トルコにおけるカリフ制論議とラーイクリッキ――一九二二～一九二四年」『日本中東学会年報』第九号、一九九四年、九三―一一六頁。

(33) 粕谷「トルコの政教分離論再考」五頁。

(34) 新井『トルコ近現代史』一九一頁。

(35) アタテュルクの時代になされた制度改革については、以下を参照。Hanioğlu, *Atatürk*, 129-159. アルコールの禁止をめぐっては、Emine Ö. Evered and Kyle T. Evered, "A Geopolitics of Drinking: Debating the Place of Alcohol in Early Republican Turkey," *Political Geography* 50 (2016): 48-60.

(36) Ayhan, *Türkiye'de Din Eğitimi*, 50-57.

(37) Gözaydın, *Diyanet*, 16-27; Bein, *Ottoman Ulema*, 106-153.

(38) Bein, *Ottoman Ulema*, 107-116, 133-135.

（39）粕谷元「一九二五年のトルコ大国民議会におけるタリーカ活動禁止法案審議」『イスラム世界』第九一号、二〇一九年、一―二七頁。
（40）独立戦争時におけるアタテュルクとタリーカの関係については、Mustafa Kara, *Metinlerle Günümüz Tasavvuf Hareketleri 1839–2000* (İstanbul: Dergâh Yayınları, 2004), 83–86.
（41）*Resmî Ceride*, no. 85 (February 26, 1925), 1–2.
（42）Martin van Bruinessen, *Agha, Shaikh and State: The Social and Political Structures of Kurdistan* (London: Zed Books, 1992), 265–305; Erik J. Zürcher, *Turkey: A Modern History*, 3rd ed. (London: I. B. Tauris, 2009), 169–173.
（43）*Cumhuriyet Halk Fırkası Nizamnamesi* (Ankara: Türkiye Büyük Millet Meclisi Matbaası, 1927), 3. 党綱領の訳は以下を参考にした。粕谷「トルコの政教分離論再考」五頁。
（44）Hanioğlu, *Atatürk*, 171–176；穐山祐子「『トルコ文字』導入過程にみる文字表象の政治性」『言語社会』第九号、二〇一五年、二六八―二七二頁。
（45）Nazif Öztürk, *Türk Yenileşme Tarihi Çerçevesinde Vakıf Müessesesi* (Ankara: Türkiye Diyanet Vakfı Yayınları, 1995), 492. トルコ共和国期のモスクの管理、閉鎖や売却、転用については、第四章（四七三―五四七頁）にまとめられている。モスクの閉鎖や売却に関しては以下の論考も参照。Kıvanç Esen, "Tek Parti Dönemi Cami Kapatma/Satma Uygulamaları," *Tarih ve Toplum Yeni Yaklaşımlar* 13 (2011): 91–158.
（46）Azak, *Islam and Secularism*, 49–51; Deniz Parlak, *Laikleşme Sürecinde Camiler: Geç Osmanlı'dan Erken Cumhuriyet'e* (İstanbul: İletişim Yayınları, 2020), 195–199.
（47）Azak, *Islam and Secularism*, 58–60.
（48）Berkes, *The Development of Secularism*, 461–478; Zürcher, *Turkey*, 186–195; Cagaptay, *Islam*, 13–14.
（49）Lewis, *The Emergence*, 269–270；新井『トルコ近現代史』二〇二―二〇五頁。
（50）Erik-Jan Zürcher, "Ottoman Sources of Kemalist Thought," in *Late Ottoman Society: The Intellectual Legacy*, ed. Elisabeth Özdalga (London: Routledge Curzon, 2005), 16–17.
（51）当時、すでに高齢であったシャイフ・エサトは減刑され、後に病院にて死去したという。Azak, *Islam and Secularism*, 33. エレンキョイ・グループのその後の活動については以下を参照。上野愛実「トルコ共和国におけるナクシュバンディー教団エレンキョイ・グループとその機関誌『金の樋』」『オリエント』第五八巻第一号、二〇一五年、五七―六九頁。

（52） Azak, *Islam and Secularism*, 21-43.

（53） 自由共和党については、Mete Tunçay, *T. C.'nde Tek-Parti Yönetimi'nin Kurulması (1923-1931)*（Ankara: Yurt Yayınları, 1981）, 245-273.

（54） Uzer, *An Intellectual History*, 35-36. トルコ人の炉辺について詳しくは、Füsun Üstel, *İmparatorluktan Ulus-Devlete Türk Milliyetçiliği: Türk Ocakları (1912-1931)*（İstanbul: İletişim Yayınları, 1997）.

（55） 新井『トルコ近現代史』二〇七頁。人民の家については、Alexandros Lamprou, *Nation-Building in Modern Turkey: The 'People's Houses', the State and the Citizen*（London: I. B. Tauris, 2015）.

（56） Yiğit Akın, "Reconsidering State, Party, and Society in Early Republican Turkey: Politics of Petitioning," *International Journal of Middle East Studies* 39, no. 3（2007）: 439.

（57） 粕谷「トルコの政教分離論再考」六頁。

（58） *C. H. F. Nizamnamesi ve Programı*（Ankara: T. B. M. M. Matbaası, 1931）, 31. 訳は以下を参考にした。粕谷「トルコの政教分離論再考」六頁。

（59） トルコの世俗化改革におけるライクリキの意義については以下を参照。斎藤淑子「トルコ共和国『革命』と俗権国家の原則（lâyiklik）」『西南アジア研究』第二一号、一九六八年、一―三〇頁。

（60） *Resmi Ceride*, no. 63（March 6, 1340 [1924]）, 6.

（61） Ayhan, *Türkiye'de Din Eğitimi*, 58-77.

（62） この学習指導要領では、科目の目的などは設定されなかった。

（63） M. Nuri Kodamanoğlu, *Türkiye'de Eğitim (1923-1960)*（Ankara: Millî Eğitim Basımevi, 1964）, 36.

（64） 一九二四年以前は、中学校は四年制であり、高校第一段階 lise birinci kademe/devre と呼ばれていた。Hasan Âli Yücel, *Türkiyede Orta Öğretim*（İstanbul: Devlet Basımevi, 1938）, 192-193; Hasan Cicioğlu, *Türkiye Cumhuriyeti'nde İlk ve Ortaöğretim (Tarihi Gelişimi)*（Ankara: Ankara Üniversitesi Basımevi, 1982）, 27, 77, 131.

（65） 一八七〇年から一九三六年までの小学校の学習指導要領については以下を参照。Lütfi Budak and Çiğdem Budak, "Osmanlı İmparatorluğu'ndan Türkiye Cumhuriyeti'ne İlkokul Programları 1870-1936," *Uluslararası Türkçe Edebiyat Kültür Eğitim*

Dergisi 3, no. 1（2014）: 385; Hızır Dilek, "Cumhuriyet Döneminde Kesintisiz Eğitim: 1924 İlkokul, Ortaokul ve Lise Müfredat Programları," *Sosyal Bilimler Dergisi* 6, no. 12（2016）: 6-7.

（66）小学校の男女別の授業科目は一九三六年学習指導要領において解消された。また、中学校と高校は、別学の学校の維持に加え、それぞれ一九二六年、一九三四年に共学制度が導入された。Cicioğlu, *Türkiye Cumhuriyeti'nde İlk*, 97, 136-137; S. Tunay Kamer, "Türk Eğitim Sisteminde Karma Eğitime İlişkin Fikirler, Tartışmalar ve Uygulamalar（1908-1950）"（PhD diss., Ankara University, 2013）, 181-201.

（67）Türkiye Cumhuriyeti Maarif Vekaleti, *Liselerin İkinci Devre Müfredat Programı, 1340*（İstanbul: Matbaa-i Amire, 1340（1923））, 3.

（68）オスマン帝国期（一九〇四年）の小学校、高等小学校、中学校の授業科目については以下を参照。Somel, *The Modernization of Public*, Appendix 4, 5, 6.

（69）永田雄三「トルコにおける『公定歴史学』の成立――『トルコ史テーゼ』分析の一視角」『植民地主義と歴史学――そのまなざしが残したもの』刀水書房、二〇〇四年、一一三―一三三頁。

（70）小笠原弘幸「トルコ共和国公定歴史学における『過去』の再構成――高校用教科書『歴史』（一九三一年刊）の位置づけ」『東洋文化』第九一号、二〇一一年、二九二―三〇四、三〇八頁。

（71）Recai Doğan, "1980'e kadar Türkiye'de Din Öğretimi Program Anlayışları（1924-1980）" in *Din Öğretiminde Yeni Yöntem Arayışları Uluslararası Sempozyum Bildiri ve Tartışmalar 28-30 Mart 2001*（Ankara: MEB Din Öğretimi Genel Müdürlüğü, 2003）, 612-614, 631.

（72）教員養成学校は、初等教育の後に位置づけられる五年制（一九二四年度より。それ以前は四年制だった）の学校である。ジジオールによれば、共和国初期の教員養成学校の教育内容は第二次立憲政期のそれをほぼそのまま継承したものだったという。Cicioğlu, *Türkiye Cumhuriyeti'nde İlk*, 302.

（73）Doğan, "1980'e kadar Türkiye'de Din," 614, 631-632.

（74）Erdal Aslan, "Türkiye Cumhuriyeti'nin İlkokullarda İzlediği İlk Öğretim Programı: '1924 İlk Mektepler Müfredat Programı'," *İlköğretim Online* 10, no. 2（2011）: 728-730.

（75）祖国科は小学校四、五年次に設けられた。Budak and Budak, "Osmanlı İmparatorluğu'ndan Türkiye," 387.

（76） Üstel, *"Makbul Vatandaş"ın Peşinde*, 132–133.
（77） Doğan, "1980'e kadar Türkiye'de Din," 615.
（78） Doğan, "1980'e kadar Türkiye'de Din," 616–617; Yücel, *Turkieyede Orta Öğretim*, 192–193, 220–222; Howard E. Wilson and İlhan Başgöz, *Türkiye Cumhuriyetinde Milli Eğitim ve Atatürk*（Ankara: Dost Yayınları, 1968）, 83.
（79） Mustafa Öcal, *İmam-Hatip Liseleri ve İlköğretim Okulları*（İstanbul: Ensar Neşriyat, 1994）, 32–34; Ahmet Ünsür, *Kuruluşundan Günümüze İmam-Hatip Liseleri*（İstanbul: Ensar Neşriyat, 2005）, 140–142.
（80） ダールルフヌーン神学部の設置から閉鎖までの経緯は以下を参照。Ayhan, *Türkiye'de Din Eğitimi*, 65–77.
（81） Hanioğlu, *Atatürk*, 192–193.
（82） Onur Atalay, *Türk'e Tapmak: Seküler Din ve İki Savaş Arası Kemalizm*（İstanbul: İletişim Yayınları, 2018）.

第2章　非宗教的な道徳教育から私教育における宗教教育へ(1)

一九三八年にアタテュルクが死去してしばらくすると、知識人たち、特に近代学問を学び、イスラームに価値を置く知識人たちは、トルコが「道徳頽廃の危機」を迎えていると喧伝することで、婉曲的にこれまでの共和国の改革に対する不満を表明していった。これに対し、共和人民党政府はアタテュルクの政策の維持に努め、一九四三年には公民教育のなかに世俗的な道徳教育を導入することで対処しようとした。しかしながら、こうした対応は知識人たちの声を抑えるに至らず、複数政党制への移行に伴って国民の支持獲得の必要性が生じるなかで、政府は宗教教育の再開を検討せざるを得なくなった。こうして、共和人民党政府は公教育の外に宗教教育を位置づけるべく、一九四七年には民間に委ねる形で宗教塾の設置を構想していく。

本章は、一九四九年に公教育における宗教教育が再開される前に見られた、トルコ共和国政府によるこれらの試みを取り上げる。それにより、トルコにおいてはアタテュルク没後も、宗教への政治の不介入が目指されていたこと、すなわち、当時の政治家たちの多くにとっては宗教を積極的に政治的事柄へと取り込むことは必ずしも前提とされていなかったことを論じる。具体的には、一九三九年から一九四八年までを対象とし、共和人民党政権が、公教育における宗教教育の再開とは別の選択肢としてどのような形の教育を模索していたのかを検討する。これにより、宗教の政治からの分離を目指すというアタテュルクの宗教政策の方向性が、一九四七年まで維持されていたことを明らかにする。本章以下では、非宗教的な道徳教育の実施と私教育における宗教教育の試みがどのように構想されたのか、両者の教育内容がどのようなものであり、なぜそれらの教育は不十分と捉えられたのかを検討するべく、第一節で非宗教的な道徳教育の実施について、第二節で私教育における宗教教育の構想について見ていく。

一、道徳教育の模索

アタテュルク没後のトルコ社会において、宗教に重きを置く知識人や政治家は世俗化改革への問い直しを行っていった。なかでも大きな関心を集めたのは、国民全員にかかわる初等・中等教育における宗教教育だった。しかしながら、アタテュルクが亡くなって間もない時代において、公教育における宗教の不在を疑問視することを声高に主張することは憚られた。ゆえに、この時代において宗教教育の意義は、道徳の頽廃を問題視するという形で提示され、それへの対応として教育の意義が説かれるようになった。本節では、宗教教育廃止後のトルコにおいて道徳教育の必要性が議論され、そうしたなかで公教育に道徳教育が導入された過程を見ていく。

共和人民党の政策転換と道徳教育の要請

トルコにおいては一九二四年の教育統一法により、どのような内容のものであれ政府の管理外で行われる教育は原則として禁止された。こうした事情は宗教教育に関しても同様であり、一九三〇年代に学校における宗教教育が廃止されたことで、トルコ国内において宗教教育はほぼ見られなくなった。

マイノリティとして例外を認められた非ムスリムの宗教教育を除いて唯一継続していたのが、一九二四年に設置され、宗務局の管轄下に置かれたクルアーン教室だった。クルアーン教室は、一九三〇年の時点では全国で九〜一〇箇所のみ存在し、一九四〇年には二八箇所と拡大しているもの(2)、一九四〇年当時のトルコ共和国がおよそ一七八〇万の人口を抱えていたことを考えると(3)、その数がいかに限られたものだったかがわかる。また、当時は政府が主導する世俗化政策に反する宗教的行為が取り締まられていただけでなく、モスクや礼拝所以外で集団礼拝を行うことさえ制限されていたという事情を考えると[4]、クルアーン教室が十全に機能していたとは考えがたい。政府はクルアーン教室の動向に目を光らせており、一九四一年に教育相ハサン・アーリ・ユジェル（Hasan Âli Yücel, 一八九七—一九六一年）は、受講要件であった初等教育を修了していない年齢の子どもたちがクルアーン教室に通っているという知らせを受けると、宗務局に対し注意を行い、ただちにこれを取り締まるよう要請したという[5]。政府の認可を得ずに秘密裏に宗教教育を行う人々のなかには、憲兵に賄賂を渡すことで取り締まりを逃れようとする者たちがいたことも知られている[6]。トルコ共和国初期の宗教政策は、それまで公的な領域で行われていた宗教実践を国民個々人の内面や私的な領域に留めさせ、それにより徐々に国民を世俗化していくという狙いを有していた。政府の想定した範囲から逸脱した宗教実践は規制の対象となり、宗教に関連する事柄について、国民は常時、国家から行動を制限されうるという不自由な状況に置かれていたのである。

共和国建国に伴う体制転換後、これまでの宗教実践のあり方が否定されたこと、そして、そのための改革が急進的に進められたことで、国民が政府に対する不満を抱えるようになるのは当然のことだった。とはいえ、政府の監視の厳しいこの時代に、その不満を直接的に述べることは避ける必要があった。そこで、こうした不満は道徳をめぐる議論という形をとって表出することになった。この議論の口火を切ったのは宗教的価値に重きを置くがゆえに世俗化政策の影響を直接受けた人物であり、近代学問を学んだ知識人の一人であったヌーレッティン・トプチュ（Nurettin Topçu, 一九〇九—一九七五年）だった[7]。トプチュの議論を受けて、一九三九年より、知識人は国民の道徳、すなわちトルコ国民が従うべき道徳をどのように規定すればよいかを主な問題関心として議論を行っていった[8]。オスマン帝国期からの政治制度の激変や政府の監視の目の光る鬱屈とした社会に対する批判がアタテュルクの没後半年と経たないうちに表れ始めたことは、共和国の諸改革とアタテュルクが密接に結びついたものとして捉えられていたことをうかがわせる。こうした批判は、あくまで一部の知識人が表明したに過ぎなかったが、急激な社会の変化に不満を持ち、宗教に根ざした生活に慣れ親しんだ国民からは支持されうるものだった。

こうして、アタテュルク亡き後の政治家たちは、アタテュルクの主導した政策をどのように継続できるのか、彼の理念を否定せずに社会の要請にどのように応えていくのかという大きな課題に直面した。さらに、当時のトルコは第一次世界大戦後の混乱も収束しておらず、また、トルコの直接的な関与は限られていたものの、第二次世界大戦の勃発という世界情勢を受け、不穏な状況にあった。民衆にとって最も重要な糧であるパンをはじめとした食糧品の高騰や、紅茶やコーヒーなどの嗜好品の供給の停止といった生活にかかわる実質的な問題も起こっていた(9)。

国民の不満が高まるなか、アタテュルクの没後、第二代大統領となったイスメト・イノニュ（İsmet İnönü, 一八八四―一九七三年）は、トルコ西部の都市イズミルにおいて国民に対して演説を行った。当時の新聞各紙が同じ文面の演説文を掲載したことからは、政府は新聞社に演説文を配布し、それを掲載するよう指示したものと見られる(10)。共和人民党寄りの『ソン・テルグラフ』紙は、この演説が、「全国土で［国民の］大きな関心を呼んだ」などと特に好意的に報じた(11)。以下はこの演説からの抜粋である。

私たちの子どもたちを、人格を備えた道徳的な人間に育てることは、彼らを、知識を有する人間に育てることと同じように、それどころかそれよりも重要であります。道徳的であり、人格を有した子どもたちの知識によってのみ国家に利益がもたらされるのです。私たちの子どもたちは国家の未来が自分たち自身の手にあることを知り、力強く、その豊かな知識ほどに、道徳、人格をもった人間に育たなければなりません。このような高い目標は幼年期、修学期間において身につけることで揺るぎないものとなります。

もう一点、皆さんにお伝えしたいことがあります。私たちの子どもたちは祖国愛 vatan sevgisi をその精神でもって守りながら育たなければなりません。今日は私たちが育った時代と大きく変わりました。国家の内外からもたらされる影響は大きく拡大しました。私たちの子どもたちは自分に自信を持ち、あらゆる不適切な影響や潮流に対抗できる頭脳を育てなければなりません。祖国愛は道徳のなかで最も重要なことです。［彼らが］祖国を愛する人に育つことは、私たちの教育制度の基礎であります。[12]

この演説では、トルコの食糧不足や経済問題は一時的なものであり、国民が力を合わせれば乗り切ることができると鼓舞する言葉が続く。イノニュは、閉塞感が漂う当時の状況に鑑み、こうした状況が子どもたちに道徳、そして祖国愛の感情を持たせることで解消されると説く。このように、イノニュの演説は、これまで一方的に政府から指導される側であった国民に対して、トルコが置かれた苦境を乗り越えるために大統領が直々に協力を要請するという、共和人民党政府の新しい方向性を示すものとなった。この演説は、アタテュルク没後のトルコにおいて、道徳教育について大統領ないし政府高官からなされた最初の公の発表であり、道徳教育は一九四〇年代初頭から、国民意識を形成する狙いと結びつけられていたことが示されている。

こうしたなか、六月には、議会において農村部の教育をめぐる議論のなかで宗教教育の再開を求める声が挙げられた。[13] 農村部における小学校の教師養成や農村の近代化のための農業、畜産業教育を目的として設立された村落教員養成所 Köy Enstitüsü について審議が行われた際に、[14] カイロのアズハル大学で学んだラスィフ・カプラン（Rasih Kaplan, 一八八三―一九五二年）議員は、同養成所における宗教教育の実施を提案した。[15] 当時アンカラ大学等でペルシア語を教えていたベスィム・アタライ（Besim Atalay, 一八八二―一九六五年）議員も以下のように宗教教育の必要性を主張した。[16]

皆さん、民衆は暗闇のなかに留まれば、何も信じなければ、［それは］災難になります、空っぽになってしまった場所へ他のものが入り混みます。私が恐れていることはこのことなのです。［…］彼らに精神的な糧を与えなければ、心を精神的な価値で満たさなければ、暗闇のなかに留まってしまうでしょう。これは私たちのライクリキ原則に反することではありません。ライクリキは宗教的事柄を現世の事柄に関与させないことを意味します[17]。

アタライの発言に続き、他の議員も、「精神性のない国民 millet は生きることができません[18]。ライクリキは無宗教の意味ではありません」と述べ、宗教教育の実施に賛成した[19]。以上の発言に見られる、ライクリキは宗教を否定するものではなく、宗教教育の実施はライクリキに反しないという主張には、当時、宗教教育の実施はライクリキに反するものであり、ライクリキは宗教を否定するものだという理解が想定されていたことがうかがえる。同時に、宗教教育の再開を主張したアタライは、ライクリキが「宗教的事柄」を「現世の事柄」へ関与させないことを意味するもので、両者の相互の分離とは捉えておらず、後者の前者への関与は認められうると考えていたことも見てとれる。伊藤寛了によれば、アタライの発言に見られる、民衆の心に入り込む「他のもの」とは、共産主義のことを指しているという[20]。このことからは、前述のイノニュの演説中に出てきた「不適切な影響や潮流」のなかにも、同じく共産主義が含まれていたと考えることができる。共産主義への対抗策としての宗教教育の必要性は、本書で見ていくように、その後の一九七〇年代まで主張され続けることになるが、このように、イスラーム教育実施を是とする主張の大きな理由のひとつは、はやくもアタテュルク没後の一九四〇年代初頭に提示されていたのだった。

国民教育諮問会議における道徳教育をめぐる議論

こうして、アタテュルク亡き後、彼の主導した世俗化政策を修正する主張がなされ始めた。ただし、この時代にはまだその萌芽が見られるに留まり、宗教教育に関する議論もその先には進まず、宗教教育の再開はすぐには実現されなかった。宗教教育の再開に先立って進められたのは、非宗教的な道徳教育の模索だった。知識人によって始められた道徳に関する前述の議論はその後、一九四三年の第二回教育諮問会議の議題に道徳教育が挙げられることに結びついた。

教育諮問会議は、トルコの教育の発展を目的として、一九三九年に教育省によって開始された。会議は、予め議題に応じて構成された委員会による報告と、それに対する質疑・議論、決議の順で行われる。開催は四年に一度とされているが、教育相は必要に応じて随時会議を召集することができ、教育関係者などに加え、議題に応じて招聘された有識者が参加した。(21) 第二回教育諮問会議開催の決定を受け、新聞紙上では、それまでに問われてきたような国民道徳を模索するもの、道徳の源を問うものなど、道徳の性質をめぐる議論がなされた。(22) 以下で、諮問会議の議論の内容について見ていきたい。

ユジェル教育相は国民教育諮問会議の開会にあたって行った挨拶のなかで、先に挙げたイノニュの演説を引用した後に、道徳教育について以下のように述べた。

私たちの国民の指導者［イノニュ］のこうした言葉を受けて、あらためて学校の任務を考えること、実践的な合意に至りながら、生徒に今日のものと比べてより深く、より広い形で道徳を教育する試みを行うことが私たちに任されました。私たちの学校において、こうした教化は、特に祖国科 yurt bilgisi と歴史科によって、また生徒の活動によって、学校の一般教育の枠組みのなかで実現されており、トルコ人であるという感情と意識への到達がその目的として重視されています。私たちの生徒たちには最初の道徳規則として、その存在をトルコ国民であることに方向づけること、［各人の］はたらきをその［トルコ国民の］発展に捧げること、それ［トルコ国民］に利益をもたらすような人間に成長すること、そのときが来たら、それ［トルコ国民］のために、どのような自己犠牲をも厭ってはならないことを私たちは教授する所存であります。(23)

諮問会議ではまず、予め委員会によって作成された報告書が読み上げられた。この委員会は、医学博士のアークル・ムフタル・オズデンを委員長、法学博士のターヒル・タネルを副委員長とする、議員や教育関係者ら計五二名によって構成されていた。報告書には、就学前、初等学校、中等学校、高等学校、職業・技術学校、村落教員養成所における各道徳教育についての要請と実現のための方策が盛り込まれた。そのなかでは主に、公教育で教授される道徳の原則を明らかにすること、学年に応じた教育が行われることなどが提案されていた。委員会によって、道徳教育の原則として、「一. トルコ人の言語、文化、革命の功績と理念、全般的にトルコ性の理想に依拠したトルコ人、二. すべての文明的な国民によって認められている高度な道徳信条を備えた人間、三. 自分自身、また他者に敬意を示す、価値、名誉、貞操をもった人間」を養成することが規定され、そうした道徳に基づく「私たちの理想のトルコの子ども」が身につけるべき性質として、正直であることや祖国を愛することなどの事柄が挙げられた(24)。

質疑では、軍部の参謀総長の代わりに出席していたネジャティ・タジャン大佐が、道徳教育のあり方を統一するべく、道徳教本を家庭へも配布し、また道徳教育が独立したひとつの科目のなかで行われるべきことなどを提案した(25)。単独の科目としての道徳科は、その後一九七四年に実現することになるのであるが、ここでは審議には至らなかった。質疑では他にも、報告書に道徳の信条のひとつとして挙げられた「健全なる精神は健全なる肉体に宿る」という表現は現実に当てはまらない場合もあるため、あくまでも理想にとどめるべきということや、肉体労働が頭脳労働に比べ蔑視される傾向に対処すること、模倣事件などの誘発を防ぐために少年犯罪の報道を規制することなど、多様な事柄が議論された(26)。

それでは、この諮問会議では、道徳をめぐる議論のなかで宗教に関して触れられなかったのだろうか。この会議で宗教に関連する発言を行ったのは、教育省の学校博物館局長フフズルラフマン・ラーシト・オイメン(Hıfzırrahman Raşit Öymen, 一九〇〇―一九七九年)であった。彼は、「道徳に関する事柄は、アッラーを空に残し、大地、自然界に降り立った後、すなわちライクリキとともに、現世の問題としての状態をとることになりました。なぜなら、それ以前は、道徳に関する価値はアッラーに依拠する、宗教的な性質のものだったからです」と述べ、さらに、産業革命によって、家庭のあり方や労働環境が変わり、ヨーロッパ、アメリカ、日本でも、この数十年のあいだ道徳をめぐる問題が起きていることに触れ、トルコにおいてもこれに対策を講じるべきだと述べた(27)。この発言は、近代化に伴い道徳の源が変化したこと、それにより、道徳をめぐる問題が浮上したことを述べるものであり、近代化の産物としてのライクリキに問題が由来するかのように主張していると聞こえなくもない。これに対し、ガーズィ教育機構(28)教員のナムダル・ラフミ・カラタイ（Namdar Rahmi Karatay）は、彼の父親によれば、オスマン帝国期に生きた彼の曾祖父は当時、「道徳は崩壊した」と嘆いており、彼の父親もまた、今より三〇年ほど前に、当時の状況はそれよりひどいものであると言っていたことを述べ、そうした見解が間違っており、必要以上に現状を問題視する風潮を批判した。彼は、「イノニュの時代は［教育の分野において］ルネサンスの時代」だと述べ、半世紀近くの彼の教育経験のなかで、今日の（若者の）世代が最も優れていることを主張し、道徳に関して問題が起きていることを前提とする考えを否定した(29)。以上のように、第二回教育諮問会議では、道徳教育の議論の際に宗教に言及されることはほとんどなく、宗教に依拠しない道徳を模索する必要性は、会議の参加者の多くにとって自明のこととされていたと言える。

報告書の内容は諮問会議において承認され、これにより祖国科は公民科 Yurttaşlık Bilgisi へと名称が変更されること、公民科の教育事項に新しく道徳教育が盛り込まれることが決定された。具体的には、公民科に「トルコ人の道徳信条 Türk Ahlâkının İlkeleri」という項目が加えられることになった(30)。この項目は、諮問会議の決定により、カスタモヌ選出議員であるテゼル・タシュクラン（Tezer Taşkıran, 一九〇七―一九七九年）によって『トルコ人の道徳信条』という名前の小冊子にまとめられ、これが教材として使用されることとなった(31)。

テゼル・タシュクランは、オスマン帝国末期およびトルコ共和国初期に活躍したアゼルバイジャン出身の政治家アフメト・アアオール（Ahmet Ağaoğlu, 一八六九―一九三九年）を父に、トルコ史上初の女性弁護士の一人であるスレイヤ・アアオールを姉に持つ人物であり、一九四三年三月から共和人民党議員を務めていた。タシュクランは、ダールルフヌーンの文学部哲学科で学んだ後、高校の教科書として『論理学 *Mantık*』を書いており、その後、教員として高校に勤めた。タシュクランはアタテュルクとも面識があり、アタテュルクは彼女の執筆した『論理学』を「[学術分野での」トルコの女性の発展」と評し、タシュクランの活動を女性の地位向上の観点から喜んだという逸話も残っている[32]。実際に、タシュクランは女子高校を含む高校の校長を複数年にわたり務め、後に女性の権利について著書を残しているように[33]、彼女はアタテュルクの目指した「進歩的」な女性像を体現する存在だったと見ることができる。それでは、タシュクランが執筆した『トルコ人の道徳信条』は、どのような内容だったのだろうか。

『トルコ人の道徳信条』

オスマン帝国末期から一九九〇年代までの公民教育を国民形成の観点から研究したウステルによれば、『トルコ人の道徳信条』の内容は、社会に参加することや、言動に注意し、嫉妬、怒りなどを遠ざけること、正直でいることといったような性質を身につけさせるものであり、同書には当時のトルコ共和国政府による「よいトルコ人」、「よい生活」に対する理解が反映されているという[34]。また、セヴァル・イニルメズ・アカギュンデュズは、その博士論文および論考において、同書は、同時期に執筆された祖国科の教科書の内容を要約したようなものであると述べている[35]。では、この教本には宗教への言及は見られるのだろうか。以下ではその内容を具体的に見ていきたい[36]。

『トルコ人の道徳信条』の表紙には「小学校四、五年生の『祖国科』教科書の補助として出版された」とある[37]。本書は計一二ページ(ただし表紙には「二」ページとの記載があり、最後のページには「一四」ページと記載されている)にわたってまとめられている。冒頭には、「私は、私を育てている家族、私たちの存在の基盤となる国民へ、私の祖国の外にいるすべての人々に対し、さまざまな義務を全うできるように、小さな頃から準備し始めます。以下に書かれている主な道徳信条に従います。よいトルコ人の仲間に入ります」という文章が挙げられ[38]、これに続いて、生徒が従うべき四八の項目が並べられている。四八項目のうち第一項のみ、AからFまでの事項に分けられている。この教本では、頻繁に一人称が用いられ、読者である生徒がその心情を述べる形で本文が進められる。挙げられている項目のうち多くは、「私は〜します/しません」という未来形を用いた文章で始まり、その後に、「なぜなら」で始まる文章でその理由を説くという形式が取られている。

この教本で示されている道徳とは、これまでの研究で指摘されているように、生活習慣を整え、身体を強くし、親や年長者の言うことをよく聞くこと、他者に敬意を払うことだとまとめることができる。ただし、この教本の性格を理解する上で重要なのは、こうした道徳的な行動の意味が、日常の生活の範囲に留まらず、国家に従属する勤勉な国民となることにつなげられており、それこそが最も優先すべき事項として説明されていることである。この特徴は、読み手である各人の命よりも祖国の方が重要であると説き、そのためには命を捧げることさえも奨励する第四一、四三、四五項に顕著である。例えば第四一項では、「私たちの存在の基盤である祖国を、自分の命よりも愛します。[…]すべてのトルコ人のように、私も順番がくれば、祖国のために喜んで命を捧げます」、第四五項では、「同胞を愛し、彼らに対してできる限りのすべての奉仕を行い、順番がくれば、祖国のために喜んで命を捧げます」とあり[39]、祖国のために死ぬことがトルコ人の道徳信条のひとつに挙げられている。トルコにおいては建国初期よりすべての男性に兵役の義務が課せられており、一九四三年の教本の執筆時は、第二次世界大戦の最中でもあった。トルコは当時、第二次世界大戦には参戦していなかったものの、いつ参戦を余儀なくされるともわからず、国民の徴兵拒否を避けなければならない状況にあった。

こうした、読み手に対し国土を守るために命を捧げることを説く内容は、一九二五年に出版された『兵士のための宗教知識』とも類似するものである[40]。兵役中の国民に教授する目的で執筆されたこの本では、祖国のために戦って死ぬことが「殉教」とされ、その正当性がイスラームの教義から説明されている。これに対し、『トルコ人の道徳信条』では、イスラームに関する記述はなく、自分の命よりも国民全体、ひいては祖国の方が重要であるという説明によって、祖国のために命を捧げることが正当化されているのである。

以上のような宗教に依拠した説明の排除は、第一項のBに挙げられている飲酒の忌避を説明する記述にも明らかである。

体に悪いお酒を継続的に飲む人たちがいます。しかし、このお酒というものは私たちの体のほとんどすべての内臓に非常に悪い影響をもたらします。この他にも、お酒を飲む人は、よく考えられず、よく理解できず、よい判断を下せず、そのために義務を行えない状態になります。お酒は家庭を貧困に陥れます。なぜなら、継続的にお酒を飲むことは、家庭において不必要な出費となるからです。お酒を飲む人はよく働かないために、継続的な仕事を見つけることができません。このようにして、家族は危機に陥り、安らかで、幸福な顔は見られなくなります。お酒を飲む父親の家庭では、喧嘩や涙が絶えません。

このために、止められないほどに有害なお酒に依存している状態の人たちは、家族からも他人からも愛されることはありません。

お酒の悪い影響は、ただその人自身や家族に及ぶだけではなく、国民をも激しく揺るがします。なぜなら、このような人は、自信があり、勤勉で、力強く、よく考える、よく働く職業人になることは不可能だからです。煙草を吸うことも身体にとって非常に有害です。これも私たちの臓器の多くに悪い影響を与えます。

人はこれらの毒に非常に容易に慣れてしまいます。慣れた者たちは、これらの毒を止めるのに大変、苦労します。私は有害なお酒などは決して飲みません(41)。

よく知られるように、イスラームの信仰において飲酒は禁止されており、ムスリムが人口の大半を占めるトルコにおいては、飲酒の忌避自体はイスラームを根拠として説明することも可能であるように思われる。しかしながらこの教本では、宗教を理由とした記述は見られず、健康面、家族、そして国家に役立つ人間になるという観点から、飲酒が禁止されている。この例に見られるように、この教材では宗教に依拠させる形では道徳を説明していない。このことは、ムスリムとしての道徳ではなく、家族、国民、国家の利益を指向する、非宗教的なトルコ人の道徳を模索する共和人民党政府の方針を反映したものだったと考えられる。

『トルコ人の道徳信条』では、イスラームや宗教全般に関する具体的な記述は見られないものの、宗教に関する事柄として、唯一、第一八項に、他者の思想と信仰への寛容を説く内容が見られる。ただし、そこでは他者の思想と信仰への寛容が全面的に奨励されているわけではなく、「私たちとは異なる思想や信仰を――私たちの国民にとって害のない限り――寛容に迎えなければなりません。[…] 間違った思想や信仰であっても、不敬を表すのではなく、礼儀正しく、やさしい方法で正すよう努めなければなりません[42]」と、留保が加えられており、一部の思想や信仰が「間違った」ものであることが前提とされている点に注意が必要である。これは、当時のトルコ共和国政府が国の許容範囲外の宗教活動を行う人々、例えば、タリーカの関係者やアザーンのトルコ語化への反対者を厳しく取り締まってきたことに通じる姿勢である。教本が述べる異なる信仰への寛容とは、その信仰が「祖国に害を及ぼさない限り」で認められるものであり、場合によっては、ある信仰を「間違っ」ていると見なし、「礼儀正しく、やさしい方法」であれば、それを「正す」ことを許容するという、あくまでも国家を優先した、限定的な「寛容」のみが説かれていた。

以上のように、『トルコ人の道徳信条』には、教育から宗教を排除する共和国政府の姿勢が強く反映されており、世俗化が推進された当時の時代状況を示すものとなっている。この教材は、一九四四年から教科書ないし副教材として五年制の小学校の四、五年、三年制の中学校の一～三年で使用されることになり[43]、第二回国民教育諮問会議で決定されたように、一九四八年に祖国科の名称が公民科へと変更された後も継承され、さらにその後、公民科に代わる社会科のなかでも一九七三／七四教育年度まで使用された[44]。

道徳危機の喧伝

公民教育のなかで行われた非宗教的な道徳教育は、しかしながら、人々の注目を集めることはなく、国民に訴えかけるものにはならなかった。著者であるタシュクランの経歴と符合するように、『トルコ人の道徳信条』はトルコ共和国建国期の改革に沿った内容であり、政府に対して不満を持っていた人々の求めるものではなかったのである。

こうした不満の声は、イスラームに重きを置く、著名な言論人であるネジプ・ファーズル・クサキュレキ（Necip Fazıl Kısakürek, 一九〇四―一九八三年）による活動に顕著である。クサキュレキは、ダールルフヌーンやパリ大学で哲学を学び、いずれも卒業はしないまま、言論人、詩人などとして活動をしていた。一九三四年にはナクシュバンディー教団のシャイフに師事し、神秘主義思想に傾倒したことも知られている(45)。クサキュレキは一九四三年に『ビュユク・ドウ』誌を創刊し、当初から道徳に関する論説を複数発表していた。一九四三年の教育諮問会議の内容や決定事項は各紙で報じられていたにもかかわらず、同誌は道徳教育を論じる際に、『トルコ人の道徳信条』にあえて触れることはなかった。『トルコ人の道徳信条』が学校で教授されるようになった一九四四年以降も、同書に言及することはなく、トルコにおいて道徳の問題があることへの注意を喚起し続けた。では、『ビュユク・ドウ』誌では道徳はどのように論じられていたのだろうか。同誌のなかで、道徳を最初に主題として扱った記事「私たちの道徳一」には、以下のような記述が見られる。

> 今日の私たちの道徳悲劇は、疑う余地のない運命の計画における身の毛もよだつような光景であり、それをひとつひとつ注意深く描くことは、『ビュユク・ドウ』の「私たちの実践的な問題」欄の任務である。私たちがここで、ただ文章の形によってのみ浮き彫りにする事実はもはや、誰もが明白に捉え、理解しているように、今日の道徳は、都市で、村で、家で、学校で、路上で、家庭で、思想において、見解において、仕事で、義務において、崩壊の危機の最も恐ろしいものを経験している(46)。

ここでクサキュレキは、道徳の崩壊が現実的なものとしてトルコで起きており、それを指摘することこそがトルコの国土、そして国民に行える「最も価値のある奉仕」であると述べ、現状への危機感を煽っている。

その後の号では、クサキュレキによる「私たちの道徳問題小史」と題した記事があげられている。この記事でも、「トルコ社会において道徳は、この集団が存在したときから今日まで全く類を見ない、それどころか今後も見ないような形で最大の頽廃のときを経験している」とし、一六世紀のスレイマン大帝後の時代にまでその原因を遡る。[47]そして、道徳の頽廃が、スレイマンを継いだセリム二世の時代から一九世紀中葉のタンズィマートまで、タンズィマートから二〇世紀初頭の第二次立憲政期、第二次立憲政期から共和国建国期、共和国建国期から今日までの、四つの段階を経て進んだことを論ずる。クサキュレキは、第一段階から順に解説を進め、タンズィマート以前からすでに道徳頽廃が始まっており、それは、「愛と高揚を私たちが失い始め」、「イスラームの魂とイデオロギーが純粋な愛と澄みきった高揚ではなくなった」結果であると述べている。このように、イスラームの信仰を正しく行わなかったこと、その内実から外れてしまったことが今日の道徳崩壊につながったと論じている。

道徳の崩壊が具体的にどのようなことを指すのかは、「私たちの道徳悲劇について」という題のもとにマフムト・イェサリが執筆した記事に見ることができる。

冬の酒場や喧噪なキャバレー、夏の海岸や遊歩場は、貞操が殺されるところである。道徳の守り手はこれらに対し常に気をつけなければならない。

［本誌の］読者が、喧噪なキャバレーや庭園、劇場に女性の出入りを禁止することは道徳的な対策となりうる。卓上で行われる真の悲劇を防ぐために、対策が取られなければならない。

道徳の問題において、私たちは非常に注意深く振る舞わなければならない。最も小さな注意にも目をつぶってはならない。

注意深く統計を出すとすれば、私たちは、冬と夏の犠牲者の数を前に、恐怖に戦くだろう。

海岸で、女性と男性が同じ場所に入ることは禁止されなければならない。遊歩場の人影の少ない隅は管理下に置かれなければならない。

酒場、喧噪なキャバレーには幼い年齢の少女たちがおり、酒を飲んでいる。これに対策を講じなければならない。

私たちが道徳に気をつけるほどに私たち国民の性質を惨劇から守ることになる。フランスの崩壊は、政治的、軍事的なものである以上に、社会的、道徳的なものである。今日、私たちは目の前にあるこの例から学ばなければならない。不道徳に走る者たちには、重い罰が与えられなければならない(48)。

以上の文章では、性的な関係が起こりうる可能性のある場所の存在、未成年の飲酒、そのことから示唆される性売買といった問題が懸念されており、それらが道徳を壊すものとされていることがわかる。すなわち、ここでの貞操という言葉はほぼ性的な意味に限定されており、それを守ることが「道徳の守り手」である同誌の問題関心であることがうかがえる。道徳の原則についてここでは明確に書かれてはいないが、雑誌の方向性や他の記事の内容からは、イスラームに依拠したものが読み手によっても想定されていたことは明らかである。タヌル・ボラによれば、クサキュレキら保守ナショナリスト知識人たちにとって女性の役割というテーマはトルコの近代化改革を議論する際の主題のひとつとされていたという。彼らは、伝統的枠組みから外れた女性たちを彼らの考えるあるべきトルコ人女性像と対比させ、批判、処罰の対象としたことが指摘されているが(49)、ここでも同様の主張を見ることができる。

宗教教育不在の時代に道徳の頽廃が議論されたことについては、イスメト・パルマクスズオール(50)が一九六六年に刊行した著作からも確認することができる。国民教育省の宗教教育総局を務めたパルマクスズオールは、学校における宗教教育の不在は宗教知識の教授が各家庭に任せられることを意味したと振り返り、以下のようにその問題点を指摘している。

まず述べなければならないのは、トルコの母親や父親たちは大多数が無知蒙昧だったのであり、彼らがその子どもたちに与えることができた宗教の教育における知識は、その無知の産物であり、慣習や伝統のもたらした、おそらくは本来の宗教とは関係のない知識だったということである。この知識を家で教えられた子どもは、世俗的な secualir 制度のなかで得た教育によって、内面で説明することが不可能な衝突に陥っていた。この結果、自然の構造や性質の必然として、古い慣習と伝統に固執する、まるで狂信的な反動か、または何も信じず、すべてを悲観的に見る、かなり後になって幸福を探しに出る、信念のない市民になる状態に陥っていた。[…] 共和国政府はこの問題に当初、対策を講じず、その重大さほどに［問題を］真剣に捉えなかったことが、水面下で否定的な展開への道を開いた。今日、国家において知識人に広い範囲で影響を与えており、しばしば、行政や政府に一連の対策を講じさせているティジャーニーリキ、ヌルジュルク、スレイマンジュルク、ビベリーリキといったタリーカまたはタリーカのような潮流と[51]、ヒズブ・タフリールやムスリム同胞団のような政治的な動きが[52]共和国期に誕生し、根づき、拡大したこと、あらゆる階層の市民 vatandaş に、さらには知識人とされる人々までにも影響を与えていることは、［共和国政府の無策が招いた否定的な展開の］最も明白な例として認められる[53]。

以上のように、パルマクスズオールは、国民の信仰が正しい知識によってではなく慣習や伝統に基づいて行われた結果、それが子どもたちに悪影響を与えたと主張している。以上の記述では、タリーカをはじめとした宗教組織が国民に対して負の影響を与えることが懸念されている。さらに、「伝統と慣習の観点から貧しい環境で育った若者は、大きな精神的不足のなかで有害な潮流の影響下に置かれてしまった状態にある」とし、学校における宗教教育の不在が「反動」の台頭を招き、国民が困窮に陥ったために宗教教育の必要性が社会において高まったとされる[54]。

以上で見てきたように、一九三〇年代末から四〇年代前半にかけて、知識人たちはアタテュルクの存命中には表に出すことができなかった政府や共和国の革命への不満を、アタテュルクの死後、道徳の頽廃を喧伝するという形で表明し始めた。こうした声に対し、共和人民党政府は、公教育において非宗教的な道徳教育を導入することで対応した。これは、アタテュルクが廃止させた公教育内での宗教教育を再開することは国是であるライクリキに反し、認められないという理解に依拠していた。当然のことながら、この道徳教育は共和人民党政府の方針に不満をもつ人々の要望に適うものとはならず、その後も道徳の頽廃を懸念する声は継続した。

二、宗教教育自由化の構想

共和人民党政府は彼らの試みがうまくいかなかったことを知ると、ついに宗教教育の再開に踏み出していく。ただし、当時の政治家たちは、アタテュルクによる世俗化改革の大幅な変更をすぐに許容することはできなかった。そこで彼らが目をつけたのは、私教育の形で行われる宗教教育だった。本節では、共和人民党政府により公教育内の宗教教育の実施に先んじて構想された「宗教塾」について見ていく。そして、なぜ私教育である宗教塾の実施が当初、構想されたのかを検討する。

宗教教育の再開議論と決定

前節で述べたように、一九四〇年代に入ってもトルコは第一次世界大戦後の経済危機から回復できていなかった。基本的な食糧の供給も追いついていないという困難な状況にあって、トルコ政府はアメリカの援助を受けるために民主化を進める必要に迫られていた。こうした背景のもと、民主化の大きな一歩として一九四五年、共和人民党を率いるイノニュは複数政党制を導入することを決定した。これにより、社会公正党 Sosyal Adalet Partisi[55]、農業労働者・村民党 Çiftçi ve Köylü Partisi、イスラーム保護党 İslâm Koruma Partisi、トルコ保守党 Türk Muhafazakâr Partisi など、宗教を党のイデオロギーとするものを含む複数の政党が設立された[56]。これらは共和人民党の対抗政党とはならなかったが、共和人民党からの離脱者たちが一九四六年一月に設立した民主党は、国民の支持を集めていく。

民主党はその綱領のなかに、経済の自由化や国民の精神的な価値を保障する内容を含めていた。教育については、「科学や技術の知識だけではなく、国民的、人間的なあらゆる精神的価値を備えさせるよう努められなければならない」などと、それまでの共和人民党による政策の雰囲気とは異なり、明確にイスラームや宗教といった言葉を用いないまでも、国民の精神性に目が向けられていた(57)。共和人民党は民主党の存在を懸念し、民主党が体勢を整える前に前倒しで行った一九四六年の選挙ではなんとか勝利したものの、民主党の得票率の高さは共和人民党の予想を越えたものだった。共和人民党はもはや、都市や一部の知識人を対象とした上からの政治ではなく、地方の経済発展や国民の宗教的必要性の充足といった、国民に寄りそった方向に政策を転換しなければならなくなった。こうした時代潮流の変化のなかで共和人民党内では内部対立が生まれた。アタテュルクの革命から逸脱しない形で党を変えていくことは容易ではなかったが、イノニュを中心に、共和人民党政府は徐々に出版規制の緩和などに見られる新しい政策を打ち出していく(58)。

同一九四六年一二月の教育省予算審議では、さっそく宗教教育の必要性の声が挙げられた。この予算審議では、共和人民党議員のムヒッティン・バハ・パルス（Muhittin Baha Pars, 一八八四—一九五五年）と、ハムドゥッラー・スプヒ・タンルオヴェル（Hamdullah Suphi Tanrıöver, 一八八五—一九六六年）が、共産主義の潮流が懸念すべき状況にまで達している現状において、警察や裁判所ではこの潮流に対処できないとし、青年に信念、すなわち宗教を教える必要性を主張した(59)。パルスは、近代法学を学び、弁護士や教員を経て議員となった人物であり、タンルオヴェルは、オスマン帝国末期に設立され、トルコ・ナショナリズムの普及に大きな役割を果たしたとされるトルコ人の炉辺の会長を過去に務め、青年トルコ時代にイスラーム改革の必要性を唱えたギョカルプなどの思想家たちの影響を受けていた(60)。共和人民党の若手議員であったニハト・エリム（Nihat Erim, 一九一二—一九八〇年）は、タンルオヴェルの発言は議場に「奇妙な雰囲気をもたらし」、一部の議員は宗教が話題に上がったことに「満足」し、エリムを含む他の議員たちは不満を持ったと当時の日記に記している[61]。彼らの主張に対し、レジェプ・ペケル（Recep Peker, 一八八九—一九五〇年）首相は、宗教教育の再開に明確に反対の意を示し、それ以上、この問題について議論がなされることを防いだ。ペケルは、トルコにおいて宗教は世俗的な dünyevi 事柄のための道具としての立場から自由であるために、トルコ国民は彼らの「良心の感情 vicdani du[y]gusu」、信念、信仰を最もよい状態で有していると述べた[62]。彼によれば、宗教と現世の事柄を混同させようとする人は、トルコの社会生活を毒しているという。ペケルは、政府は国民が良心の自由を有することを許すだけではなく、政治と宗教を分離させることで国民の良心の自由を守っており、それがトルコの革命の最も重要な到達だと述べた[63]。彼の主張に対し、議会の参加者たちは賛成する態度を示したものの、彼らは議場外で白熱した議論を行ったという[64]。以上のことからは、議員のなかには宗教教育へ賛成する者と反対する者の両方がいたこと、宗教教育をタブーとする雰囲気がまだ残っていたこと、それと同時に、一部の議員たちは宗教教育を議論する準備がすでにできていたことが見てとれる。

同時期に開催された第三回国民教育諮問会議では、再び道徳が議題のひとつに取り上げられた。当時のトルコにおいては依然として教育の必要性が国民に十分に理解されておらず、子どもを学校に通わせない保護者もいた。このような背景を受け、会議では、家庭と学校のあいだに協同関係をつくり、子どもたちが十全なかたちで教育を受けられるよう、学校側が尽力するだけではなく、家庭の側にも協力を要請することが話し合われた。そのなかでは、国家ないし学校側ができることとして、子どもたちにとって適切な図書や映画を選定し、配給すること、カフヴェハーネ（コーヒーハウス）のような子どもにとって適切ではない場所や不適切な映画を管理すること、子どもたちの放課後や家での過ごし方をより有意義なものとしていくことなどが議論された。ただし、道徳をめぐる審議では一九四三年の第二回教育諮問会議と同様に、宗教や宗教的な価値に触れられることはなかった[65]。このように、一九四六年一二月の時点では依然として非宗教的な道徳教育の模索が継承されており、このことからも宗教について公に議論することを避ける雰囲気が続いていたと言える。

ところが、宗教教育に関する議論は翌一九四七年に急展開を迎える。一月一六日から開催された共和人民党高等会議Cumhuriyet Halk Partisi Divanıで、導師と説教師を養成するための学校の開校および普通学校における宗教と道徳の授業についての議論がなされたのである。議論のきっかけを作ったのは、予算審議にて宗教教育の必要性を主張した先のパルスとタンルオヴェルであった[66]。彼らによるこの要請は他の議員たちからも支持され、一二日間にわたって行われた高等会議の結果、宗教教育は政府の認可を得ることを条件に、校舎外で行われることが決定された[67]。会議の議事録を手に入れることができなかったため詳細は不明であるが、各紙の報道によれば、会議では政府の管轄外で「秘密裏」に行われる宗教教育やアラビア文字を用いる教育を禁止する法律は維持したまま宗教教育が行われることに注意が向けられたという[68]。会議の終了後、宗教教育の実施について共和人民党は、「ライクリキを、最も些細な形のものを含め侵害するあらゆる理解を遠ざけるという点において［会議では］完全な意見の一致が認められ」たこと、「希望者のみ」を対象としていること、「あらゆる点において国家の管理下に置かれること」を主な条件とし、国民教育省から許可を得て、「トルコ文字」――ラテン文字をもとに作成され、アラビア文字に代わって一九二八年に導入された――によって国民が宗教教育を行えることを発表した[69]。このように、共和人民党議員たちは、宗教教育の実施を容認するにしても、共和国の原則や法律が脅かされないよう、国家の管理下で宗教教育が行われるべきだと考えていた。それと同時に、校舎外で国民が行う、すなわち私教育として行われるという決定からは、公教育内で宗教教育を行うことが国家と宗教の分離という側面でのライクリキに抵触すると考えられていたことがわかる。

こうした経緯を受けて、言論界では高等会議の開催中からその後にかけて宗教教育と道徳教育についての議論が高まった。議論の主題となったのは、宗教教育が必要かどうか、道徳教育をどのようにして行えばよいかということであった。例えば、『ソン・テルグラフ』紙は、宗教教育の再開を求める理由のひとつとして挙げられていた、若者に「イデオロギー危機」が起きているという問題自体に疑問を投げかけ、そうした現状批判を否定する記事を掲載した。これにより同紙は、トルコの高校においては社会学の授業を通じて、すでに「道徳と宗教社会学」、すなわち宗教や道徳についての十分な教育がなされているという主張を行い、宗教教育に反対する立場を示した。[70]『ヴァキト』紙でも、著名な作家でありジャーナリストでもあるペヤミ・サファ（Peyami Safa, 一八九九―一九六一年）が、宗教教育の実施に明確な反対の意を示した。彼は、この時代にあって世俗的な道徳が可能かどうかを問うことは歴史を逆行することだと述べ、備えるべき道徳について以下のように続ける。

ライクな道徳教育は可能であり、［道徳の］問題を神学のものとする日はとうの昔に過ぎた。［共和］人民党のような革命主義の政治組織の会議において、その幹部のあいだでこの問題を議題にすることさえ驚くべきものである。

しかしながら、生命や自然よりも上位の存在理由のもとで人間は個人の欲望や願望を制限するための、自身の衝動と利己心を抑えるための、理想を信じなければならない。この理想は物質、そして人間個人の両方を超えていなければならない。［…］

道徳の秩序は、物質を超えた精神の秩序と、個人を超えた集団の秩序である。このために、すべての真剣な道徳教育は二つの大きな基礎をもっている。それは精神主義とナショナリズムである。[71]

サファは、前述のクサキュレキとも近しい交友関係をもっていたことが知られるが、[72] クサキュレキとは反対に、道徳教育の実施の際に宗教に依拠する必要がないことを主張している。精神主義とナショナリズムについての具体的な記述は見られないが、サファはその後も道徳教育について同『ヴァキト』紙に論説を発表している。そこでも、宗教についての議論が各紙で行われていた当時、他の日刊紙で非宗教的な道徳 dinsiz ahlâk が不可能であると述べられたことに言及し、ライクな道徳が可能であることを再度強調している。[73] このように、共和人民党の会議の決定を受け、道徳の根拠が問題とされるようになったこと、宗教に依拠した道徳とそうではない道徳の両方の可能性が主張されるようになったことが見てとれる。

こうして、宗教教育の再開は一部の知識人の注目の的となった。高等会議で話し合われた内容は、おそらくは各紙の思惑ゆえに間違った形で報道されたこともあり、宗教教育の実施についての情報は錯綜していた(74)。このような混乱した状況を受け、シェムセッティン・スィレル（Reşat Şemsettin Sirer, 一九〇三—一九五三年）教育相は会見を開き、学校においては宗教教育が行われないことを確認することを余儀なくされた。

ここでもう一度つけ加えますが、宗教と国家の分離はトルコ革命の普遍的な原則で、信条であります。国家の学校は、例外なくすべての生徒に共通の、その習得が必要と見なされた価値を獲得させなければならず、宗教は、良心の事柄であります。私たちの革命に、そして政権の根幹に従えば、市民は学校教育によって獲得される宗教的な信仰を有する義務がないために、[学校において]獲得させることが必要な義務の知識のなかに宗教的な信仰を入れることはできません。ただし、希望する市民が、学校外において子どもたちを宗教的な修練を通じて育てることは、完全に自由であります(75)。

このように、教育相は、政府が宗教と国家の分離という原則を保持し続けることを強調し、宗教教育再開への反対意見を抑えることに注意を払った。

宗教塾開校の決定と教本『ムスリム子弟の本』の出版

宗教教育をめぐり、その後もさまざまな憶測が飛び交うなか(76)、宗教教育に関する規定が作成された。そして、共和人民党の高等会議の承認を経て、七月二日、国民教育省は宗教教育の実施について正式な発表を行った。国民教育省による発表では、希望者のみを対象とした「宗教塾」が開校されることが明らかにされた。宗教塾の受講には小学校を卒業していることが要件とされ、そのために塾は小学校が所在する地域にのみ開校されうることも決定された。希望する国民は、教育省の許可を得ることで宗教塾を自由に開校することができ、塾で教育を担当する資格がある者は、高校や高等教育機関、導師・説教師養成学校を卒業した者、宗教的職能者であるデルスィアームの位Dersiâm pâyesi[77]または説教師 vaiz の資格を有する者、村で導師として務めた経験がある者、または現在務めている者とされた[78]。当時のトルコ、とりわけ地方の状況に鑑みれば、この条件は主に宗教的職能者を教師に想定しており、このことからは、地域の宗教指導者を中心とした形で宗教塾が開かれることが想定されていたと理解できる。発表では教育の内容についても触れられている。

宗教知識塾 Din bilgileri dershaneleri においては、ただ国家によって承認された学習指導要領のみが実施され、この指導要領外の教育は行われず、トルコ語以外の言語は教えられない。塾では国家によって調査され、認可を経た教本が使用され、これらの他のどのような本も、またトルコ文字以外の文字で書かれた本も使用されない。生徒が学ぶクルアーンの章と祈りはトルコ文字で書かれる。

宗教知識塾において適用される学習指導要領で指定される教材は、宗派や教派を超えて共通するイスラーム教の信仰を伝え、教化する内容であることに注意がなされる。

塾は、政治的な目的をもつための道具として用いられることが目指された場合、あるいは、イスラーム教の信仰と儀礼の方法や形式を教える狙い以外の、何らかの活動に逸脱した場合にはすぐに閉鎖され、責任者は起訴される[79]。

こうして、宗教塾は、国家が行う公教育の外部に位置づけられ、国民に任されるものとされたと同時に、国家の監督下に置かれるという条件のもとに、その開設が決定された。以上の規定からは、宗教教育を公教育の外に置くという宗教と国家の分離をはかる方向性と、教育内容や塾の設置は国家が監督すべきであるという宗教教育を国家の管理下に置く方向性のせめぎ合いが、宗教塾開設の許可というひとつの政策のなかに表出したと見ることができる。すなわち、政府が当時抱えていた宗教と国家は分離する必要があるという前提と、国家の管理外の宗教活動は容認したくないという欲求の折衷案として宗教塾は構想されたのだった。ただし、その際、政府のなかで宗教塾を管轄したのは、宗教を管轄する宗務局ではなく、教育を管轄する教育省だった。このことは、トルコにおいては宗務局／庁が存在しているものの、あらゆる宗教的事柄をその監督下に置くことが前提とされていたわけではなく、政治的な事情に応じて他の部局の管轄下に置かれる可能性があったことを示している。こうして、なかば矛盾を抱える形で構想された宗教塾の開設は結果として実現することなく、次章で詳しく見ていくように、宗教を国家が管理する方向性が優位となった結果、小学校にイスラームを教える科目が設置されることになる。

宗教塾についての発表のなかでは、宗教塾の教師や導師・説教師の養成のために、「宗教セミナー」を開設し、そのセミナーで学べば希望する国民はこれらの職業に従事できる旨も記されていた。セミナーは中学校と高校の卒業者を対象としており、「中学校卒業者には五年間、高校卒業者には二年間の教育がなされる」こと、国民教育省によって承認された指導要領の枠内で行われ、省によって承認された教材のみが使用されることが決められた。セミナーについても、「国民の全体性を侵害する宗派観に依拠すること、また、国民のあいだに対立感情を呼び起こすような内容をもつことについては厳重に注意される」と、あくまでも政府が提供するプログラムに沿うことに念が押された(80)。これに加え、この発表では「宗派や教派を超えて共通したイスラーム教の信仰」が教えられるよう、また、政治的な運動と結びつかないよう注意がなされたことからも、宗教教育が特定の宗教勢力の媒体となり反政府運動につながるものとならないよう警戒されていたことがわかる。受講生を小学校卒業者以上に限定した点、導師や説教師といった資格を有する宗教的職能者が主に教師として想定された点は、クルアーン教室とほぼ同じである。しかしながら、あえてクルアーン教室とは別に構想され、私教育としてイスラームの基礎的な信仰が広く教授されることが狙いとされた点は、それまで、またその後のトルコにおいて実施された宗教教育とは性格を異にしていた。

宗教塾に関する発表から三ヶ月後の一〇月、国民教育省は、宗教塾で使用される教本についての決定を発表した。発表では、教本は一六〇頁ほどで、作成はオメル・ルザー・ドールル（Ömer Rıza Doğrul，一八九三―一九五二年）、ヌーレッティン・アルタム（Nurettin Artam，一九〇〇―一九五八年）、ブルハン・トプラク（Burhan Toprak，一九〇六―一九六七年）の三名に任せられることになり、一九四八年の初めまでに間に合うよう用意されることが説明されたという。(81) ドールルは、アズハル大学で学んだ後、一九一一年よりカイロで記者として勤めはじめ、カイロ、その後イスタンブルで新聞を発行し、宗教に関する記事を発表した知識人として知られている。(82) イスラーム、特にクルアーンについての著書も出版しており、トルコ国歌の歌詞を作詞したことでも知られるメフメト・アーキフ・エルソイ（Mehmet Âkif Ersoy，一八七三―一九三六年）の娘婿でもあった。アルタムはイスタンブル高校を卒業した後、第一次世界大戦に出征、帰国後は高校で文学と英語を教えていた。印刷出版総局で働いた経験があり、記者、著述家としても活動し、また神秘詩の詩人としても知られていた。(83) トプラクは、パリ大学で哲学を学んだ後、イスタンブルの芸術アカデミーで芸術史を教えており、一九三六年から一九四八年まで同アカデミーで学長を務めていた。アンドレ・ジッドの翻訳や、トルコ系の著名な神秘詩人であるユヌス・エムレ（Yunus Emre，一二三八？―一三二〇年）の詩集『ディーヴァーン』の編集などの出版活動を行ったことでも知られている。(84) これら一流の知識人が執筆者に選ばれたことからは、宗教塾で使用される教本には高い期待がかけられていたことがわかる。

教本に加え、宗教塾では、クルアーンの抜粋の（便宜上の）トルコ語翻訳や、ユヌス・エムレによる『ディーヴァーン』、スレイマン・チェレビ（一三五一―一四二二年）の『メヴルート』、イラン系の著名なスーフィーであり、アナトリアで活躍したメブラーナー・ジェラーレッディーン・ルーミー（一二〇七―一二七三年）による『メスネヴィー』、イランはシーラーズ出身のサアディー（Sadi，一二一〇―一二九一、九二年）によるイラン文学の最高傑作とされる著作『薔薇園（グリスターン）』と『果樹園（ブースターン）』、メフメト・アーキフによる『マンズーメ Manzume』

などの著名な作品を抜粋し、二〇八ページにまとめた読本が使用されることも決まった。宗教塾の規定にあったように、この発表でも、イスラームの宗派に関して教本に執筆される際には、「イスラーム教が包括的、普遍的な基礎 es-aslar を示す特徴をもつ」ものとして描かれるよう、繰り返し注意がなされた(85)。

この発表から半年後の一九四八年四月に、『ムスリム子弟の本』という題名で二三三ページからなる教本が出版された。この本は二万五〇〇〇部印刷されており、当時のトルコの総人口およそ一八八〇万人、識字者四五八万人と対比すると、宗教塾の構想の規模の大きさを計り知ることができる(86)。実際の執筆者となったのは、委員会の発表で教本作成の責任者としてあげられていたヌーレッティン・アルタムと、ヌーレッティン・セヴィン（Nurettin Sevin, 一九〇〇―一九七五年）の二名だった。セヴィンは、イギリスで演劇を学んだ後、帰国後は高校や国立コンセルヴァトワールで教鞭を執っており、詩集や演劇の台本の出版、シェイクスピアの作品をはじめとした戯曲の翻訳を行ったことで知られている(87)。

それでは、『ムスリム子弟の本』はどのような内容だったのだろうか。この本に目次はなく、章番号などはふられていない。本文は、以下の順番で大きく六つに分けられており、各主題に沿ってイスラームに関する知識が説明されている。

アッラー――まずその名を唱名しよう
ムハンマドです、この存在の理由は
信仰
ムスリムであることは素晴らしい道徳です
神に対するしもべとしての私たちの義務
祈り

各章の長さは異なり、最後の「祈り」は一〇ページであるのに対し、最も長い章である「ムハンマドです、この存在の理由は」は七八ページある。教育省からの発表で明らかにされていた形とは異なり、別冊の読本としてではなく、教材の本文中にメフメト・アーキフやユヌス・エムレらの詩や小話が複数盛り込まれている。以下では簡単に章毎の内容を見ていきたい。

アッラーに関する章では、アッラーがすべての創造主であることや、慈悲深い存在であることが説明される(88)。次のムハンマドについての章では、預言者とは何かという基本的な説明、そして、預言者ムハンマドの子ども時代から青年期、啓示、聖遷（ヒジュラ）、その後のマディーナでの生活、死去までの生涯が詳細に説明される。「信仰」章では、ムスリムの義務とされるアッラー、天使、預言者、啓典、来世、天命への信仰についての説明が項目毎になされている。「信仰」章の四三ページ中、預言者への信仰に関しては、二四ページが割かれているのが目を引く。そこでは、ノア、アブラハム、モーセ、イエスといったいわゆる大預言者に留まらず、クルアーンに登場するサーリフ、フード、ロト（ルート）、イサク（イスハーク）、ヨブ（アイユーブ）といった預言者にも言及がなされ、短いながらも各預言者の特徴が挙げられている。例えば、ヤコブとその息子ヨセフについては、クルアーンでの登場箇所が訳され、ヤコブを象徴する特徴として忍耐や神の奇蹟について学べるようになっている(89)。

次の「ムスリムであることは素晴らしい道徳です」という題名の章では、「イスラーム道徳 İslâm Ahlâkı」、「母、父に対する愛」、「愛と友情」、「勤労」、「健康」、「真正な宗教であるイスラームにおける権利」という節が設けられている。この章は、ムスリムであるということがすなわち道徳的であることを意味し、そのために父母や周囲の人間を愛し、勤労に励み、健康に注意をする人間であるべきことを説く。例えば、「本当のムスリムは自慢せず、驕らない。他人を蔑まない」といった文章が見られる(90)。ここで節題として挙げられている「イスラーム道徳」の明確な定義はなされていないが、本書の記述からは、神は人間が悪事を行うことを好まないこと、人間を善悪の区別が付くように創造したことを前提として、その本来の性質に従って預言者に倣い、善行を積むことが重要であるということが意味されていると考えられる[91]。「健康」という節でも、「誕生から死まで私たちの魂を運ぶ身体や皮膚は神からの贈りもの、預かりものである。そのため、私たちが自分たちの身体をなおざりにすることは、神からの預かりものへ無礼をはたらくことになるのである」と、神の存在を理由としてムスリムである読者が健康に注意するよう説かれている。次の「神に対するしもべとしての私たちの義務」章では、ムスリムの義務とされる礼拝、断食、巡礼、喜捨などについて、またイスラームで規定されている聖夜や、忌避や禁止の法規定について取り上げられている。礼拝についての記述は特に詳細にわたっており、具体的な礼拝の仕方や種類が説明され、そこでは教師が礼拝の仕方を生徒に実際に示し、その後に生徒にも行わせるように述べる注釈も見られる[92]。最後の章「祈り」では、クルアーンのなかから礼拝時によむことが決められている章句の紹介や「ムスリムのトルコ人の子どもの祈り」という節で、生徒がよむことが想定された祈りの文句が書かれている[93]。

さて、『トルコ人の道徳信条』では、飲酒の禁止は身体や家庭、金銭、国家に与える害を理由に説明されていたが、それでは『ムスリム子弟の本』では、飲酒についてはどのように描かれているのだろうか。この教本では、「酒・酩酊」について、「嘘」、「賭博」という項目とともに「イスラームが禁止するもの」という節のなかで扱われている。

> 私たちの宗教が禁止しているもののひとつが酒、すなわち酩酊することである。酒に溺れ、酩酊することを習慣とした者はまず家族から遠ざかり、収入も健康も失うことになる。その後、あらゆる酒は人の頭も心もあまりにだめにし、もはや他者に良い行いをすること、神に帰依すること、預言者に従うことのような良い特質を徐々に失くしていくほどである。
>
> 酒は宗教が命令する信徒の義務をまっとうすることも妨げる。そのために、私たちの偉大な神はクルアーンで「あなた方が酩酊したときは礼拝をしてはならない」とおっしゃっているのである。

大麻、モルヒネ、コカイン、アヘンのようなものも人間を酩酊させるため、ハラームである。これらのものを遠ざけることで、アッラーも預言者も満足し、お喜びになる(94)。

このように、飲酒が家庭、身体、金銭の面での損失につながることが説かれている点は『トルコ人の道徳信条』と同じである。異なるのは、『トルコ人の道徳信条』では、国民としての義務がまっとうできなくなる点が飲酒を禁止する理由にあげられていたのに対し、『ムスリム子弟の本』にはそうした記述はなく、神に対するムスリムとしての義務が果たせなくなること、神と預言者に背くことになることが飲酒の禁止の根拠にあげられている点である。ハラームとは、イスラーム法上、「禁止されているもの」を意味する言葉であり、このように、『ムスリム子弟の本』では、その題名の通り、イスラームの教えを基礎としたムスリムの行動規定が教えられている。本書中に「トルコ」と名のつく言葉はほとんど登場せず、その際にも特に強調などはされていないこと(95)、あくまでもムスリムとしての普遍的な教えが説かれていることからは、本書はトルコ国民意識を涵養するための教育としての側面は有していないと言うことができる。

『ムスリム子弟の本』への批判

以上で見てきたように、『ムスリム子弟の本』では、教育省による通達の通り、宗派や法学派の違いなどには言及されず、イスラームに関する基礎知識や具体的な信仰実践の仕方が教えられている。一見するとこの教本には大きな問題はないように思われるが、同書に対しては出版直後から大きな批判が寄せられることになる。その筆頭となるのは、イスラーム主義の雑誌として有名な『セビーリュルレシャト』誌であった。『セビーリュルレシャト』誌は、一九〇八年のオスマン帝国期にエシュレフ・エディプ（Esref Edip [Fergan]，一八八二―一九七一年）が創刊した雑誌であり、その発刊にはメフメト・アーキフも関わっていた。エシュレフ・エディプはアタテュルクの掲げたライクリキに反発していたことが知られており、共和国建国後の一九二五年、国内の反動勢力を取り締まる目的で制定された治安維持法により『セビーリュルレシャト』は廃刊させられた(96)。その後同誌は一九四八年に復刊するのであるが、復刊の第一号から複数号にわたって、無記名の記事を含めて『ムスリム子弟の本』に対する容赦のない批判を行っている。

では、『セビーリュルレシャト』誌は『ムスリム子弟の本』に対してどのような見解を発表したのだろうか。以下は、第一号で掲載された、「素晴らしい目的のために取られた間違った方法」という題の論説の前書きである。

教育省は専門家を重視していない。彼らが出版した宗教書は、教育的な価値を有していないことに加え、タリーカの詩や迷信、間違いに満ちている。宗教の学校でこのような著作を使用するようなことはあってはならない。宗務局は真実［すなわち、正しいイスラームの信仰］をムスリムに伝える義務がある(97)。

以上の記述では、国民教育省が批判の対象とされており、宗務局が宗教教育を管轄するべきだという主張が見てとれる。また、掲載が批判されている「タリーカの詩」とはメスネヴィーなどの神秘詩であると考えられる。同論説で著者は具体的に『ムスリム子弟の本』の間違いを一八箇所挙げ、ひとつひとつに説明を加えている。指摘されている間違いの内容は、クルアーンの引用だとして紹介されている部分が実はハディースである点、浄めの仕方や葬送礼拝の際の行動に関する記述に誤りがある点、聖母マリアの結婚についての記述がクルアーンではなく聖書に基づいている点など多岐にわたる(98)。本論説はさらに以下のように続けられる。

この本はイスラーム神秘主義やタリーカ信奉(99)に大きく偏っている。タリーカのシャイフたち、タリーカの詩人たちの神秘的な言葉が多数引用されている。本書の著者たちは、タリーカ信奉の喜び、神秘的なイスラーム神秘主義者の詩から学びを得ることができるかもしれない……。しかしながら、まだ宗教知識を学び始めた、バスマラ(100)

を始めたばかりの子どもにこのような神秘詩を教えること、イスラーム神秘主義、タリーカ信奉を植えつけることに何の意味があるのだろうか？

国民教育省は大きな不注意をおかした。宗務局の参加を防ごうとして、大きな間違いをおかした。神秘的な言葉やタリーカ信奉の信仰で国の若者たちをうんざりさせるようなこのような書物に、［国民教育省は］一体どのようにして公印を押したのだろうか？(101)

『ムスリム子弟の本』には、イスラーム神秘主義や神秘主義者、タリーカなどの言葉は出てこないが、本論説では反動や前近代的なイメージを付されていたタリーカという言葉を複数回にわたって出すことで、同書への批判に正当性をもたせていると考えられる。

『セビーリュルレシャト』誌の他の論説でも、『ムスリム子弟の本』に対して、「イスラーム神秘主義や汎神論、存在一性論に言及する詩を教えることは正しいことだろうか？」と批判がなされているのを見ることができる。(102)『セビーリュルレシャト』誌はこれらの記事で、『ムスリム子弟の本』に間違った記述ばかりが掲載されている原因は共和人民党グループの決定に基づいて同書が作成されたためだとして、共和人民党への批判を公言した。

『セビーリュルレシャト』誌以外では、例えば『イエニ・サバ』紙でも『ムスリム子弟の本』を「恐ろしい間違いでいっぱいの本」などとする記事が挙げられていた。(103)これらの記事では、こうした間違いの原因は教本の作成が宗務局ではなく、国民教育省に委ねられたためであると述べられており、教本が批判された背景には宗教教育の管轄をめぐる対立があったことが見てとれる。先に挙げたように、共和国初期に宗務局の公務員となったのはオスマン帝国期のウラマーたちだったが、ベインによれば、アタテュルクの改革に賛同した人々の多くは彼らをオスマン帝国の「遺物」と見なし、決して信用することはなかったという。(104)こうした事情を反映してかはわからないが、共和人民党政府は宗教教育を宗務局ではなく国民教育省の管轄とした。これに対し、『セビーリュルレシャト』誌は宗務局の高官たちと協同関係にあり[105]、同誌は、宗務局が他の行政機関に比べて軽視されている状況を批判するべく、国民教育省ないし共和人民党政府が意図的に宗務局を宗教教本の作成過程に関わらせないようにしたと主張したのである。

『ムスリム子弟の本』に対する批判は知識人のあいだだけに留まらず、首相を巻き込んでの騒ぎにまで至った。日刊紙や雑誌によれば、『ムスリム子弟の本』出版から一ヶ月後の五月、共和人民党の会議の後、議会の回廊に集まった議員たちがこの本についての批判を始めたという。そこには、新たに首相に就任したハサン・サカ（Hasan Saka, 一八八五―一九六〇年）と、一九四六年から教育相を務めていたシェムセッティン・スィレルも居合わせていた。サカ首相は腹を立て、報道によっては「声を荒げながら」、スィレル教育相に向かってこのような本がなぜ出版されたのか尋ね、必要であれば議会で審議を行い、公教育内で行われる宗教科 din dersi では用いられないようにする旨を述べたという[106]。ここで言及された「宗教科」とは、後に小学校において行われるイスラーム教育科目のことを指している。次章で詳しく論じるように、宗教塾の開設決定から教本の出版までに塾の構想は立ち消えになり、その代わりに公教育内での宗教教育の再開が議論されるようになっていたのだった。

この騒ぎにより、スィレル教育相が辞職をしたという噂まで流れたことからは、宗教教育がいかにトルコの政治やメディアにとって大きな問題だと認識されていたかがうかがえる[107]。その後、スィレル教育相はこの問題について報道陣に対し会見を行い、『ムスリム子弟の本』が「小学校で使用されるものではない」こと、「小学校で使用される宗教教本は必要な調査や承認を経てから、宗教についての権威ある立場の人物による検分と認可が得られる」こと、「この本はより発展した著作が作成されるためのひとつの試み」だったことなどを説明したという[108]。以上の言明からわかるように、この本の作成途中あるいは作成後に、小学校における宗教教育の再開が共和人民党によって検討され始めたため、宗教塾開設の話は無くなった、あるいは保留になったが、執筆は進められていたために本の出版だけが行われたのだった。『セビーリュルレシャト』誌は教育相の言明を以下のように揶揄している。

「国民教育省は、国民の宗教的必要性を保障する崇高なる目的で、この価値ある作品を国家の若者たちに捧げます」という宣伝で［教本を］市場に出そう。信じさせることができれば、それでよし！ もし、信じさせられなければ、「私たちはこの本を他の条件のもとで準備しました。小学校で使用させるわけではありません」と言えばよい。もし本の間違いやタリーカ信奉の信仰について批判がなされれば、それに対しても「この本はよりよい本を作成するためのひとつの試みです」と言えば、それで逃れられる。

これが教育省の声明の内情と本当の意味である。[109]

このように、教育相の会見もさらなる批判を招くに過ぎなかった。一部の知識人たちにとっては、宗教教育の管轄は重要かつ繊細な問題であり、彼らは宗教教育を国民教育省が主導することに強い不満を抱いていたのだった。そしてこの出来事は、後の宗教科の教科書作成へも影響を及ぼしていく。

小結

以上で見てきたように、アタテュルク没後から一九四七年までのトルコ共和国では、公教育の分野に宗教を持ち込むことが忌避され、別の選択を模索する動きが見られていた。共和人民党の政治家たちの多くは、ライクリキは政治と宗教的事柄の分離であるというアタテュルク以来の原則のもと、国家は宗教教育に関与してはならないと考えていた。そのため、知識人および一部の政治家たちによる宗教教育の要請にもかかわらず、共和人民党政府は、非宗教的な道徳教育を導入することによって、道徳の頽廃が起きているという批判に応えようとした。しかしながら、非宗教的な道徳教育が人々の要望を満たすものではないと明らかになったことで、政府は宗教教育を再開せざるをえなくなる。それでも、共和人民党政府は一九四七年の時点では、アタテュルク時代の政教関係、すなわち宗教を私事と捉え、政治による宗教への不介入を維持することを意識し、公教育外の宗教教育の実施を試みようとした。ただし、宗教教育が反動勢力の台頭につながりうるという懸念から、政府は宗教教育を国民に任せるという私教育の形を取りながらも、その内容を規定し、管理しようとした。

トルコの世俗主義をめぐるこれまでの研究は、トルコ共和国の宗教政策が、その建国初期以来、一貫して宗教の政治利用を目的として宗教管理を行うものだったと主張する傾向にある。しかしながら、こうした観点からは、政府が共和国初期にあえて宗教教育を廃止し、その後の時代において、公教育に宗教を持ち込むこと、また、政治家たちがそのために議論するのを避けていたことを説明できない。共和国初期の宗教政策には、社会の世俗化を指向する側面に加え、政教分離を意識する側面もあったのであり、こうした方向性はアタテュルクが没した一九三八年以降も、彼の政策方針を受け継いだ共和人民党の政治家たちを拘束していたのである。彼らにとって、世俗化の推進という側面で見直しを図ることは可能だったとしても、国是とされたライクリキの、政教分離という側面から逸脱することは困難であり、こうした事情ゆえにアタテュルクの宗教政策の微修正として、公教育内に非宗教的な道徳教育を盛り込むという施策、そして公教育外で宗教教育を行うといった構想を選んだと考えることができる。

では、スィレル教育相の言明のなかで出てきた小学校で実施される宗教教育とは一体どのようにして構想され、宗教塾の代わりに実現されることになったのだろうか。次章では、小学校における宗教教育実施の経緯とその教育内容を見ていく。

注

（1）本書第2、3章の議論は以下の論考に基づいている。上野愛実「アタテュルク後の宗教教育政策——ライクリキの転換点」小笠原弘幸編『トルコ共和国 国民の創成とその変容——アタテュルクとエルドアンのはざまで』九州大学出版会、二〇一九年、一二七—一五〇頁。

（2） M. Faruk Bayraktar, "Kur'an Kurslarındaki Eğitim-Öğretim üzerine Bazı Tesbit ve Teklifleri," *Din Öğretimi Dergisi* 36 (1992): 87; M. Faruk Bayraktar, "Kur'an Kurslarının Sorunları ve Geleceği ile İlgili Bazı Düşünceler," in *Yaygın Din Eğitiminin Sorunları Sempozyumu 28–29 Mayıs 2002* (Kayseri: İlahiyat Bilimleri Araştırma Vakfı, 2003), 199–200. 生徒数は一九三二年の時点では二三二一人、一九四二年には九三八人（教室の数は三七）だったという。Frederick W. Frey, "Education: Turkey," in *Political Modernization in Japan and Turkey*, ed. Robert E. Ward and Dankwart A. Rustow (Princeton: Princeton University Press, 1964), 222–223.

（3） *İstatistik Göstergeler 1923–2009* (Ankara: Türkiye İstatistik Kurumu, 2010), 8.

（4） 宗務局関係者はこうした動きに反対していたことが知られている。Cemil Koçak, *Tek-Parti Döneminde Muhalif Sesler* (İstanbul: İletişim Yayınları, 2011), 49–54.

（5） Koçak, *Tek-Parti Döneminde*, 60–65.

（6） Hasan Hüseyin Ceylan, *Cumhuriyet Dönemi Din Devlet İlişkileri 3* (Ankara: Rehber Yayıncılık, 1991), 242–243; Zeynep Özcan, *İnönü Dönemi Dinî Hayat* (İstanbul: Değerler Eğitimi Merkezi, 2015), 271–272. 一九三〇年代から四〇年代において、民間で秘密裏に行われていたイスラーム教育に関する調査としては、以下の研究を参照。İlbey C. N. Özdemirci, *Fötr Şapkalı Şıh: Cumhuriyet Sekülerleşmesi ve Taşra* (İstanbul: İletişim Yayınları, 2022), 125–158.

（7） Nurettin Topçu, "Vatandaş Ahlakı," *Hareket* 2 (1939): 48–51.

（8） 伊藤は、この時代に道徳の頽廃をめぐる議論が起きていたことを指摘し、後述する宗教知識人であるクサキュレキの言論を扱っている。伊藤寛了「ポスト・アタテュルク時代のイスラム派知識人」新井政美編著『イスラムと近代化――共和国トルコの苦闘』講談社、二〇一三年、一二二―一二四頁。

（9） John M. VanderLippe, *The Politics of Turkish Democracy: İsmet İnönü and the Formation of the Multi-Party System, 1938–1950* (New York: State University of New York Press, 2005): 66–73; Zürcher, *Turkey*, 207–209. 例えば以下の新聞記事からは、一九四二年に、紅茶やコーヒーの供給が停止したことや、食料品の高騰が起こったことが見て取れる。"Çay ve Kahve Satışı Bu Sabah Durduruldu," *Son Telgraf* (March 17, 1942); "Sebze Fiatları Niçin Pahalı?" *Son Telgraf* (February 15, 1942); "Ekmek Karneleri Dünden İtibaren Dağıtılmıya Başlandı," *Vakit* (January 12, 1942).

（10） "Millî Şefimizin Vatandaşlara Hitabı," *Ulus* (March 18, 1942); "Millî Şef İnönünün İzmirlilere Hitabı," *Vatan* (March 18,

1942); "Milli Şefimizin Kıymetli Direktifleri," *Yeni Sabah* (March 18, 1942).

(11) "Millî Şefimizin İzmirdeki Mühim Nutku Bütün Memlekette Büyük Bir Alâka Uyandırdı," *Son Telgraf* (March 18, 1942).

(12) "Millî Şefimizin Vatandaşlara Hitabı."

(13) 一九四二年六月の宗教教育をめぐる議会での議論は以下の論考でも扱われている。伊藤「ポスト・アタテュルク時代」一〇五—一〇八頁。

(14) 村落教員養成所については以下を参照。Cicioğlu, *Türkiye Cumhuriyeti'nde İlk*, 303-304; Asım Karaömerlioğlu, *Orada Bir Köy Var Uzakta: Erken Cumhuriyet Döneminde Köycü Söylem* (İstanbul: İletişim Yayınları, 2006), 87-116.

(15) *T. B. M. M. Zabıt Ceridesi 68 İnikat* (June 3, 1942): 57-58.

(16) ベスィム・アタライについては以下を参照。Nuri Yüce, "Atalay, Besim," *Türkiye Diyanet Vakfı İslâm Ansiklopedisi* 4 (Ankara: Türkiye Diyanet Vakfı, 1991), 43-44.

(17) *T. B. M. M. Zabıt Ceridesi 68 İnikat*, 63. 伊藤「ポスト・アタテュルク時代」一〇七頁の訳を参照した。

(18) この文章で用いられている国民という語は、民族という意味で用いられることもあり、本書では文脈に応じて訳し分けた。

(19) *T. B. M. M. Zabıt Ceridesi 68 İnikat*, 63-64.

(20) 伊藤「ポスト・アタテュルク時代」一〇五—一〇八頁。

(21) *Tebliğler Dergisi*, no. 2439 (September 25, 1995): 733-738; *Birinci Maarif Şûrası 17-29 Temmuz 1939* (Ankara: T. C. Maarif Vekilliği, 1939 [1942]), VII-XIV. 初版は一九三九年であるが、ここで参照した該当箇所には、一九四二年二月の教育相ユジェルの言葉が加えられている。同書には版数およびその出版年数は書かれていない。第二回教育諮問会議については、以下の論文を参照。Safiye Kesgin, "Cumhuriyet Dönemi Örgün Eğitim Kurumlarında Ahlak Eğitimi" (PhD diss., Ankara University, 2010), 93-101.

(22) H. Nimetullah Öztürk, "Devrim üzerine Düşünmeler: Milli Ahlâk IV," *Vakit* (January 2, 1943); Kısakürek, "Ahlâk I 'Sadece Mevzu,'" *Son Telgraf* (January 17, 1943); Kısakürek, "Yine Ahlak," *Son Telgraf* (January 23, 1943); Osman Cemal Kaygılı, "Ahlâk Bahsi," *Son Telgraf* (January 24, 1943).

(23) *İkinci Maarif Şûrası 15-21 Şubat 1943* ([Ankara:] T.C. Maarif Vekilliği, 1943), 6.

(24) *İkinci Maarif Şûrası*, 104-105.

（25） *İkinci Maarif Şûrası*, 131–132.

（26） *İkinci Maarif Şûrası*, 124, 134, 147–153, 168.

（27） *İkinci Maarif Şûrası*, 141–146.

（28） 中等教育の教員を養成するために一九二六年に開設された高等教育機関。原語は Gazi Eğitim Enstitüsü（当初の名称は中等教育教員養成学校 Orta Muallim Mektebi）。Niyazi Altunya, *Gazi Eğitim Enstitüsü: Gazi Orta Öğretmen Okulu ve Eğitim Enstitüsü, 1926–1980*（Ankara: Gazi Üniversitesi Rektörlüğü, 2006）.

（29） *İkinci Maarif Şûrası*, 178–179.

（30） *İkinci Maarif Şûrası*, 104–117, 190–193; Üstel, *“Makbul Vatandaş”ın Peşinde*, 173–174.

（31） *Tebliğler Dergisi*, no. 261（January 31, 1944）: 126.

（32） Günseli Naymansoy, *Türk Felsefesinin Öncülerinden: Tezer Taşkıran*（Ankara: Atatürk Kültür Merkezi Yayını, 2013）, 28–29.

（33） Tezer Taşkıran, *Cumhuriyetin 50. Yılında Türk Kadınının Hakları*（Ankara: Başbakanlık Basımevi, 1973）.

（34） Üstel, *“Makbul Vatandaş”ın Peşinde*, 173–174.

（35） Seval Yinilmez Akagündüz, “Türkiye’de Ahlak Eğitimi üzerine Bir İnceleme”（PhD diss., Ankara Univrersity, 2016）; Seval Yinilmez Akagündüz, “Cumhuriyet’in İlk Yıllarından Günümüze Ders Kitaplarında Ahlak Eğitimi,” *Cumhuriyet Tarihi Araştırmaları Dergisi* 26（2017）: 154–155, 159.

（36） 『トルコ人の道徳信条』についてより詳しくは、上野愛実「宗教に依拠しない道徳——一九四三年刊『トルコ人の道徳信条』の解説と全訳」『大阪市立大学東洋史論叢』第二二号、二〇二一年、九二—一〇九頁。

（37） Tezer Taşkıran, *Türk Ahlâkının İlkeleri*（İstanbul: Maarif Matbaası, 1943）, 1.

（38） Taşkıran, *Türk Ahlâkının İlkeleri*, 3.

（39） Taşkıran, *Türk Ahlâkının İlkeleri*, 13–14.

（40） Aksekli Ahmed Hamdi, *Askere Din Dersleri*（[İstanbul]: Evkaf-ı İslamiye Matbaâsı, 1925）. この教本は二〇〇〇年代まで出版、使用され続けた。同教本については以下を参照。Pınar Kemerli, “Religious Militarism and Islamist Conscientious Objection in Turkey,” *International Journal of Middle East Studies* 47（2015）: 281–301.

(41) Taşkıran, *Türk Ahlâkının İlkeleri*, 4.

(42) Taşkıran, *Türk Ahlâkının İlkeleri*, 8.

(43) *Tebliğler Dergisi*, no. 293 (September 11, 1944): 18–21.

(44) 小学校の公民科は一九六二年に歴史および地理と統合され、社会・国土探究科 Toplum ve Ülke İncelemeleri となり、この科目は一九六八年から社会科 Sosyal Bilgiler へと名称が変更された。中学校の公民科は一九七三年（一部の学校では一九七一年）に、小学校と同様、社会科に入れられることになった。ただし、『教育省広報誌』の教材一覧の調査からは、小学校に関してはそれ以前の一九七二年に使用が停止されていた可能性が考えられる。Refik Turan, "'Milli Tarih'ten 'Sosyal Bilgiler'e Türkiye'de İlköğretim Düzeyinde Tarih Öğretimi," *International Journal of Social Science* 49 (2016): 258–259; *Tebliğler Dergisi*, no. 1658 (May 24, 1971): 169–185; no. 1698 (May 15, 1972): 87–88, 120–126; no. 1740 (April 2, 1973): 121; no. 1745 (May 14, 1973): 164–169, 194–200.

(45) 伊藤「ポスト・アタテュルク時代」一二三頁。クサキュレキに関しては、以下の研究も参照。M. Orhan Okay, *Necip Fazıl Kısakürek* (Ankara: Kültür ve Turizm Bakanlığı, 1987) 1–7; Mehmet Çetin, "Türk Edebiyatında Fırtınalı Bir Zirve," in *Doğumunun 100. Yılında Necip Fazıl Kısakürek*, ed. Mehmet Nuri Şahin and Mehmet Çetin (Ankara: T. C. Kültür ve Turizm Bakanlığı Güzel Sanatlar Genel Müdürlüğü, 2004), 8–49.

(46) "Ahlâkımız: I," *Büyük Doğu* 13 (1943): 2.

(47) Necip Fazıl Kısakürek, "Ahlâk Sukuntumuzun Tarihçesi," *Büyük Doğu* 16 (1943): 5–16.

(48) Mahmut Yesari, "Ahlâk Facialarımız üstünde," *Büyük Doğu* 16 (1943): 3.

(49) Tanıl Bora, "Analar, Bacılar, Orospular: Türk Milliyetçi-Muhafazakâr Söyleminde Kadın," in *Şerif Mardin'e Armağan*, eds. Ahmet Öncü and Orhan Tekelioğlu (İstanbul: İletişim Yayınları, 2005), 241–281.

(50) Mahmut H. Şakiroğlu, "Parmaksızoğlu, İsmet," in *Türkiye Diyanet Vakfı İslâm Ansiklopedisi* 34 (Ankara: Türkiye Diyanet Vakfı, 2007), 173–174.

(51) ティジャーニーリキとはティジャーニー教団のこと、ビベリーリキはビベリー教団のこと、スレイマンジュルクはナクシュバンディー教団の一グループを指しており、これらは、タリーカである。ヌルジュルクはヌルジュ運動のことであり、ナクシュバンディー教団から派生した、タリーカとは異なる宗教運動／組織のことである。このなかで最も大きな運動となったヌルジュ運動とその創始者については以下の研究を参照。Şerif Mardin, *Religion and Social Change in Modern Turkey: The Case of Bediuzzaman Said Nursi* (Albany: State University of New York Press, 1989).

(52) ヒズブ・タフリールは、一九五三年にパレスチナで設立された国際的な政治組織であり、カリフ位の復活やイスラームに基づいた社会制度の実現を目標に掲げていた。ムスリム同胞団は、一九二八年にエジプトで設立されたムスリムの政治組織である。Ali Köse, "Hizbü't-Tahrîri'l-İslamî," in *Türkiye Diyanet Vakfı İslâm Ansiklopedisi* 18 (Ankara: Türkiye Diyanet Vakfı, 1998), 184–185; İbrâhim Beyyûmî Gānim and Hilal Görgün, "İhvân-ı Müslimîn," in *Türkiye Diyanet Vakfı İslâm Ansiklopedisi* 18 (Ankara: Türkiye Diyanet Vakfı, 1998), 580–586.

(53) İsmet Parmaksızoğlu, *Türkiye'de Din Eğitimi* (Ankara: Millî Eğitim Basımevi, 1966), 27–28.

(54) Parmaksızoğlu, *Türkiye'de Din Eğitimi*, 28.

(55) トゥナヤによれば、イスラーム保護党は一九四六年に党 parti として結成されたが、当初から、「どのような政治、あるいは政党からも離れ」て活動すると主張していたという。同党は戒厳令下でなされた決定により結成年内に閉鎖された。Tarık Z. Tunaya, *Türkiyede Siyasî Partiler 1859–1952* (İstanbul: Doğan Kardeş Yayınları, 1952, repr. İstanbul: Arba Yayınları, 1995), 708–709.

(56) Tarık Z. Tunaya, *İslâmcılık Cereyanı: İkinci Meşrutiyetin Siyasi Hayatı Boyunca Gelişmesi ve Bugüne Bıraktığı Meseleler* (İstanbul: Baha Matbaası, 1962), 190–193; Şaban Sitembölükbaşı, *Türkiye'de İslâm'ın Yeniden İnkişafı 1950–1960* (Ankara: Türkiye Diyanet Vakfı Yayınları, 1995), 16–18.

(57) *Demokrat Parti Programı 1946*, 10. 民主党の教育政策については以下の研究を参照。İsmail Kaplan, *Türkiye'de Milli Eğitim İdeolojisi ve Siyasal Toplumsallaşma üzerindeki Etkisi* (İstanbul: İletişim Yayınları, 1999), 200–203, 214–226.

(58) 例えば、一九三一年に制定された出版法 Basım Kanunu では政府が新聞や雑誌を刊行停止する権限を有していたが、一九四六年六月に共和人民党政府は、出版物の停止には裁判を経ることを要件とするように出版法を改正した。Nuran Yıldız, "Demokrat Parti İktidarı (1950–1960) ve Basın," *Ankara Üniversitesi SBF Dergisi* 51, no. 1 (1996), 483. 一九四六年から一九五〇年までの共和人民党政権の他の政策については、以下の研究を参照。Sitembölükbaşı, *Türkiye'de İslâm'ın Yeniden*, 21–24; Metin Heper, *İsmet İnönü: The Making of a Turkish Statesman* (Leiden: Brill, 1998), 191–193; Özcan, *İnönü Dönemi Dinî Hayat*, 182–189, 204–211; Cemil Koçak, *Demokrat Parti Karşısında CHP: Bir Muhalefetin Analizi* (İstanbul: Timaş Yayınları,

2017), 52-149; Murat Karataş, "Cumhuriyet Halk Partisi'nin Siyasal İktidar Anlayışı (1946-1950)," *Uluslararası Sosyal Araştırmalar Dergisi* 29 (2014): 507-520.

(59) *T. B. M. M. Tutanak Dergisi*, Yirmi İkinci Birleşim (December 24, 1946): 426-429, 437-440. この教育予算審議については、以下の伊藤の論考を参照。伊藤寛了「イノニュの時代（一九三八〜一九五〇年）のトルコにおけるラーイクリキ議論の展開」『トルコ共和国とラーイクリキ』九一一三頁；伊藤「ポスト・アタテュルク時代」一一四一一一六頁。

(60) タンルオヴェルとパルスについては、以下の研究を参照。Ahmet Yıldız, "Hamdullah Suphi Tanrıöver," in *Milliyetçilik*, ed. Tanıl Bora (İstanbul: İletişim Yayınları, 2002), 642-645; Celil Bozkurt, "Milli Mücadele Döneminde Muhittin Baha Pars," *Ankara Üniversitesi Türk İnkılâp Tarihi Enstitüsü Atatürk Yolu Dergisi* 56 (2015): 11-32.

(61) Nihat Erim, *Günlükler 1925-1979*, vol. 1, ed. Ahmet Demirel (İstanbul: Yapı Kredi Yayınları, 2005), 79.

(62) *T. B. M. M. Tutanak Dergisi*, Yirmi İkinci Birleşim, 444.

(63) *T. B. M. M. Tutanak Dergisi*, Yirmi İkinci Birleşim, 444-446.

(64) Erim, *Günlükler 1925-1979*, 79；伊藤「ポスト・アタテュルク時代」一一四一一一六頁。

(65) Kesgin, "Cumhuriyet Dönemi Örgün," 102. 議事録の該当箇所は、*Üçüncü Millî Eğitim Şûrası 2-10 Aralık 1946* (Ankara: T. C. Millî Eğitim Bakanlığı, 1947), 46-94.

(66) "Mektep Programlarında Ahlak ve Din Derslerine Yer Verilecek," *Yeni Sabah* (January 21, 1947); "H. Partisi Divanı: C.H.P. Tüzük, Programının Tadili Büyük Kurultayda Görüşülecek," *Son Telgraf* (January 23, 1947).

(67) "CHP Divanında Verilen Kararlar," *Vakit* (January 28, 1947).

(68) "Mektep Programlarında Ahlak"; "CHP Divanında Verilen Kararlar."

(69) "CHP Divanında Verilen Kararlar; "C. H. P. Divanı Çalışmalarını Bitirdi," *Vatan* (January 28, 1947).

(70) Hâtemi Senih Sarp, "Liselerde Ahlâk ve Din Eğitimi," *Son Telgraf* (January 26, 1947).

(71) Peyami Safa, "Ahlâk Terbiyesinin İki Temeli," *Vakit* (January 22, 1947).

(72) Beşir Aybazoğlu, "Safa, Peyami," in *Türkiye Diyanet Vakfı İslâm Ansiklopedisi* 35 (Ankara: Türkiye Diyanet Vakfı, 2008), 438. Selçuk Karakılıç, "Peyami ve Necip Fazıl," *Türk Dili* 758 (2015): 90-98.

(73) Peyami Safa, "Din ve Ahlâk," *Vakit* (January 30, 1947).

(74) 一九四七年当時の日刊紙における議論は、以下の修士論文でもまとめられている。Zeynep Nevzatoğlu, "Basında Din Eğitimi-Öğretimi Laiklik Tartışmaları (1945–1960)," (Master's thesis, Ankara University, 2006), 68–78.

(75) "Milli Eğitim Bakanının Mühim Beyanatı," *Vakit* (February 8, 1947); "Vatandaşlar İsterlerse Okul Dışında Çocuklarına Dinî Terbiye Verebilecek," *Son Telgraf* (February 8, 1947).

(76) "Okullara Din Dersleri Konulacak Değil," *Vakit* (May 1, 1947); "Din Tedrisatı," *Vatan* (May 2, 1947); "Dinî Tedrisat: Verdiğimiz Haber Teeyyüd Ediyor," *Son Telgraf* (May 3, 1947); "Okullara Din Dersleri Söylentileri," *Vakit* (May 3, 1947).

(77) デルスィアームの位とは、マドラサを修了した者が、マドラサやモスクで人々にイスラームを教える職位のことである。トルコ共和国では宗務局の管轄下にあった。Mehmet İpşirli, "Dersiam," in *Türkiye Diyanet Vakfı İslâm Ansiklopedisi* 9 (Ankara: Türkiye Diyanet Vakfı, 1994), 185–186.

(78) "Din Tedrisatı: İslâm Dininin Akidelerini ve İbadet Esaslarını Öğretmek üzere Din Dershaneleri Açılabilecek," *Vatan* (July 3, 1947); "Türkiye'de İslâm Dini Tedrisatı," *Son Telgraf* (July 3, 1947).

(79) "Din Tedrisatı: İslâm Dininin."

(80) "Din Tedrisatı: İslâm Dininin."

(81) "Din Dersleri ve Dinî Okul Kitapları," *Vatan* (October 4, 1947).

(82) Mustafa Uzun, "Doğrul, Ömer Rıza," in *Türkiye Diyanet Vakfı İslâm Ansiklopedisi* 9 (Ankara: Türkiye Diyanet Vakfı, 1994), 489–492.

(83) "Artam, Nurettin," *Tanzimat'tan Bugüne Edebiyatçılar Ansiklopedisi* 1 (İstanbul: Yapı Kredi Yayınları, 2001), 103.

(84) İhsan Işık, "Toprak, Burhan," *Resimli ve Metin Örnekli Türkiye Edebiyatçılar ve Kültür Adamları Ansiklopedisi* 9 (Ankara: Elvan Yayınları, 2006), 3545–3546.

(85) "Din Dersleri ve Dinî Okul Kitapları."

(86) Türkiye İstatistik Kurumu, *Türkiye İstatistik Yıllığı 2013* (Ankara: Türkiye İstatistik Kurumu Matbaası, 2013), 33, 53.

(87) "Sevin, Nurettin," *Tanzimat'tan Bugüne Edebiyatçılar Ansiklopedisi* 2 (İstanbul: Yapı Kredi Yayınları, 2001), 732; İhsan Işık, "Sevin, Nureddin," *Resimli ve Metin Örnekli Türkiye Edebiyatçılar ve Kültür Adamları Ansiklopedisi* 8 (Ankara: Elvan Yayınları, 2006), 3177–3178.

（88）Nurettin Artam and Nurettin Sevin, *Müslüman Çocuğunun Kitabı*（İstanbul: Millî Eğitim Basımevi, 1948）, 3–16.

（89）Artam and Sevin, *Müslüman Çocuğunun Kitabı*, 108–115.

（90）Artam and Sevin, *Müslüman Çocuğunun Kitabı*, 141.

（91）Artam and Sevin, *Müslüman Çocuğunun Kitabı*, 141–142.

（92）Artam and Sevin, *Müslüman Çocuğunun Kitabı*, 181.

（93）Artam and Sevin, *Müslüman Çocuğunun Kitabı*, 217–224.

（94）Artam and Sevin, *Müslüman Çocuğunun Kitabı*, 210.

（95）Artam and Sevin, *Müslüman Çocuğunun Kitabı*, 159, 222.

（96）創刊当初の一九〇八年から一九一二年二月（第一八二号）まで、雑誌名はスラート・ムスタキーム Sırât-ı Müstakîm（意味はセビーリュルレシャトと同じ）であった。エシュレフ・エディプおよび『セビーリュルレシャト』誌については以下を参照。Bein, *Ottoman Ulema*, 45–49, 58–59, 74–75, 136–153.

（97）M. Naci Saraçlar, "Güzel Bir Gaye için Tutulan Yanlış Bir Yol," *Sebilürreşad* 1（1948）: 12. 以下で挙げるように『ムスリム子弟の本』への批判の多くは、ナジ・サラチラル（M. Naci Saraçlar）によってなされていた。

（98）Saraçlar, "Güzel Bir Gaye için Tutulan," 14–15.

（99）原語は tarikatçılık。タリーカ信奉とは、「タリーカに属する人、タリーカに傾倒している人の行動様式、思想」といった意味の造語であり、一般的に使用される言葉ではない。

（100）原語は Besmele。「慈悲あまねく、慈悲深きアッラーの御名において」の意味。何かを始める際に使用されるアラビア語の祈りであり、イスラームを学ぶ際に最初に教えられる文言のひとつ。

（101）Saraçlar, "Güzel Bir Gaye için Tutulan," 15.

（102）M. Naci Saraçlar, "Burhan Felek Üstadımızdan Soruyorum," *Sebilürreşad* 2（1948）: 24, 32; M. Naci Saraçlar, "Tarikatçı ve Hurafeci İlmihaller," *Sebilürreşad* 6（1948）: 91, 94.

（103）M. Naci Saraçlar, "Korkunç Hatâlarla Dolu Bir Eser: "Müslüman Çocuğunun Kitabı"ndaki Yanlışlar," *Yeni Sabah*（May 16, 1948）.

（104）ケマリストたちのそのような宗務局・庁への見方は一九六〇年代まで続いたという。Bein, *Ottoman Ulema*, 133.

(105) Bein, *Ottoman Ulema*, 145–146.

(106) "Din Kitabı Hasan Sakayı da Sinirlendirdi," *Yeni Sabah* (May 14, 1948); "Millî Eğitim Bakanı Dün Gece İstifa mı Etti," *Son Telgraf* (May 14, 1948).

(107) "Din Kitabı Hasan Sakayı"; "Millî Eğitim Bakanı Dün Gece."

(108) Naci Saraçlar, "Millî Eğitim Bakanının İtirafları," *Sebilurreşad* 2 (1948): 22–23; "Millî Eğitim Bakanlığının Affedilmez Hatâsı," *Yeni Sabah* (May 20, 1948).

(109) Saraçlar, "Millî Eğitim Bakanının," 22–23.

第3章　公教育における宗教教育の再開と国家による宗教管理

アタテュルク亡き後、彼の急進的な政策に対する反発が表面化するなか、宗教について議論することを憚る雰囲気は次第に薄れ、一九四〇年代半ばから、道徳の観点から宗教教育の必要性が訴えられるようになった。ただし、宗教教育を再開するためには大きな課題があった。すなわち、ライクリキ原則を否定せずに、いかに宗教教育を導入するかという問題である。前章で述べたように、それは当初、公教育の外部で宗教教育を行うという構想に結びついたが、その後、公教育内において宗教教育を再開するという方向に移行していく。

宗教教育の再開過程を扱ったこれまでの研究は、複数政党制への移行に伴い、宗教的実践を望む国民の支持獲得のためや、反共産主義政策として宗教を政治利用する必要性が高まったという事情をその再開の理由であると説明している(1)。この理解自体は妥当であるものの、それらの研究は考察対象とした期間が短く、非宗教的な道徳教育や私教育における宗教教育の模索という一九四〇年代の背景を踏まえた議論をしていないために、宗教教育の再開の宗教政策上の意味を十分に論じることができているとは言いがたい。

そこで本章では、前章で見てきた共和人民党政権による模索を踏まえることで、より広い時間軸のなかで同政権による宗教教育の再開過程を検討する。その際に、一九四七年から一九四九年までを中心に、小学校における宗教教育の導入にあたってなされた議論を、特に国家と宗教の関係をめぐる政治家の理解に注目して見ていく。そして、この時代において、ライクリキの政教分離や世俗性といった側面よりも、良心の自由の保障という側面が強調され、国家が国民の良心の自由を保障し、宗教反動による悪用を防ぐという名目のもと公教育における宗教教育が正当化されていったことを明らかにする。本章第一節では、小学校への宗教科の導入について扱い、第二節で、具体的にどのような教育が目指されたのかを確認すべく、学習指導要領と教科書の内容を見ていく。

一、小学校への宗教科の導入

公教育における宗教教育の構想は、前章で扱った宗教塾の開校決定の後、塾の開校が実現される前に検討され始めた。結果として、公教育外での宗教塾の設置案は立ち消えとなり、小学校における宗教教育の再開が決定した。この決定は、国家と宗教の分離を維持し、社会の世俗化を指向する方向性に共和人民党の政治家たちが行き詰まったことを示している。以降は、国民の宗教実践の保障を根拠に、国家による宗教管理がトルコの政教関係の基底とされていく。本節では、宗教教育不在の時期を経て、公教育に宗教教育が盛り込まれることになった経緯と、そのなかでなされた議論を順に見ていく。

共和人民党の方向転換——党大会における議論から

一九四七年九月一〇日、ハサン・サカを首相とした新内閣が成立した。新内閣成立の背景には、複数政党制導入以来、共和人民党の対抗勢力であった民主党が共和人民党を反民主的と批判していたという事情があった。前章で述べたように、当時のトルコはアメリカの経済援助を必要としており、対外的にも国内においても反民主的と見られる状況は避けなければならなかった。そこで大統領イノニュは、軍事士官学校卒業者であり、国家主義、官僚主義を掲げ、共和人民党内の強硬派として知られていたレジェプ・ペケルを解任し、より穏健とされるサカを後任の首相とすることで民主的姿勢を示そうとした。サカは、それまで経済相、外務相などを務めており、国際連合設立の決定や国際平和の討議のために開催されたサンフランシスコ会議に参加した経験も有していた。[2] こうして、外部からの圧力により民主化を意識して設立された新内閣で、公教育における宗教教育の再開が構想されていく。

新内閣成立から二ヶ月後の一一月、共和人民党は党大会を開催した。一九日間にわたって行われた党大会では、共和人民党のこれまでの方針とは大きく異なり、経済、そして宗教に関する規制の撤廃に向けた改革が打ち出された。宗教に関して具体的には、一九二五年にタリーカの修道場の閉鎖とともに禁止されていた聖者廟参詣の解禁、同じく廃止されていた導師・説教師養成学校の再開の提案などがなされ、この党大会は後のトルコ共和国の宗教政策につながる大きな出来事として評価されている。[3] 党大会でなされた宗教教育に関する議論では、後に実現する「私教育から公教育へ」という、宗教教育の場の変化というひとつの転換が表れることとなった。そして、ここで重要となるのは、国是ライクリキが含有する理念として「良心の自由」という言葉が提起されたことだった。以下では、共和人民党党大会においてなされた宗教教育をめぐる議論を、特にライクリキと良心の自由に注目して見ていきたい。

一、小学校への宗教科の導入

党大会では、ライクリキの主題のもと、複数の議員から、宗教教育の必要性が唱えられた。この話題について特に熱弁を振るったのは、以前はライクリキについて完全にはわかっていなかったと自省を述べるスィナン・テケリオール議員だった。彼は、法を学ぶことを通じてライクリキを理解するようになったと述べ、宗教教育の実施がライクリキに反しないこと、ライクリキから乖離することは後進的な動きであり、自分たちにそのような意図はないことを主張した。そして、国内のキリスト教徒やユダヤ教徒が学校を開設し、宗教的職能者を養成できるのに対してムスリムはそのような人材を養成できないでいること、それゆえ遺体を埋葬する宗教的職能者が不足しているという窮状を説明した。彼は、ムスリムたちが宗教実践を十分に行うことができておらず、そのために社会において宗教に重要性が置かれなくなっていったために、賭博や飲酒が横行していること、年長者へ敬意が払われなくなったことなどを述べ、それは「[国民が]アッラーを知らない」ためであるとし、道徳の崩壊を信仰の欠如に起因させる主張を行った。[4] 政治家のあいだでは、一九四二年から宗教教育について議論がなされてきたものの、信仰の欠如を問題視する発言がここまで明確になされたのは初めてのことであり、この発言にはサカ政権の誕生に伴う時代の変化が表れていると言える。テケリオールの発言に続いて、他の議員も、宗教に依拠せずには道徳の崩壊を防げないこと、もはや彼らは「宗教を恐れないように」すべきであることなどを述べ、宗教教育の必要性を説いた(5)。

これまで宗教教育の実施について頻繁に発言を行ってきたタンルオヴェルも、「ライシズム láisizm」はそもそもトルコ人が「考案」したものではなく、トルコに固有のものではないこと、そのために、同じくライクな国家であるスイスやベルギー、アメリカなどに倣い、トルコにおいても宗教教育を設ける必要性があることを主張した(6)。また、フランスでは革命の際には宗教が国家から分離されていたが、その後、カトリックの大学がつくられ、世界でも屈指の聖職者養成機関になっているなど、他の国々の例を出し、それらの国では宗教的職能者が養成されており、それにより共産主義対策が行われていることを述べた。そして、トルコの革命は「宗教裁判」を行うものであったが、「私たちはこれを一時的な対策として取りました。すなわち、継続するものとはなりえません。なぜなら、この世界においてそのようなライクな国家は存在しないからです」と述べ、トルコはもはや宗教的職能者を養成する方向へと転換すべきことを主張し、その養成は宗務局に任せられるべきであると述べた(7)。

タンルオヴェルの発言からは、彼が希望する宗教教育は、普通教育のなかでの宗教教育科目というよりは、宗教的職能者を養成する専門教育や高等教育が想定されていたと見ることができる。他方、テケリオールの想定する教育は、全国民に直接関わるものだったと考えられ、以上のことからは、宗教教育をめぐっては、専門教育と普通教育の区別が明確につけられないまま議論が行われていたことがわかる。タンルオヴェルが使用した「ライシズム」という言葉はライクリキと同じ意味であると考えられるが、彼は国是を否定していると捉えられることを恐れ、ここではライクリキではなく、ライシズムという言葉を意図的に選択したものと見られる。とはいえ彼は、アタテュルクの時代のライクリキや共和国の改革のあり方を見直すべきだと主張しており、これはすなわち、これまでのライクリキやトルコの革命を否定することにつながる。そして、トルコにおいてはアタテュルクや彼が主導した革命の否定はタブーであったという事情から、タンルオヴェルは、いかに自身がそれらを否定していないかに留保しながら、宗教政策の変更の必要性を主張するために、錯綜した議論を展開しているように思われる。タンルオヴェルのこうした思惑に反し、彼の発言は一部の参加者の反感を買うものとなった。

ジェミル・サイト・バルラス議員は、タンルオヴェルのすぐ後に発言を行い、彼のライクリキ理解が間違いであると批判した。彼は、自身も自宅にて娘に宗教教育を与えており、宗教に反対する人間ではないことをまず説明した上で、トルコ（のムスリムたちのあいだ）においては、キリスト教でいう聖職者が存在しないため、そもそも自分たちには宗教を改革するようなことはできず、他のキリスト教徒による諸国家とは異なり、ライクリキのあり方を変化させることもできないと主張した。そして、「私たちの以前のライクリキ理解を守りましょう。それを共産主義に対する抵抗と混同しないようにしましょう」と参加者たちの注意を喚起し、自分たちトルコ人に流れる血のなかにすでに共産主義という脅威に対抗する力があると述べ、共産主義への対抗策として宗教を利用するという見解を批判した(8)。バルラス議員は、聖職者ではないアタテュルクがある意味においては、トルコの宗教を「改革」し、彼らがそれに追随しているという事実に目をそらしていることに注意が必要である。

その後に発言したベフチェト・ケマル・チャーラル議員も、「国民の最も大きな敵について考えたときに、赤い目を我が国に据えた北の脅威とともに、敬愛なるクビライの首を槍につけた黒い魂をも同じ憎しみをもって思い浮かべます」と述べ、宗教教育に反対の意を示した(9)。この発言中の「敬愛なるクビライの首を槍につけた黒い魂」とは、前述のクビライ事件の犯行者たち、つまり宗教反動のことを指している。チャーラルは、「国民の最も大きな敵」として、「北の脅威」、すなわちソ連からの共産主義の流入だけではなく、国内の宗教反動の発生にも注意しなければならないことを示唆し、宗教教育再開への気運をくじこうとした。後述するように、後の議論では国家の監督下で宗教教育を行うことが宗教反動による宗教の悪用を防ぐことになるという理解が見られることになるが、この段階でチャーラルは、公教育における宗教教育が宗教反動を活性化することにつながりうるとの懸念を示しており、さらなる世俗化を求めているように思われる。彼は、「私たちは骨の髄までケマリストです。私たちの信念によれば、宗教は国家および政治から分離しています。国家は宗教に干渉できません」とも述べ、タンルオヴェルによるトルコの政教関係の変化を望む発言を批判した[10]。チャーラルの発言は「ラーイクリキの実態に鑑みるならば、矛盾しているといわざるを得ない」と伊藤が指摘するように[11]、バルラスの発言も含め、ライクリキに関する政治家たちの議論は、国家が宗教に関与しているというトルコの現状と、政治と宗教の分離というライクリキ理解の齟齬を注視しないまま行われていた。

一九四七年当時、「人民の家」を統括しており、党大会の翌一九四八年には教育相を務めることになるタフスィン・バングオール（Tahsin Banguoğlu，一九〇四―一九八九年）議員も、タンルオヴェルの発言を批判した。バングオールは、タンルオヴェルの以上の発言がライクリキの「境界を侵害す」るものであることを指摘した。彼は、「タンルオヴェル氏は、新しい宗教的なイデオロギーを作っているように見受けられます。皆さん、今日、地表に根づいたどの国においても、もはや宗教イデオロギーは残っていません。宗教は生活の片隅にあるのです」と述べ、国民性の諸原則を廃し、宗教原則を優先すべきであるというタンルオヴェルの主張に反対した[12]。バングオールは、大会に参加している人々がシャリーアの復活を求めていないように、宗教はもはや政治の分野において「用がない」と、宗教の政治への関与を強く否定した。タンルオヴェルはこうした批判に反論するべく、宗務局はトルコ共和国が「ライクな革命」を承認した日に設置されたこと、それゆえに宗務局が宗教的職能者の養成についての権限を有しているはずであること、そして、信仰の涵養が反動と結びつかないことを説いた。彼の発言は、他の参加者たちから拍手で迎えられた[13]。

以上の議員たちによる発言は、道徳の涵養や共産主義への対抗策として宗教教育の再開を支持するもの、そして、アタテュルクの革命の維持や宗教反動の抑制という観点から宗教教育の再開に反対するものであり、宗教教育をめぐるこれまでの議論と異なるものではない。この党大会でなされた宗教教育に関する議論でもっとも注目すべきものは、議論の締めくくりとして決議で行われた、教育相シェムセッティン・スィレルの以下の発言である。

敬愛なる皆さん、共和人民党は、トルコ国民の生活とトルコの国土において確立した人間の自由を確かなものとしている政治組織です。この自由のひとつは、ライクリキであるように、良心の自由 vicdan hürriyeti でありま す。国家 Devlet は市民に、「お前は形而上の領域において、これを信じなさい、あれを信じてはならない」とは言えません。国家は「この信仰に従って、この儀礼を行いなさい、あの儀礼を行ってはならない」とは言えません。ひとたび、こうした自由が確立したのであり、［それは］確立したままであり続けます。

これに加え、私たちの憲法と党の理念が認めている自由があります。それは、学び、教える自由です。トルコ国民はムスリムであるために、この社会においてイスラーム教の教えを学びたい、教えたいと望む国民がいるでしょう。これは当然の権利であります。

皆さん、このような［事情の］ために、党として、政府 hükümet として、私たちに任せられる義務がありま す。その義務とは、ライクリキの原則の範囲、良心の自由の境界のなかで、この必要性をどのように調和させるかを国家の観点から明らかにすることです。(14)

スィレル教育相はこの発言で、人間の自由として二つを挙げる。一つ目は、ライクリキが保障する「良心の自由」であり、二つ目は憲法と共和人民党の理念が保障する「教育の自由」である。彼は、一つ目の自由の保障のためには、国家は国民に信仰や儀礼の仕方を押しつけてはならないと述べる。その一方で、二つ目の教育の自由を保障するために、国家は、国民が宗教教育を受け、行う自由を保障する義務があると述べる。そして、国家はこの義務を良心の自由が保障される範囲で遂行しなければならず、その範囲の設定は国家が決めるべきであると主張している。ここからは、良心の自由を侵害しない限りでは、国家が宗教教育を行うことは妥当であるという結論が導かれる。先に述べたように、翌一九四八年にはバングオールが教育相に就任するが、スィレル教育相の発言は、以降の国民教育省へと継承され、「良心の自由の保障」という考えは、公教育において宗教教育を再開する際の議論の基礎とされていく。

党大会にて、スィレル教育相は続いて、七月に着手された宗教塾設置の計画については共和人民党高等会議の指導のもとで準備が進められていることを述べ、これらの業務が政府と高等会議に任せられることを提案した。この提案は拍手でもって認められた。以上のことからは、この党大会では国家による宗教教育の実施の可能性が示唆されたのと同時に、七月に引き続き八月の大会の時点でも、宗教教育が民間に任せられる構想は保持されていたことがわかる。

民主党の反応

宗教教育をめぐる共和人民党党大会の議論は、各紙の第一面で大きく取り上げられた[15]。共和人民党の新たな動きを受け、民主党党首のジェラル・バヤル（Celâl Bayar, 一八八三―一九八六年）は、共和人民党党大会と同時期に党会議を行い、民主党のライクリキ、そして宗教教育についての見解を発表した。

宗教は市民の神聖なる権利、自由のひとつです。どのような市民に対しても信仰のために圧力がかけられたり、批判されたりすることは許されないことです。私たちは、アッラーと人間のあいだの関係に［国家が］干渉することを厳格に拒否します。そのために我々は、母親や父親が子どもたちに宗教の授業や教育を与えることを当然のことと見なしています。しかしながら、私たちはそれと同時に、常に純粋で美しく、高潔なままに保たれることが必要とされる宗教的感情 dini hisler が政治の道具となることをいつなんどきも容認することはありません。これこそが私たちの党のライクリキについての理解であり、明白にこのことから［党のライクリキ理解は］成り立っています[16]。

ここで用いられた宗教を政治の道具にするという表現は、宗教教育政策をめぐる議論の中でその後もたびたび使用されることになる。バヤルの会見からは、民主党が、共和人民党に負けまいとして宗教教育の実施およびライクリキの保持を肯定していることをアピールすると同時に、支持獲得を目指して宗教を政治利用しようとする共和人民党を牽制していることが明らかである。こうした野党からの反応が示しているように、共和人民党政権は、一方でアタテュルクの革命の肯定、他方では民主党への対抗、さらにはアメリカからの評価の獲得のための民主化の推進という、三方面を意識しながら新しい政策を行わなければならない困難な状況にあった。共和人民党大会ではこの他にも、党の理念である共和主義や国家主義、また、社会経済に関するさまざまな事項が議論されたが、新聞紙上において最も注目を集めたのは宗教教育であり、それはライクリキという国是が関係していたこと、そして、ライクリキが他の党の理念や国是に比べ、論争を呼ぶ議題であったためと考えられる。このように、宗教教育は政権政党の党大会において公にライクリキ理解の見直しを議論する機会を作ったのだった。

宗教教育の再開

(a) 一九四八年二月の共和人民党党会議

党大会からおよそ三ヶ月後の一九四八年二月、共和人民党党会議 CHP Grup Toplantısı において宗教教育の実施について審議が行われた。そこでは、塾や民間に委ねられる私教育ではなく、学校で行われる公教育内の宗教教育の実施が話し合われた。学校で行われる宗教教育は、小学校四、五年生を対象として、選択希望制で試験を設けないという条件で行われることが議論された。また、普通教育における宗教教育の再開議論に伴い、導師・説教師養成学校が開校されることも話し合われた。

会議では、党大会でタンルオヴェルに異議を唱えていたバルラス議員が、宗教教育が学校で行われること自体には反対していないこと、しかしながら、憲法のライクリキ原則を侵害するものとならないようにすべきことを主張し、この件について調査の時間を設けることを提案した。一九四六年末の議会では宗教教育に反対していた前述のエリムム議員も、この会議においては、宗教教育が「[国民に]必要であ」ること、それと同時に、その実施の際には良心の自由に注意する必要があることを述べたという[17]。同じく党大会でタンルオヴェルを批判したバングオールを含む他の議員たちも宗教教育の再開に同意したが、宗教教育の導入がライクリキ原則を侵害すると主張し続けた議員もいた。ミュムタズ・オクメンは、「宗教に関することについて、私たちは民主党との合戦に入ってしまいました。彼らがひとつ行う毎に、私たちは五つ行っています。私たちはどこへ向かっているのでしょうか」と、民主党への対抗姿勢が宗教規制緩和の理由になっていることを指摘し、宗教教育の再開に反対を唱えた[18]。また、先のチャーラル議員も、引き続き宗教教育に反対し、小学校に宗教教育が設けられること、導師・説教師養成学校が開校されることで党のライクリキ原則が侵害されることになると発言した[19]。

このように、依然として宗教教育の実施に反対する議員もいたものの、これまでに反対意見を述べていた者たちのなかからもライクリキや良心の自由を侵害しないことを条件に実施を容認する人々が増えており、この時点ではもはや宗教教育を否定する雰囲気が弱まっていたことがわかる。そして、この党会議において宗教塾の設置が議論されなかったことからは、一九四七年一一月の党大会から一九四八年二月の党会議のあいだに、私教育における宗教教育実施の計画は頓挫したと見ることができる。

以上のように、一九四七年から一九四八年前半にかけて、共和人民党議員は、ライクリキを理由に公教育における宗教教育の実施に反対する態度から、ライクリキの維持を条件にそれを容認する姿勢へと方向性を大きく転換させたのだった。このような転換が可能となった状況が示しているように、政治家のあいだではライクリキとは何か、ライクリキの維持とは具体的に何を意味するのかといったことの理解は曖昧なまま、議論を深めるという方向に向かうこともなく、ただしその護持は不可侵であるという理解が共有されていた。そして、これ以後ライクリキという言葉は、宗教教育についての各人の主張を正当化する根拠として使用され続けるのである。

党会議では、宗教教育について調査を行った委員会の代表として、フェリドゥン・フィクリ・デュシュンセル議員によって、学校で行われる宗教教育に関する説明がなされた。彼は、宗教の授業は小学校四、五年に設けられること、国民教育省の予算から教師へ賃金が支払われること、生徒は試験を受けなくてよいこと、授業を受け持ちたくない教師はそれを強要されないこと、教科書がすでに作成過程にあることなどを述べた[20]。以上の説明からは、会議の開催前からすでに一部の議員たちにより学校における宗教教育の実施を前提にした調整が進められ、その内容についても検討が行われていたことがうかがえる。会議での投票の結果、国民教育省の監督下で小学校において宗教の授業が行われることが承認された。

(b) 公教育における宗教教育の正当性

二月の党会議はその承認の場として設けられたに過ぎなかったために、なぜ塾から学校へと宗教教育の場が変更されたのかについての議論や見解は見られない。私教育から公教育への変更が、どのような見解のもとになされたのかを知るために、学校における宗教教育再開の決定から一週間後に共和人民党の機関紙『ウルス』に掲載された以下の無記名の論説を見てみよう。

ライクリキは本来、宗教への信仰が、良心の問題 vicdan işi として政治の観点から中立の立場に置かれるということである。この当然の帰結は、以下の通りである。ライクな社会では、一方では、市民は宗教的見解を理由に政治組織からどのような干渉もされないということ、もう一方では、政治的活動が宗教的信仰の影響から完全に離れていることである。ライクリキの根幹は、宗教と政治の分離、より正確に言えば相互の独立である。

よって、この関係のあり方は、宗教教育に関して国家に課される役割と義務を定める基準をも示している。国家は政治的な統一の法的な表出である。この観点から、宗教が国家に、国家が宗教の問題に関与しないことが基準である。ただし、ライクリキを掲げる国家は同時に、［市民の］良心の自由［を保障しなければならず］、つまり何人も宗教的信仰を理由に非難や批判を受けないようにすることもその条件である。したがって、すべての近代的な憲法のように、私たちの憲法もこの保障を含んでいる。

良心の自由は、言葉、行動、執筆、礼拝の形で表現されない限り、そもそも不可侵の本質である。そのため、国家は良心の自由を保障するよりも、それが悪用されるのを防ぐことに最大限の注意を払わなければならない。言葉、執筆、行動、礼拝の形で表現される宗教的信仰が圧力の影響でもって他者の良心の自由を、または公共の福祉を侵害したことは、［これまで］よく見られた状況である。このため、ライクリキ原則は、歴史上において暗黒の狂信主義が有した完全に恐ろしい支配に対する良心の自由を守る闘いの所産なのである。

国家による宗教教育に関する事柄への関与も、同様の考えに適応させなければならない。すべての市民は彼らが望む宗教を信仰すること、その信仰を身近な者、特に成長過程にある子どもたちに教えることに関して自由である。これに基づき、宗教教育は、私的な機会や方法を利用する限り、実質的にも、また法的にも、妨害されてはならない。ただし、これが悪用されることを防ぐための管理対策が必要となる。

国家によってその経費が支払われる学校で宗教の授業を教えることにおいても、こうした基準に照らし合わせてみることは、その最短の解決法である。[21]

ライクリキの説明から始まる以上の記事は、宗教教育の実施がライクリキ理解の問題といかに関連していたかを如実に示している。

この論説では、まず、ライクリキが政治と宗教の相互の独立を保障するものであることが確認される。次に、そうした前提があるのと同時に、ライクリキを掲げる国家は市民の良心の自由を保障しなければならない、つまり宗教的信仰を理由に市民が非難や批判を受けないようにしなければならないことが説明される。とはいえ、良心の自由は

「そもそも不可侵」であるために、国家はそれを保障しようとするよりも、良心の自由が「悪用」されないよう注意する必要があると述べる。その後、宗教教育へと話が変わり、国民は宗教教育を教える、受ける自由があるが、国家はこの教育の自由が悪用されることを防がなければならないとされる。そして、悪用を防ぐ最も良い方法は、公教育のなかで宗教教育を行うことだと、宗教教育に対する国家管理の必要性を説明している。

この記事は、国家の管理下で行われる宗教教育は良心の自由に反しないどころか、それを保障するものであると説明する。なぜならば、公教育ではなく私教育において宗教教育が行われれば、何者かがその機会を悪用し、間違った信仰を吹き込んだり、子どもを洗脳したりする可能性があり、そうした状況は、国家からの干渉以上に良心の自由を侵害するものになるためである。そのため、国家の管理のもとで宗教教育を実施することで良心の自由が保障されるという理解がなされているのである。良心の自由、および宗教教育を「悪用」する主体は誰であるのか、信仰を理由に、なぜ、どのように市民が「非難や批判」されるのかといったことについては、この記事では全く触れられていない。これまで述べてきたように、先行研究は、トルコでは反動イスラームへの恐怖が政教関係の基底にあると指摘してきたが、以上の新聞記事は、直接「反動」という言葉を用いずとも市民を脅かす何者かの存在を暗示し、その何者かから市民を守るという名目のもとで共和人民党の政策を正当化している。こうした考えのもと、国民が主体となって行う宗教塾よりは、公教育内での宗教教育の方がより国家の監督が行き届きやすく、反動の勢力拡大につながりにくいとの観点から、塾ではなく、学校における宗教教育の実施が決定されたのである。

学校における宗教教育実施の決定から三ヶ月後の五月、共和人民党党会議において導師・説教師養成学校や神学部について審議がなされ、その結果、国民教育省の管轄のもと導師・説教師を養成するコースの開設[22]、そして神学部の開講が承認された[23]。以上の経緯からは、トルコにおける宗教教育の議論のなかでは、専門教育や高等教育よりもまず、より多くの国民に関わる普通教育における宗教教育を想定する見方が強く、小学校における宗教科の再開決定が、専門および高等教育における宗教教育の再開を促したと見ることができる。この会議では、良心の問題である宗教的な事柄は自由にされるべきであるとし、タリーカの修道場の解禁を求める声も挙げられ[24]、こうした出来事に触発されるように、国民のあいだでもライクリキに関する議論が活発になっていった[25]。このように、宗教教育政策、なかでも普通教育のなかでのイスラーム教育を対象とした政策がトルコの政教関係やライクリキをめぐる議論のきっかけを作ったことは明らかであり、そうした議論のなかからは、ライクリキそのものを「私たち国民の性質に合わない」として、トルコがライクリキ原則を保持することそのものに対する否定的な意見まで出されることになった[26]。

一九四七年より本格的に始められた宗教教育の再開をめぐる議論は、小学校における宗教教育科目の開始という形でひとまず終結した。道徳の頽廃を懸念する声も一旦とはいえ、ここで収束が見られることになる。国民が主体となって行われる予定だった宗教教育は実現には至らず、宗教塾という名目での宗教教育はその後も実現されることはなかった。しかしながら、一度とはいえ私教育としての宗教教育の実施が構想されていたことからは、一九四七年から四八年を境にして、共和人民党の宗教政策の方向性が変化し、国家による宗教管理の姿勢が固まったこと、言い換えれば、一九四八年以前においては宗教教育を民間に任せるという選択肢が残されていたことがわかる。すなわち、ライクリキは必ずしもその当初から国家による、国民の信仰の維持を意図した宗教への積極的な介入を前提としていたわけではなく、共和人民党議員たちのあいだでは国家と宗教の分離という側面の維持が意識されていた時代があったのである。

宗教科をめぐる規定

一九四八年九月末日、バングオール教育相は宗教科実施の決定を正式に発表した。会見において教育相は、同教育年度内に小学校四、五年次に宗教科が開始されること、加えて、六県の都市で導師・説教師養成コースが開設されることを述べた[27]。一九四八年内の開始は間に合わず、翌一九四九年二月七日付の『教育省広報誌』で、関係者に対し宗教科についての発表がなされ、二月一五日から宗教科が行われることになった。同誌によれば、宗教科の指導方針は以下の通りである。

一．私たちの憲法で明らかにされている良心の自由の当然の必要性として、市民が子どもたちに宗教知識を与える権利を行使するためにその機会が用意されることが必要と見なされ、ムスリムのトルコの子どもに、宗教科が学校の教室で、各学校の教師によって行われることが適当と見なされた。ただし、この科目は学習指導要領のこれまでの授業時間数を減らさないよう、地域の条件によって、子どもたちの継続が可能な時間で行われる。

二．ライクな国家である私たちの共和国の教育機関では、何らかの宗教、宗派に依拠する知識が義務として教えられることは論外である。それゆえ、宗教科は希望制 ihtiyarî であることを［科目の］基礎とする。どのような生徒も教師もこの授業の受講、教授を強要されない。宗教科は、学級編成の状況に関係させられない。

三．宗教科は小学校の四、五年次に週に二時間設けられる。宗務局局長が委員長となって招集された特別委員会によって作成され、また、教育審議会(28)によって適当と見なされたこの科目の指導要領を、私［教育相］が送付する。手始めとして、今年は要領の一番目の部分が初等学校の四、五年生に同時に教えられる。

四．生徒の保護者は、子どもに宗教科を学ばせたいと希望する旨を、文書の形で学校の運営本部に知らせる。教師はこの生徒の受講状況を管理する。出席がなされていない場合には、保護者へ報告がなされる。今後、学校に新しく［入学］手続きをする生徒たちの保護者は、子どもが宗教科を受講するのか否か、手続きの時期に連絡をする必要がある。

五．授業では、宗務局が作成し、［宗務局］局長が委員長となって召集された委員会によって調査された後、教育審議会によって学校で選択希望制として与えられることが適すると見なされた『宗教科 Din Dersleri』という名前の教科書が使用される。［教育相として］私が提供するこの教本の一部が学校へ送られた。今後は、教育審議会によって学ばれることが適当と見なされた教科書が宗教科で使用される。

六、思想、信仰、または宗派の相違のため、子どもたちに宗教科を学ばせない家庭と学ばせる家庭のあいだに、またはこの授業を受講する子どもたちとしない子どもたちのあいだに、不適切な争いや侵害行為を生じさせてはならない。

七、初等段階のトルコ人の私立学校においても[29]、宗教科は前述の形で行われる。[宗教]少数派の学校において、宗教科は［それらの学校の］方式に従って、準備された形で行われる[30]。

こうして、宗教科は公立と私立を問わず、小学校四、五年生に週に二時間、これまでの授業を削らない形で設けられることになった。方針の第一項では憲法において「良心の自由」が保障されていることが宗教教育の実施の背景にあると示唆されているが、宗教教育が削減され、廃止されていた時代から憲法の文言が変化したわけではない。要するに、小学校における宗教教育の再開が、それまで実質的には軽視されてきた「良心の自由」を、政策を正当化する手法として持ち出すきっかけをトルコ共和国政府に与えたのである。

以上の発表では、トルコ共和国が「ライクな国家」であることを理由に、宗教科が必修科目とはならないこと、希望する国民のみが受講することが強調されている。また、この科目は、トルコ語や歴史のような正式な科目からなる授業プログラムには組み込まれない課外授業として設けられることになった。この決定からは、これまで見てきたように、紆余曲折を経て宗教教育が学校において実施されること自体は容認されたものの、宗教科をあくまで非正規の科目として扱い、公教育内の他の正規の科目とのあいだに線引きを行うという慎重な姿勢がとられていたことが見てとれる。

宗教教育の管轄については、党会議で発表されたように、その担い手で責任者となるのは国民教育相とされた。ただし、教育内容はあらかじめ宗務局局長が中心となって作成し、それを教育省管轄下にある教育審議会が承認するという体制が取られた。前章で述べたように、知識人のなかには、宗教塾での使用が想定された『ムスリム子弟の本』

を批判するにあたり、同書作成の管轄が宗務局ではなく国民教育省にあった点を批判する者たちがいた。おそらくはこうした批判を受けて、公教育における宗教教育の再開にあたっては、教育内容の決定は宗務局に委ねられたものと考えられる。また、規定にあるように、非ムスリムの宗教マイノリティの学校に宗教科の枠は設けられず、以前よりそうであったように、それぞれの宗教・宗派のやり方で宗教の授業が行われることになった。

二、小学校四、五年の宗教科学習指導要領と教科書

こうして、一九三〇年代から約二〇年にわたる公教育における宗教教育不在の後、公教育内において宗教教育が再開されることになった。ただし、宗教教育の実施については賛否両論があり、再開決定後もその是非をめぐる議論は継続した。そうした議論は次章で扱うこととして、以下では宗教科の教育内容を見ていきたい。

本節ではまず、トルコ共和国における教育制度、特に教材のあり方について確認する。続いて、宗教科の教科書の執筆者、学習指導要領の内容と、実際に学校で使用された教科書について見ていくことで、当時、宗教教育に何が期待されていたのかを考察する。

教育の国家管理

トルコ共和国において、教育内容の管理をめぐる制度化は、教育統一法の制定からおよそ二年後の一九二六年に本格的に始められた。一九二六年、国民教育省内に教育審議局 Talim ve Terbiye Dairesi（後に教育審議会 Talim ve Terbiye Heyeti/Kurulu へ改称）が設置されると、同局が学習指導要領の決定や教科書の出版の責任を負うこととなり、教育の国家管理が強化されていった。[31] 教育審議会は、議長を入れて一〇数名のメンバーから構成されていた。任期は決まっておらず、議長は二から四年ほどで交替することが多かったが、数ヶ月しか任期が続かない場合もあった。[32] 最

初に議長として任命されたのは、オスマン帝国末期に議員を務め、哲学を専門にダールルフヌーンで教員として働いていたメフメト・エミン・エリシルギル（Mehmet Emin Erişirgil, 一八九一―一九六五年）であり、彼は、一九三〇年までおよそ四年間にわたり教育審議会で議長を務めた[33]。小学校と中学校に宗教科が設置された期間を含む、一九四〇年から一九六二年までの約二二年のあいだは、ダールルフヌーンの文学部を卒業した高校教員のカドリ・ヨリュクオール（Kadri Yörükoğlu）が[34]、高校に宗教科が導入された期間を含む一九六四年から一九六七年には、教育学の専門家であり、ガーズィ教育機構教員だったヒュセイン・ヒュスニュ・ジュルトゥル（Hüseyin Hüsnü Cırtlı）が議長を務めていた[35]。このように議長には教育関係者が選ばれており、国民教育相の交代とは異なり、議長の交代時期は政権の変化とは一致しておらず、教育審議会は比較的、中立的な立場で教育内容を監督するという役割を有していたように思われる。

共和人民党の一党体制下の一九三三年、政府は、学校で使用する教科書を国民教育省出版局が出版することを定めた法律を施行した[36]。この背景には、一部の出版社が教科書の印刷を独占したり、教育関係者が賄賂などを通じて取引をした出版社の教科書のみ販売されたりといった不正行為が行われたため[37]、教育省がこれを止めようとしたという事情があったと考えられる。その後、教科書の出版のために、教育省は国民に教科書の原稿を募り、原稿のなかで最もよいものを選定して、教育省出版局が、それを教科書 ders kitabı として出版することになった。民間出版社にも、第一位に選ばれた原稿に加え、第二位から第五位に選ばれた原稿を教材として出版することが許可された。ただし、第一位に選ばれた原稿を含め、民間出版社から出版される場合はすべて、「副／補助教材 yardımcı ders kitabı」として出版されることになった[38]。教科書と副教材の制度上の違いについては次章で詳しく見ていく。

一九四九年、複数政党制移行後の共和人民党政権は、一九三三年に制定された前述の法律を廃止した。これにより、一九五〇年以降は、複数の教材が教科書として並存することになった[39]。ただし、引き続き、国民教育省出版局および民間出版社の両者とも、国民教育省が作成する学習指導要領に則って教材を作成し、教育審議会の検定を経て、同会より認可された上で出版することとされた。教育審議会による認可を得た教科書は、三年間、教科書として継続して出版されることが認められ、この期間は必要な手続きを経た上で延長することができた。歴史科の教科書を分析したコポーによれば、歴史科の教科書の内容には、出版社の違いによる差が少なく、その背景には、教育審議会の認可を得なければ教科書として出版できないという規定があるためだとしている(40)。序章で述べたように、複数の教科書が並存しているとはいえ、トルコの教材には各出版社、執筆者の性格は表れづらく、筆者が国民教育省出版局と民間出版社から出版された教科書を調査したところ、そうした事情は宗教科の場合においても同様だった。

以上で見てきたように、トルコ共和国政府は、学校によって教育内容の違いが生じないように、公教育の教育内容を厳格な監督下に置くことを目指していた。それでは宗教科教科書の執筆を委ねられたのはどのような人々だったのだろうか。

教科書の執筆者

前述のように、一九五〇年からはさまざまな科目に関して複数の教科書が出版されるようになっていたが、小学校用の宗教科の教科書に関しては、国民教育省出版局によって出版されたもののみが教科書として認可されており、こうした状況は一九八二年の宗教科の廃止まで続いた。この教科書には著者名が書かれていないが、国民教育省が定めた教科書の規定により(41)、一九四七年から宗務局局長を務めていたアフメト・ハムディ・アクセキ（Ahmet Hamdi Ak-seki, 一八八七―一九五一年）を委員長とする委員会によって執筆されたと見ることができる。アクセキは、オスマン帝国末期にマドラサやダールルフヌーンで教育を受けたウラマーであり、第二次立憲政期から学校における宗教教育に携わるほか、『セビーリュルレシャト』誌を中心に、イスラームに基づく価値を重視する雑誌で執筆活動も行っていた。トルコ共和国建国後は宗務局の職員となり、一九二五年には軍部の要請により、前章で言及した、兵士を対象とした宗教教本『兵士のための宗教知識』も執筆していた。同書は一九四五年、一九七六年の改訂を経て、二〇〇〇年代初頭まで使用された。アクセキは、公教育において宗教教育が廃止されていた一九三〇、四〇年代に、各家庭における宗教教育のための宗教読本を執筆していたことでも知られる(42)。

一九四〇年代当時のトルコにおいて、アクセキが宗教科教科書の執筆者に相応しいと見なされたことからは、政治家たちは、宗教教育の再開にあたり、共和国の子どもたちのために新たな宗教教育を構想する必要性を感じていなかったことがうかがえる。実際に、宗教科の導入が決定した一九四八年当時の教育相バングオールの手記によれば、アクセキがどのような教科書を書けばよいかをバングオールに尋ねた際に、彼は、「宗教に革命はありません、私たちがかつてどのように学んだとしても、そのように」と答えたという(43)。バングオールのこの発言からは、共和国建国とアタテュルクによる諸改革を経たにもかかわらず、宗教科の教科書の内容がオスマン帝国期のものと異なることを彼が望んでいなかったことは明らかである。以下では、こうした背景のもと作成された学習指導要領と教科書の内容について見ていきたい。

宗教科の学習指導要領と教科書

教育学および宗教学の分野において、宗教教育は、宗派教育と宗教知識教育の二つ、ないし宗教的情操教育を入れた三つに大別できるとされるが(44)、以下で見ていくように、二〇世紀中葉のトルコ共和国において、学校で行われる宗教教育は、諸宗教に関する知識を客観的な立場から教える宗教知識教育ではなく、生徒がムスリムであることを前提とし、イスラームの信仰を説く宗派教育の性格を強く有するものだった。そして、それは、イスラームの信仰を説くなかで道徳的な行動を促す、宗教的情操教育の内容も含んでいた。本節では、学習指導要領と教科書が具体的にどのような内容だったのかを見ていく。

小学校の学習指導要領に記載された宗教科の単元は以下の通りである（原文には番号が付されていないが、ここでは便宜上、単元に通し番号をつけた）。

小学校四年(45)

一．愛

二．ムスリムであること

三．イスラームにおける道徳

小学校五年

一．信じること

二．ムスリムの信じるもの（信仰 Amentüsü）

三．アッラーへの信仰 iman

四．アッラーの本への信仰

五．預言者への信仰

六．来世への信仰

七．天命への信仰

八．アッラーに対する僕としての私たちの義務（儀礼）

以上のように、小学校の宗教科では、イスラームの信仰の基本的な内容を教授するよう規定されているのを見ることができる。

出版された小学校四、五年生用の宗教科教科書は、当時出版されていた他の科目のものと同様、Ｂ５サイズ、モノクロ印刷である。四年生の教科書は五六ページ、五年生の教科書は七二ページから成っている。宗教科の教科書には目次がなく、部や章、節などの区分けもなされておらず、通し番号なども振られていない。

小学校四年の教科書を見ると、神、預言者ムハンマドについて、生徒にとって身近な人たちや、さらには国家、国民に対する義務が主な教育内容とされているのがわかる（目次は巻末資料①を参照）。学習指導要領に「愛」という単元があるように、小学校四年生用の教科書の項目には、「愛」や「愛する／大好きである」という表現が多用されている。そうした表現が特に教科書の前半に登場していることからは、イスラームを学ぶ際に、何よりもまず愛が重要な項目であると捉えられていたことがうかがえる。

小学校五年生用の教科書は、小学校四年生用のものよりも活字の大きさが小さく、情報量も多くなっている。小学校五年の教科書は、イスラームの基礎である、神、天使、預言者、啓典、来世への信仰と、喜捨、断食、巡礼といったムスリムの義務を中心に構成されている。預言者ムハンマドについては四年生用の教科書でも挙げられていたが、小学校五年の教科書では、ムハンマドに限らない諸預言者についても取り上げられている。またムハンマドに関しても、より詳しくその生涯が扱われており、イスラームを学ぶにあたって、預言者は重要な項目として理解されていたことがわかる。

小学校四、五年生の教科書の両方とも、本文の最初のページは「ビスミッラーヒッラフマーニッラヒーム BİS-MİLLÂHİRRAHMÂNİRRAHÎM」というトルコ語表記の文言から始められている。バスマラと呼ばれるこの文言は、悔悟章を除くクルアーンのすべての章の冒頭に置かれたものであり、何かを始める際に使用されるアラビア語の祈りである。宗教科の実施にあたっては、アラビア文字が使用されないよう注意がなされていたが、アラビア語表現をトルコ文字で記載することは許容されており、イスラームの伝統を部分的に継承した形で教科書が作成されたと言える。この主題の下には副題として、「慈悲あまねく、慈悲深きアッラーの御名において始めます」とバスマラのトルコ語訳が書かれている。小学校四年生用の教科書ではこの祈りの後に、「私のアッラー、私をつくったのはあなたです。私のお母さん、お父さんをつくったのはあなたです。生物、無生物のすべてをつくり、育み、成長させ、守っているのはあなたです」という文章が挙げられている。(46) このように、教科書はイスラームの伝統と神による創造を前提とした形で始められていた。

イスラームへの信仰に基づく叙述の性格は各学年の教科書を通じて見られる。教科書には、単元の理解のための補助として、詩や教訓を含む小話が挿入されている。詩は、「アッラー」、「アッラーはひとつで、彼以外に神はない」などの題名がつけられた、神を賛美するもの、イスラームに関するものであり、なかには前述のメフメト・アーキフによるものなどもあった。(47) 小学校の教科書では、こうした知識が上から教授されるというよりは、「私はムスリムです。アッラーの存在とそれがひとつであることを信じます」、「私のアッラー、あなたは私をムスリムとしてつくりました、どうか私をムスリムとして生かして下さい」など、一人称を用いた表現が多用されている。(48) このように、宗教科では、読者となる生徒はすべてムスリムであることが前提とされていた。

教科書に見られる道徳、道徳的行為としての国家への奉仕

宗教教育が再開された背景には、道徳の頽廃を懸念する声があったが、それでは宗教科の教科書には、生徒が従うべき道徳、すなわち行動規範とその根拠についてはどのように説明されていたのだろうか。宗教科教科書の要領や目次からは、読み手に道徳的な行動を促す宗教的情操教育の意味も込められていたと考えられるが、そこで想定された道徳的な行動とはどのようなものだったのだろうか。

以下では、(a) 道徳と (b) 国家への奉仕という点に注目して、小学校の宗教科の教科書の記述を見ていく。

(a) 道徳

小学校四年生用の教科書では、指導要領に挙げられていた通り、「イスラームにおける道徳」という項目が設けられている。この項目のなかでは、約束を守ること、貧者に施しをすることといった望ましい行動、家族間の相互の権

利や義務、国民や国家に対する義務、きょうだい愛などが説明され、最後にムスリムにとっての行動規範となるような預言者ムハンマドの言葉が複数紹介されている。以下では、道徳的な行動規範に関する記述の例として、この項目の冒頭箇所を引用する。

私は信仰者であり、ムスリムであることにとても感謝しています。
ムスリムは、あらゆることにおいて、良く［ふるまい］、役に立ちます。あらゆる人のために、良いことを考え、良いことをしようと望みます。
ムスリムはミツバチのようです。どのようなときも、誰にも負担をかけません。誰のことも悪く思いません。手でも言葉でも、人を傷つけません。親友を忘れず、年長者を尊敬し、年少者を守ります。働くことが好きで、体の中も外も清潔です。(49)

先に述べたように、宗教科は特定の信仰に基づいた宗派教育であり、ムスリムであることが道徳的な人間であるという説明を提示している。ムスリムであることと、働き者であり、清潔であるといった、よい性質やよい行いを結びつける記述は五年生の教科書でも挙げられている。例えば、労働に関連して、「最も徳のある行いは、働いて、ハラールからお金を稼ぐことです」といった記述が見られる。(50) ハラールとはイスラーム法上、「許されているもの」を意味する言葉であり、ここでは賭博や詐欺などの方法ではなく、労働の対価として金銭を得ることの重要性が説かれている。このように、宗教科教科書では、賃金を獲得するという行為も、イスラームの教義の観点から道徳的な行為として意味づけられているのである。

(b) 国家への奉仕

小学校四年生用の宗教科教科書には、「私たちの国民、国土、すべての人々に対する私たちの義務」という項目が挙げられている。以下では、この項目で国民や国家がどのように説明されているのか、読者である国民の義務とは何かを確認してみたい。

国民はある祖国に生きる大きな家族です。家族のなかで生きる人々が互いを心から愛し、敬意を持つように、国民も［国民に対して］そのようにあり、そのようにならなければなりません。ある人のどこかが傷つけば、すべての市民は、ひとつの体であるかのようにその痛みや苦痛を感じなければなりません。

私たちは、自分たちのためになることを考えるように、私たちの国民のためになることを考えなければなりません。

国民の苦しみでもって苦しまない、［国民の］喜びでもって喜ばない人に、繁栄はありません。［…］

私たちの宗教は、他の国民、すべての人々に対して、よくふるまうよう、同情をもって、慈悲深くなるよう求めています。

人々の幸福と［その人にとっての］良いことを望むことは、人間であることの義務です[51]。

この記述は、国民を自分の家族や体に例えて説明し、自分の家族や体を大事にするように、国民全体を大事にするべきだと説く。そして、イスラームの教えが他者を尊重し、大事にすることを説いていることが説明され、それが人間の義務だとしてその重要性を強調している。以上の記述からは、宗教教育を通して、生徒が国家や国民全体をより身近なものとして捉え、それらに愛着をもつように方向づけられていることが見てとれる。

こうした主題についてさらに踏み込んだ内容として、小学校五年生用の教科書には、「死と殉教」という項目が立てられている。『トルコ宗務ワクフ イスラーム事典』によれば[52]、殉教者は、「アッラーの道において殺されたムスリム」と定義されており、イスラームでは殉教とは信仰のために戦って死ぬことを意味する(53)。小学校五年生用の教科書では、他の項目と同様、この項目には一頁弱しか割かれていないが、このなかでは、まず、すべての人は死ぬこと、ただし、死ぬのは身体のみであって、魂は死なないことが説明される。そして、生が「名誉あるものと名誉なきもの」などさまざまであるように、死もさまざまであり、「死のなかで最も名誉あるものは殉教です」とされる。さらに、このページではこれらの説明に加え、殉教者が「預言者の次に高い段階」に至るという文章も見られる。この教科書では、殉教者とは宗教的信仰のために死ぬことだけではなく、「宗教、祖国、国民のために死ぬこと」と定義されている(54)。アフメト・ハムディ・アクセキによる『兵士のための宗教知識』を分析したプナル・ケメルリは、同書では殉教という概念が聖戦とともに国家への奉仕を呼びかけるために用いられており、世俗化改革を進めたトルコ共和国においても、国家への軍事奉仕を促すために宗教を用いる手法が取られていたことを論じている(55)。これは宗教科の殉教の記述にも当てはまっており、アクセキの執筆した複数の教材を通して、宗教を根拠として国家への奉仕を促す手法がより幅広く用いられるようになったことが確認できる。

以上のように、宗教科の教科書の内容は、イスラームの基礎を教えるとともに、イスラームの観点から、読み手に道徳的行為を促し、引いては国家の維持、発展のための行動を説くものとなっていた。

小結

これまでの研究では、公教育における宗教教育の再開は、複数政党制への移行による宗教規制緩和政策や共産主義対策の一環のなかで説明されてきた。本章で見てきたように、こうした理解は適当であるものの、共和人民党政権がどのようにして、どのような論理を用いることで、ライクリキのもとでの公教育における宗教教育の実施という、矛盾とも思われる状況を正当化したのか、宗教科に対する反論をどう抑えてきたのかという点については明らかにされてこなかった。

前章および本章の考察により、一九四七年から一九四八年を転換期として、共和人民党は、宗教と政治の分離、そして世俗化を目指す姿勢から、国民の信仰を保護するという名目で、宗教を国家の管理下に置く方向へと向かったことが明らかとなった。実現されなかった宗教塾の構想を含め、一九四〇年代になされた宗教および道徳教育政策の変遷からは、当時の政治家たちは段階を踏みながら、状況に応じて慎重にライクリキの解釈を変え、政策を正当化していたことがわかる。アタテュルクの理念は、彼の没後も政治家たちの決定に影響を及ぼし、その範囲を制限する面もあった。しかしながら、政治家たちは理念の存在に縛られつつも、対外関係や政治状況、民意に鑑みて、アタテュルクの時代からの政策の転換を行い、理念をそれに適合させて変化させていったのである。

トルコ共和国に関する通説的な理解は、アタテュルクの時代を重視し、建国最初期にトルコ共和国の政教関係のあり方が形成され、それが一貫して続いたかのように描く傾向にある。しかしながら、以上の教育政策の変遷からは、アタテュルク後のイノニュの時代において、政教分離および世俗化の方向から、良心の自由の保障を理由とした宗教管理の方向へと、転換がなされたことがわかるのである。

注

（1） Şimşek, "Çok Partili Dönemde," 391-444; Bilgiç and Bilgiç, "Raising a Moral Generation," 349-362.

（2） Heper, *İsmet İnönü*, 121；新井『トルコ近現代史』二三七―二四〇頁；伊藤「イノニュの時代」九頁。

（3） 共和人民党の一九四七年党大会については以下の研究を参照。伊藤「イノニュの時代」一五―二一頁；Hakan Uzun, "İktidarını Sürdürmek İsteyen Bir Partinin Kimlik Arayışı: Cumhuriyet Halk Partisi'nin 1947 Olağan Kurultayı," *Çağdaş Türkiye Tarihi Araştırmaları Dergisi* 25 (2012): 101-139; Murat Kılıç, "Tek Parti Döreminde Milliyetçilik ve CHP'nin Yedinci Büyük Kurultayı," *Çağdaş Türkiye Tarihi Araştırmaları Dergisi* 24 (2012): 189-202.

（4） *C. H. P. Yedinci Büyük Kurultayı* (1947), 450-451.

(5) *C. H. P. Yedinci Büyük Kurultayı*, 451–453.
(6) *C. H. P. Yedinci Büyük Kurultayı*, 454–455.
(7) *C. H. P. Yedinci Büyük Kurultayı*, 456–457.
(8) *C. H. P. Yedinci Büyük Kurultayı*, 459–460.
(9) *C. H. P. Yedinci Büyük Kurultayı*, 462.
(10) *C. H. P. Yedinci Büyük Kurultayı*, 463–464.
(11) 伊藤「イノニュの時代」一九頁。
(12) *C. H. P. Yedinci Büyük Kurultayı*, 466.
(13) *C. H. P. Yedinci Büyük Kurultayı*, 467–469.
(14) *C. H. P. Yedinci Büyük Kurultayı*, 513–514.
(15) "C. H. P. Kurultayı Bugün Sona Ermesi Muhtemel: Din Meselesi üzerinde Tartışmalar," *Vatan* (December 3, 1947); "Kurultay Bugün Dağılıyor: Laiklik üzerinde Şiddetli Münakaşalar," *Vakit* (December 3, 1947); "Din Mevzuu üzerinde Münakaşalar," *Yeni Sabah* (December 3, 1947); "Layiklik Konusunda Hareketli Görüşmeler Yapıldı," *Ulus* (December 3, 1947).
(16) "Demokrat Partisinin Lâiklik Görüşü," *Vakit* (December 2, 1947).
(17) "C.H.P. Meclis Grupunun Dünkü Kararı: İlkokullarda Din Dersi Öğretilecek," *Son Telgraf* (February 20, 1948).
(18) "Din Tedrisatı: Dün Halk Partisi Grupunda Şiddetli Münakaşalar Oldu," *Vatan* (February 20, 1948).
(19) "C.H.P. Meclis Grupunun."
(20) "C.H.P. Meclis Grupunun"; "Okullarda Din Dersleri," *Yeni Sabah* (February 20, 1948).
(21) "Din Öğretimi Meselesi," *Ulus* (February 26, 1948).
(22) 正式な学校という形ではなく、それよりは下位に位置づけられる小規模な教育機関を指す。
(23) "C.H.P. Grup Toplantısında Din Tedrisatı İşi Bir Karara Bağlandı," *Son Telgraf* (May 21, 1948); "C. H. P Grupunda Dünkü Görüşmeler: İlahiyat Fakültesi İhdası Kabul Edildi," *Son Telgraf* (May 25, 1948). 神学部の開講については、以下の研究を参照。Münir Koştaş, "Ankara Üniversitesi İlahiyat Fakültesi," *Ankara Üniversitesi İlâhiyat Fakültesi Dergisi* 31 (1989): 1–27; Mehmet Pacaci and Yasin Aktay, "75 Years of High Religious Education in Modern Turkey," in *The Blackwell Companion to Contem-*

porary Islamic Thought, ed. Ibrahim M. Abu-Rabi' (Oxford: Blackwell Publishing, 2006), 128–131; İbrahim Turan, "Türkiye'de İlahiyat Eğitimi: İstihdam Alanı-Program İlişkisi üzerine Bir Değerlendirme," *İstanbul Üniversitesi İlahiyat Fakültesi Dergisi* 37 (2017): 67–68.

(24) "Tekkelerin Açılması için Bir Taleb," *Yeni Sabah* (May 21, 1948).

(25) 例えば、Cahit Tanyol, "İslâmiyet'de Lâiklik Mümkün müdür?" *Son Telgraf* (July 4, 1948); Cahit Tanyol, "İslâmiyette Lâiklik Nasıl Düşünülmelidir?" *Son Telgraf* (July 18, 1948).

(26) "Lâiklik Millî Bünyemize Uymaz," *Sebilurreşad* 88 (1950): 205.

(27) この発表によれば、導師・説教師養成コースの修学期間は一年であり、受講条件は中学校および兵役を終えていることとされた。"Tahsin Banguoğlu Alınan Kararları Anlattı," *Son Telgraf* (October 1, 1948).

(28) 教育審議会については、本章次節で詳しく述べる。

(29) 宗教マイノリティ以外の私立学校に関する情報は少なく、不明な点が多いが、以下の論考によれば、一九二八年に政府が設立させたトルコ教育組合 Türk Eğitim Derneği によって一九三一年から私立の小・中学校、高校が開校されるようになり、一九六一年憲法により教育の自由化が保障され、以降、私学の教育機関の設立が進んだという。Selçuk Uygun, "Türkiye'de Dünden Bugüne Özel Okullara Bir Bakış: Gelişim ve Etkileri," *Ankara Üniversitesi Eğitim Bilimleri Fakültesi Dergisi* 36, no. 1–2 (2003): 114; Gülnur Ak Küçükçayır and Necati Cemaloğlu, "Türkiye'de Geçmişten Günümüze Özel Okullar ve Eğitim Politikaları üzerine Bir Araştırma," in *Eğitim Yönetimi Araştırmaları*, ed. Sadegül Akbaba Altun et al. (Ankara: Pegem Akademi, 2017), 88–90.

(30) *Tebliğler Dergisi*, no. 524 (February 7, 1949): 153.

(31) 教育審議会については以下の研究を参照。Reşat Özkalp and Aydoğan Ataünal, *Türk Millî Eğitim Sisteminde Düzenleme Teşkilâtı: Talim ve Terbiye Kurulu-Milli Eğitim Şûrası* (İstanbul: Millî Eğitim Basımevi, 1977), 44–49; Galip Karagözoğlu, *Talim ve Terbiye Kurulu'nun Türk Eğitimindeki Rolü ve Etkileri Forumu 16 Mart 2007* (İstanbul: T. C. İstanbul Kültür Üniversitesi, 2007); İrfan Erdoğan, "Talim ve Terbiye Kurulu: Türk Milli Eğitim Sisteminin Yasama Organı," in *Prof. Dr. Yahya Akyüz'e Armağan: Türk Eğitim Tarihi Araştırmaları, Eğitim ve Kültür Yazıları*, ed. Cemil Öztürk and İlhami Fındıkçı (Ankara: Pegem Akademi, 2011), 659–662.

（32）教育審議会の歴代の議長については、教育審議会のウェブサイトを参照した。http://ttkb.meb.gov.tr/baskanlarimiz2.aspx（二〇二四年六月二五日最終閲覧。）

（33）Nihat Durmaz, "Mehmet Emin Erişirgil'in Hayatı ve Felsefesi"（Master's thesis, Ankara University, 2012）, 19.

（34）ヨリュクオールに関する情報は、同氏の名前を冠した高校についての説明がなされている以下のウェブサイト以外、見つからなかった。https://www.frmtr.com/lise-nizi-tanitin/2920421-kadri-yorukoglu-lisesi.html（二〇二四年六月二五日最終閲覧。）

（35）ジュルトゥルについては以下を参照した。Kâmil Şükûn, "Cırtlı, Hüseyin Hüsnü," in *Büyük Biyografi Ansiklopedisi Günümüz Türkiyesinde Kim Kimdir*（İstanbul: Profesyonel, 2002）, 187; Karagözoğlu, *Talim ve Terbiye*, 3–4.

（36）この法律の原文を見つけることはできなかったが、この法律が一九三三年六月三日に施行されたことが、以下の官報から確認できる。*T. C. Resmî Gazete*, no. 7230（June 11, 1949）: 16322.

（37）Wilson and Başgöz, *Türkiye Cumhuriyetinde Millî*, 108–112.

（38）第一位から第五位まで、順位に応じて、応募された原稿に賞が与えられたという。ただし、原稿案の順位づけやそれに応じた賞については、管見の限り以下の研究に言及があるのみであり、詳しい情報を得ることはできなかった。Wilson and Başgöz, *Türkiye Cumhuriyetinde Millî*, 111.

（39）以降は、一九四九年六月に公布された法律第五四二九号に則り、教科書が作成された。*T. C. Resmî Gazete*, no. 7230: 16322; Mesut Çapa, "Millî Eğitim Bakanlığı'nın Yetki ve Uygulamaları Çerçevesinde Ders Kitapları（1950–1960）," *Ankara Üniversitesi Türk İnkılâp Tarihi Enstitüsü Atatürk Yolu Dergisi* 54（2014）: 61.

（40）Copeaux, *Tarih Ders Kitaplarında*, 80.

（41）*Tebliğler Dergisi*, no. 524: 153.

（42）クルアーン教室以外の宗教教育が廃止されていた時代に書かれた宗教読本については、以下を参照。Gotthard Jäschke, "Der Islam in der neuen Türkei. Eine Rechtsgeschichtliche Untersuchung," *Die Welt des Islams* N. S. 1, no. 1/2（1951）: 133–134; Özcan, *İnönü Dönemi Dînî Hayat*, 231.

（43）これに加え、バングオールは「宗派の別」と「迷信」については教科書で言及しないようにアクセキに言ったという。Tahsin Banguoğlu, *Kendimize Geleceğiz*（İstanbul: Derya Dağıtım Yayınları, 1984）, 99–100.

（44）井上順孝「宗教教育」井上順孝編『現代宗教事典』弘文堂、二〇〇五年、一九一—一九四頁；日本比較教育学会『比較教育学事典』東信堂、二〇一二年、二〇六―二〇七頁。

（45） 小学校の宗教科学習指導要領は、『教育省広報誌』に部分的にしか掲載されておらず、単元は小学校四年生用の教科書の最初の頁に書いてあるため、それを参照した。*Din Dersleri Birinci Kitap*（Ankara: Millî Eğitim Basımevi, 1949）, 1–3.

（46） *Din Dersleri Birinci Kitap*, 3.

（47） *Din Dersleri Birinci Kitap*, 12, 19–20.

（48） *Din Dersleri Birinci Kitap*, 5; *Din Dersleri İkinci Kitap*（İstanbul: Millî Eğitim Basımevi, 1949）, 7.

（49） *Din Dersleri Birinci Kitap*, 44.

（50） *Din Dersleri İkinci Kitap*, 47.

（51） *Din Dersleri Birinci Kitap*, 55–56.

（52） トルコ宗務ワクフ Türkiye Diyanet Vakfı は、国民のイスラーム信仰の涵養や宗務庁の補佐のために、一九七五年に設立された財団（ワクフ）である。Gözaydın, *Diyanet*, 230–233.

（53） ただし、現代のトルコにおいては、通常の戦争の戦死者に対してもこの語が用いられる。また、通常の戦争の帰還兵も、元来は、宗教のために敵と闘ったムスリムのことを指す聖戦士 gazi という語で呼ばれる。Abdülkadir Özcan, "Gazi," in *Türkiye Diyanet Vakfı İslâm Ansiklopedisi* 13（Ankara: Türkiye Diyanet Vakfı, 1996）, 443–445; Fahrettin Atar, "Şehid," in *Türkiye Diyanet Vakfı İslâm Ansiklopedisi* 38, 428–431.

（54） *Din Dersleri İkinci Kitap*, 41.

（55） Kemerli, "Religious Militarism," 284. ただし、ケメルリは一九二五年版と一九七七年版が同じ内容であるという前提のもと議論を展開している。ここでの参照内容に影響はないが、両者のあいだには文字や用語法だけでなく、内容面での違いも存在する。Aksekli, *Askere Din Dersleri*; Ahmet Hamdi Akseki, *Askere Din Kitabı*, 3rd ed.（Ankara: Diyanet İşleri Başkanlığı Yayınları, 1977）. 一九七七年版は、宗教科教科書の執筆者であるタラート・コチイイトによって一九七六年に改訂されたものである。

第4章　国家と良心の自由

一九五〇年、トルコ共和国建国以来、長らく与党の座にあった共和人民党に代わり、民主党が政権を獲得する。地方の保守層を主な支持基盤とした民主党は、一九六〇年軍事クーデタまでの一〇年のあいだ政権を維持し、この期間に中学校への宗教科の導入をはじめ、公教育における宗教教育の拡充を実現させた。

民主党は、共和人民党政権が提唱した国家による良心の自由の保障という理解を継承したのと同時に、さらにその理解を拡大させて、積極的な宗教への介入・関与の姿勢を示していく。前章で見てきたように、共和人民党政権期においては宗教反動による「良心の自由の悪用を防ぐため」、あくまでも消極的に宗教教育の国家管理を許容するという形がとられていた。これに対し、民主党政権は国民の「良心の自由を保障するため」、すなわち、国民が宗教について学ぶ機会を確保するために、国家が国民に宗教教育を提供するという方向へと宗教教育の国家管理に関する理解を変化させていった。

本章では、まず一九四〇年代から五〇年代の変化として、宗教への積極的な国家関与を肯定する見解が民主党によってどのように提唱され、またそれが同時代の知識人たちにどのように受けとめられたのかを検討するべく、宗教教育の再開後に生じた政治家と法学者の議論を扱う。次に、一部の法学者の反対にもかかわらず、一九五〇年代半ばより独裁化していた民主党政権の強行によって、国家による宗教管理を正当化する論理が既定路線とされたことを論じ、トルコ共和国の宗教政策における一九五〇年代の意味を検討する。以下、第一節では、一九五〇年代前半の民主党政権下でなされた宗教政策について見ていく。第二節では、一九五三年の教育諮問会議でなされた議論、そして憲法学者ビュレント・ヌーリ・エセン（Bülent Nuri Esen, 一九一一―一九七五年）による裁判を扱い、続く第三節では、一九五六年の中学校への宗教科の導入に際してなされた議論を考察する。最後の第四節では、教材の制度から宗教的権威のあり方を検討し、中学校の学習指導要領および教材の分析から、この時代に求められた宗教教育の内容について、一九四〇年代との違いに注目しながら明らかにする。

一、民主党政権の成立と宗教政策

一九四五年に複数政党制に移行して以来、共和人民党は経済、言論、宗教の面での規制緩和を進めてきた。その政策のひとつが小学校における宗教教育の再開であった。民主党に対抗するためにこうした政策を打ち出すようになった共和人民党であったが、党の試みも虚しく民主党の人気に勝ることはかなわず、一九五〇年の選挙でついに共和人民党は三九・四％の得票率で敗北した。民主党の得票率は五二・七％だったが、比較多数制のために共和人民党の議席数がわずか六九だったのに対し、民主党は四一五もの議席を得ることになった[1]。こうして民主党が圧倒的多数の議席を占める議会で、大統領はジェラル・バヤル、首相にはアドナン・メンデレス（Adnan Menderes, 一八九九―一九六一年）が選出された。

民主党政権は、一九六〇年に軍部がクーデタを起こすまでおよそ一〇年間続いたが、この時代に、自由経済への転換、農業改革、道路の建設といったインフラの整備などが著しい発展を遂げることになった。これらの政策の一部は共和人民党政権下でも試みられていたことであるように[2]、民主党政権は共和人民党の政策をおおむね受け継いでおり、政権交代後も、ライクリキを掲げるこれまでの政治体制は維持されることとなった。それでは、民主党政権は宗教に関する事柄に関してはどのような政策を行ったのだろうか。以下では、民主党政権下で行われた宗教政策について見ていく。

民主党政権下の宗教政策

民主党政権期において最初に着手され、人々に最も幅広く認識された宗教政策は、トルコ語のアザーンの廃止であろう。礼拝への呼びかけであるアザーンは、共和国建国期にアタテュルクによって元来のアラビア語からトルコ語へと変更された。民主党政権は、内閣成立年内にいちはやくアザーンをアラビア語に戻すことで、共和人民党による一党支配体制の終わりを国民に実感させたのだった。

このように、民主党政権は新しい時代の変化を、音による公共空間の支配という効果的な方法を用いて明らかにしてみせたが、興味深いことに、民主党はこの政策を説明するにあたり、共和人民党政権のライクリキ理解を利用している。アザクによれば、民主党とその支持者たちは、「本当」のライクリキは「良心の自由に対して敬意をもつ」ものであり、本来であればアラビア語で詠まれるべきアザーンをトルコ語で詠むことは「良心の自由に反する」と理由づけることによって、アザーンのアラビア語回帰を正当化したという[3]。ライクリキは良心の自由を守る原則であり、ゆえに政府が国民の良心の自由を妨げるものを排除するという主張は、共和人民党政府が宗教教育を学校に導入したときのものと同じであり、このことからは一九四〇年代の宗教教育の再開こそが、その後に続く国家による宗教への干渉を正当化するライクリキ理解を用意したと言うことができよう。

こうして、アタテュルクの時代になされた宗教に関連する事柄への規制が眼に見える形で撤廃され始めると、タリーカのひとつであるティジャーニー教団がアタテュルクの像を破壊するといったアタテュルクおよび彼の改革を否定する行為を始めた[4]。これを受け、政府は同教団のシャイフを即座に逮捕させ、翌五一年、反政府運動の台頭を防ぐべく、通称アタテュルク擁護法 Atatürk'u Koruma Kanunu（正式名称はアタテュルクに反してなされた罪に関する法 Atatürk Aleyhine İşlenen Suçlar Hakkında Kanun）を制定し、アタテュルクを軽視・侮辱するような活動を法的に禁止した[5]。このように、民主党政権はアタテュルクの改革を部分的に撤廃していくのと同時に、宗教的行為・実践の自由は、あくまでも国家管理の下にあるもののみを許容するという、共和人民党政権期の方針をそのまま継承していった。

ティジャーニー教団とは異なり、他のタリーカはアタテュルクに対する暴言や、共和国の革命や政府に反対する目立った動きを起こさなかった。それにもかかわらず、一九五〇年から一九五一年にかけて、ナクシュバンディー教団やカーディリー教団、メヴレヴィー教団らの関係者が相次いで逮捕された(6)。一九五〇年から一九五三年のいくつかの新聞記事からも、当時、タリーカの検挙が積極的に行われたのを確認することができる。タリーカの検挙を報じる新聞記事では、タリーカでは唾をかけて病気を治すといった「呪術」が行われており、そのための高額な金銭のやり取りや、詐欺と思われるような行為があったこと、そうした修道場には呪術のために用いられる蛇や熊の皮、さらには偽造文書を作るための偽の判子などがあったといった、タリーカを原始的、そして反社会的な存在として印象づけるような表現が用いられた。このような出来事はおそらくは実際に起きていたことも含まれていたと同時に、各新聞の政治的な意図に応じて報じられたものでもあった。例えば、共和人民党機関紙の『ウルス』紙や、共和人民党寄りの『ソン・テルグラフ』紙、『ヴァキト』紙において、これらの出来事は、「酒や麻薬に酔った」複数人の男たちが「怪しげな修道場」で若い女性がベリーダンスを踊るのを鑑賞していたなど、あえてセンセーショナルな表現を用いながら、シャイフや教団員の写真付きで報じられており、民主党に政治を任せることで反動勢力が台頭したという危機感を煽る目的で報道されたと見ることができる(7)。反対に、民主党の機関紙『ザフェル』や一九五五年まで民主党寄りであった『ヴァタン』紙は、政府が反動を制圧できている、またはその態勢にあるという、あくまでもタリーカや、それに類似する宗教組織の検挙を肯定的に捉える形で報道した(8)。これには、民主党政権は、宗教規制緩和政策を取る一方で、反動勢力は野放しにせず、共和国の体制を維持するという姿勢を示す狙いがあったと考えられる。

一九五三年から民主党は出版物を規制する方向に転換したため(9)、いずれにせよ宗教反動に関する報道は見られなくなるが、民主党政権成立当初の一九五〇年代前半にタリーカの検挙が集中して報じられたことは、宗教の表出という観点より、民主党の政策が人々の注目を集めるものであったこと、民主党政権は、公共空間での宗教的行為に対する規制緩和とその取り締まりの両方の動きを同時に行っていたことを示している。

宗教科の課内科目への変更と、宗教教育拡充の動き

メンデレスは宗教に親和的な態度を見せることで国民の支持を取りつけようと努め、それは教育の分野において顕著であった。民主党が政権を獲得した一九五〇年内の一一月には、宗教科が課外科目から課内科目へと変更され、以降は、授業の免除を望む保護者がそれを学校へ知らせることが必要となった[(10)]。この変更に関して、民主党機関紙『ザフェル』を含む一部の新聞は、宗教科が「希望制ではなくなる」、「義務化される」という見出しを設け、民主党政権下で宗教教育が重視されるようになったことを強調した[(11)]。宗教科が必修化されるという知らせは明らかな誤報であるが、宗教科開始翌年の一九五〇年一月、すなわち共和人民党政権期においても宗教科が必修化されるという噂が流れていたことからは[(12)]、宗教教育が必修とされるかどうかは、政治と連動する問題として人々の関心を呼ぶ話題となっていたことがうかがえる。

宗教科は他の科目同様、担任の教師によって教えられていたため、翌一九五一年、村落教員養成所や師範学校でも、宗教科 Din Bilgisi の授業が設けられることが決定された[(13)]。さらに同年、民主党政権は、導師・説教師養成コースを導師・説教師養成学校という名称で正式な学校へと格上げするなど、共和人民党政権期に着手された宗教教育を発展させる形で、宗教教育の拡充に努めた。こうした民主党による宗教教育の重視は、当然のことながら、彼らに敵対する共和人民党関係者や同党の支持者らから警戒され、批判の的となった。それでは、これに対し、民主党はどのような論理を用いてこうした政策を正当化していったのだろうか。民主党政権期において、宗教教育をめぐる議論は共和人民党政権期の一九四〇年代になされたものから変化したのだろうか。以下では、一九五〇年代前半になされた宗教教育をめぐる議論を見ていきたい。

二、宗教教育に対する法学者の見解

これまで見てきたように、宗教教育はライクリキに関わる問題として、政治家、そして宗教や政治に関心を持つ知識人たちのあいだで論じられてきた。一方、一九三七年に憲法においてライクリキが明文化されたように、ライクリキは法学者の関心事でもあり、特に出版・言論の自由への制限が緩和され、言論の活性化が見られた一九五〇年代初頭以降、こうした議論には彼らも加わることになった。それでは法学者たちは公教育内で行われる宗教教育に対してどのような見解を有していたのだろうか。以下では、主に法学者を中心とした人物たちの主張、そしてそれが惹起した議論について見ていく。

第五回国民教育諮問会議

一九五〇年代において、宗教教育をめぐる最も大きな議論の場となったのは、一九五三年二月に開催された第五回国民教育諮問会議であろう。この会議では、当時、設置から四年が経過していた小学校の宗教科の是非をめぐる激しい論争がなされた。特に注目されるのは、憲法学者ビュレント・ヌーリ・エセンの発言と、それへの反応である。

エセンは、イスタンブル大学法学部を卒業した後、一九三七年にパリ大学で法学博士号を取得、その後一九三九年よりアンカラ法学校 Ankara Hukuk Fakültesi に勤め、一九五三年の時点では一九四六年にアンカラ大学法学部へ改組した同学部で教授として働いていた。彼はトルコで最も著名な法学者の一人であり、一九三八年から四六年まで、すなわち宗教教育の再開が議論される前の時代に教育相を務めていたハサン・アーリ・ユジェルの弁護士でもあった。それでは以下で、第五回教育諮問会議の内容を見ていきたい。

エセンは会議において、公教育内で宗教教育が行われることは憲法のライクリキ原則に反すると主張した。彼は、ムスタファ・ケマル・アタテュルクが一九二五年に行った国民教育に関する演説に言及し、アタテュルクが、宗教教育は国民のための教育のなかに入らないと述べたことに触れ、一九五三年という時代においてこの問題を議論することは、時代に逆行していることを示しながら、以下のように続けた(14)。

一九四八年に公布された［国連の］世界人権宣言には私たちも調印しました。この議定書の第一八条には、すべての人は信条と宗教的信仰において自由である、とあります。ただ民間のなかで行われる教育によってのみ、これ［信条と宗教的信仰を涵養する教育］をまっとうすることができるのです。私たちは公教育を使って、これを行ってはいけません。問題の根本についてなぜあなた方は議論してこなかったのでしょうか。僭越ながら申し上げますが、トルコは神権国家ではありません。あなた方が行った試みは、パキスタンの憲法にならばまさに適当でしょうが。しかしながら、パキスタンは神権国家です。トルコは神権国家ではありません。自由な市民を養成したければ、信仰に関しても自由に解放しなければなりません。どうか、私たちの任務をしっかりとした頭で検討しましょう。私は法学者であり、法律に依拠した人間として、憲法に依拠した人間として申し上げているのです。この科目が指導要領から削除されることを、私たちは請願しなければなりませんでした。まさに私はこの請願をするためにここ［壇上］に上がったのです（拍手）(15)。

このように、エセンはトルコの法律に加え、世界人権宣言にある信条と宗教的信仰における自由の保障を理由に、公教育内の宗教教育の実施に反対した。これに対して、イスタンブル高等師範学校教師を務めるラウフ・ミラルは以下のようにエセンを批判し、宗教科の継続を主張した。

私はおそらく、法学者の友人に答えられるような［知識を有した］状態にはございません。しかしながら、わたくしめも現実を見ているのです。私たちは強制的に子どもたちに宗教科を受けさせているわけではありません。憲兵や警察を動員させて［強要して］いるのではありません。強制的な状況はありません。私たちは人々の希望を叶えているのです。監視されているわけでも、集団で礼拝をするわけでもありません。そのため、人権を侵害するようなことはここには見当たりません。［…］

［…］［これに対し、］宗教の信仰を吹き込もうとする者たちが存在します。私たちはこれらの人々を無法者、盲信者と呼んでいます。私たちは子どもたちをこれらの人々の手には任せずに、こうして話し合った計画のなかで育てる義務があるのです。(16)

ミラルは、子どもたちが「無法者」や「盲信者」の手に渡らないようにするための方策として、国家が宗教教育を管理する必要性を説いている。そして、宗教科の受講が自由であること、授業では信仰の実践が求められていないことを理由に、人権が保障されていないというエセンの主張に反論している。授業中に生徒が礼拝するようなことはないと断言していることからは、当時の教育関係者たちが、特定の信仰に基づいた宗教教育を行うことは許容していたのに対し、授業で宗教実践を行わせることは人権侵害と見なされうると捉えていたことがうかがえる。

テヴフィク・イレリ（Tevfik İleri, 一九一一―一九六一年）教育相も、ライクリキ原則を侵害するような力は政府にはないこと、宗教教育が国民の要望から導入されたこと、国家としてそれを無視することはできないこと、さらに受講しないという選択肢を与えているために「良心の自由に対するこれ以上の敬意」はなく、宗教教育が他の者の手に渡ることでより危険な結果につながることなど、ミラルによって主張された内容と同じことを繰り返した。そして、「このような議題のなかで、ムスタファ・ケマルの偉大な名を用いるのは間違っています」と述べ、アタテュルクの名のもとで宗教教育廃止の正当性を主張することを批判すると同時に、アタテュルクの時代に導師・説教師養成学校が開校されたことを指摘し、アタテュルクが公教育内の宗教教育の実施に反対していなかったことを示唆した。さらに、宗教科が進級に影響のない科目として継続されるべきという委員会の意見にも反対し、進級に影響のある科目とすべきことを主張した[17]。

民主党政権期のイスラーム運動に関する著書のなかで、シャーバン・スィテムボリュクバシュは、この時代に「イスラーム主義」――ここではイスラームの社会表出などを推進するための政治運動を志向する考えを指すものと思われる――に共感する人々が議員として表れたと論じている。彼らは「国民の信仰の前線」、特に前述の言論人であるクサキュレキからは「白い翼」などと呼ばれ、メンデレスや民主党幹部が許容する範囲のなかで、宗教に関する事柄について発言力をもつグループを形成したという[18]。スィテムボリュクバシュは、そうした「イスラーム主義への共感者である議員」の筆頭としてイレリを挙げている。これまでの教育諮問会議においては、議論の最中に教育相が自身の見解などを話すことはなかったが、イレリ教育相は「国民の信仰の前線」としての使命感を持ち、以上のような積極的な発言を行ったものと考えられる。イレリの政治的思想はおそらく周知のことであり、彼を教育相に据えるという人選には、公教育における宗教教育を是とする当時の民主党政権の姿勢が表れていると言えよう。

イレリの後に発言したベキル・テュルクも、社会における宗教の重要性を説き、ライクリキは「宗教の前線ではありません。反動に対抗するためにつくられた前線なのです」と述べ、ライクリキが宗教に反対するものではないことを主張した[19]。

こうした意見を受け、エセンは再び、「宗教教育の問題において考えなければならない点は、社会にとって、宗教と呼ばれる制度が必要かどうかではな」く、「国家として、私たちが宗教的な事柄に従事できるかどうかということであ」ると反論し、これまでの発言者のライクリキ理解が間違っていることを主張した[20]。アタテュルクの名前を挙げたことでイレリ教育相から批判されたことに対しては、自身が「アタテュルクの名［を利用することでそ］の神聖さを汚す者たち」とは異なることを述べ、以下のように反論した。

このことについて申し上げたいのですが、国家においてライクリキ原則に反する、学校における宗教教育の実施といったような国家の依拠する主要な法律の考えに反する問題を議論する際に、この国をつくった人物に言及しないことは不可能でしょう。その髪は穂のように黄金色で、その眼は大海のように青いムスタファ・ケマルは、私たちの内に存在しているのです。このような重要な問題において［その名を］出さないで、どのような問題で出すのでしょうか。(21)

続けてエセンは、これまで自身はなぜトルコにおいて学校における宗教教育の実施が議題となりえるのかわからなかったが、この会議の議論から、「国民がそう望む」ためであると理解したと皮肉を述べ、「国民の要望に応えることが民主主義なのではありません。［…］民主主義の主要な考え、原則のひとつが、国家のライクリキ原則なのです」と、これまでの発言者の見解を批判し、以下のように続けた。(22)

私が本当にお話ししたいことは、教師をこの仕事に任ずることができるかどうかという点です。わたくしめはこれを理解したいと思っております。教師というのは、宗教上の信条と信仰が明白ではない人たちです。明らかな状況に鑑みれば、そういった人物に特定の信仰に関する教育を課すことはありえません。教師は、あらゆる文明的な社会において個人が不変の知識として知るべき道徳の原則を教える責任があるのです。何らかの宗教に偏った方向で知識を与えたり、説いたりしようとすれば、良心にかけて私たちが自由に育てるべき子どもたちは、自由を失ってしまいます。(23)

さらにエセンは、宗教的な感情を抱かせるような教育を行うことは、子どもの自由を奪うことであると主張した。彼は、「宗教的信仰は、性向の問題であ」るという見解も述べており、そこからは、彼が、信仰は個人的なものであり、各人の意向に任せられることが必要だと理解していたことがわかる。そして、この観点から、生徒の自由と同様に、教師に宗教に関する知識の教授が任せられること、信仰を涵養する教育を行わせることが、教師の自由を侵害するものであるという旨を主張し、宗教教育は、宗教者 din adamı が行う必要があると述べた。エセンの発言中、「教師はムスリムじゃないのか？」と口を挟み、教師がムスリムであるならば、その教師が宗教教育を教えることに問題はないという趣旨の主張をした参加者がいたように、当時の教育関係者の良心の自由に対する理解は政府が主張するそれと同じものであり、エセンの議論の真意を理解していない、あるいは意図的にそれを無視しようとしたことがうかがえる。(24)

この会議には、国民教育省の法律顧問を務めていたイスマイル・ハック・ウルゲン（İsmail Hakkı Ülgen, 一九一四年―没年不詳）も参加していた。(25) エセンと同世代のウルゲンはアンカラ法学校を卒業した法学者であり、後の一九六〇年には行政裁判所に勤務することになる人物である。(26) 彼は、保護者は「良心の自由に従って」子どもの宗教科受講の有無を決めることができるため、宗教科は良心の自由を侵害するものではなく、ライクリキは、そもそも憲法にも他の法律にもその意味が定義されていない言葉であり、ライクリキはすなわち「社会的な政治信条」であると主張した。(27) そして、政治信条は国家の社会状況、国民の必要性や義務に従い、形を変え、実践の方法をとるものであり、トルコでは宗教的な事柄に国家予算が割かれており、これがライクリキに反すると見なされていない以上、宗教教育を認めるべきだとする。こうした前提のもと、ウルゲンは、国家は国民社会における政治的な組織であるために、同じく国民社会のなかで役割を有する宗教を放置するわけにはいかず、宗教的な事柄に国家が関与している状況を当然のこととして捉えるべきだと現状の政教関係のあり方を肯定する見解を述べた。このように、ウルゲンは、ライクリキの意味自体を重視するのではなく、国家が宗教的な事柄に国費を使用し、管理しているという現状に鑑みて政教関係を捉えるべきだと主張したのである。また、彼は、ライクリキを掲げる国家の学校においては、宗教教育は実施されないのではなく、科学的、客観的な方法によってのみ行われるとも述べた。(28) 前章で見てきたように、小学校の宗教科の内容は特定のイスラームの教えを涵養するための宗派教育であることは明らかであるが、当時、客観的な観点からの宗教知識教育などの発想、教育方法が普及していなかったためか、この発言からは、ウルゲンが小学校で行われていた宗教教育を科学的、客観的だと考えていた、あるいは宗教科の継続を主張するために実際の教育内容には注意を払わずに議論を行ったものと見ることができる。

加えて、ウルゲンは非ムスリムの観点から宗教教育の実施の重要性を説いた。彼は、非ムスリムたちが以前から自由に宗教教育を行っていたことを指摘し、宗教科の実施によって、政府は一九二六年に制定された民法第二六六条の規定「子どもの宗教教育の決定は母、父に従う」という権利を非ムスリムだけではなく、ムスリムも行使できる場をつくったと、宗教科の意義を評価する。そして、ライクリキを掲げる他の国においても宗教教育は行われていると主張し、エセンの「神権国家」に関する発言などは間違いであると批判した(29)。彼によれば、国教規定の廃止によって、「私たち［の国］においては、ライクリキ原則は一九二八年の憲法によって認められ」、それは「一九三七年(30)において用語としても私たちの憲法に入った」のだという。そして彼は、その後の一九三〇年代末まで宗教教育が小学校においてて行われていたのだから、宗教教育は「トルコ共和国の国家や議会、政府のライクリキ理解に、昔も、そして今も反しません。まさに現実と実践はこのようになっているのです」と述べ、宗教教育の実施がライクリキに反しないことを主張した(31)。一九二八年憲法における国教の廃止をすなわちライクリキの承認と捉える見方は、おそらくこれまで挙げられておらず、このことからはまさに宗教教育こそがトルコにおいてライクリキをめぐる議論を展開させる機会を提供したことがうかがえる。以上のように、ウルゲンはライクリキのあり方や意味を拡大させ、あえて曖昧にすることによって、エセンが主張する厳格な「政教分離」の意味としてのライクリキを否定し、「現実と実践」に鑑みたライクリキ理解が正しいライクリキであるという主張を行った。

この会議では宗教教育への賛成意見が圧倒的に優勢であるなか、エセン以外にも宗教教育へ否定的な見解を述べた参加者がいた。ガーズィ教育機構の教師であるフアト・ギュンデュズアルプは、宗教教育に関する事柄がこれまで十分に議論されないまま宗教科が開始されたこと、そうした議論を欠いた状況が継続していることに懸念を表した。そして、学校で宗教教育を行うことで、保護者たちが儀礼などの信仰実践を学校で教授するよう求める可能性があり、それに対して教師はそうした指導を強制されてはならないと、宗教科の実施に難色を示した。この点について彼が、学校においては実験や実地といった教育手法がとられているため、他の科目において実験室や農地などがそれぞれ必要なように、宗教科を続ければ学校に礼拝所が必要になってくると発言したところ、イレリ教育相はそのようなことは「ありえない」と即座に口を挟み、これを否定した(32)。これまでの議論からもうかがえるように、宗教教育に賛成する人々も学校で宗教実践が行われることは避けられるべきだと考えており、会議では宗教教育内の宗教実践という内容自体に関して意見が交わされることはなかった。宗教教育の継続に賛成する者たちは、宗教教育の実施においては実践と知識の教授がまったくの別物であるという理解を前提とし、それに対する議論を行わないことで宗教教育の拡大への批判を防ごうとしたと見ることができる。

会議では宗教科の内容や教師の資質についての議論もなされ、学習指導要領の変更の要請もなされた。内容に関しては、例えばイスタンブル大学のある教員は、学校の授業において、教師は「論理に依拠したことを言い、それを実証する」という方法をとっている一方、「宗教は論理と適合しえず」、教師は宗教科において生徒の質問に答えられない場合があり、それにより「他の授業においても、その教師は権威を失ってしまう」恐れがあるため、担任や他の授業を教える教師は、宗教科の教授を任せられるべきではないと主張した(33)。この発言は、宗教的な知と近代科学の知のあいだに明確な線引きがなされていることを前提としたものであり、この主張に対する批判が特になされなかったことからは、この時代において、宗教教育に賛成する者たちのあいだでも、宗教教育とそうでない教育の違いが意識されていたことが確認できる。

一九四七年の時点では宗教教育の実施に反対していた、前述のペヤミ・サファもこの諮問会議に参加しており、彼はこの会議においては宗教教育に賛成の意を示した。エセンはこの時点において、おそらくは他の参加者たちとあまりに議論が噛み合わないためか、途中で会議を退席してその場にいなかった。サファは、エセンが法だけではなく、トルコや世界の規則について学ぶ必要があることを述べ、エセンの退場を指して、「真実の太陽が昇ると感じたのでしょう、雲のように散って［消えて］しまいました」と嘲った。[34] 彼は、一九四七年においては宗教と道徳の別を強調していたが、この会議では、「宗教の敵となることと、道徳の敵となることのあいだには何の違いもありません。国家の学習指導要領に自身の良心を適合させない教師には辞職がふさわしいでしょう」と述べ、教育関係者が宗教科に反対することを許さない姿勢を強く示した。[35] サファは一九四〇年代においては共和人民党寄りであり、その後、一九五〇年に同党から出馬し、落選していた。一方、一九五〇年に民主党が政権を握り、反共産主義姿勢を強めていくと、それに共感した彼は民主党寄りになっていったと言われている。[36] 宗教と道徳に関するサファの見解の劇的な変化の背景には、彼のこうした経験と情勢の変化があったと考えられ、一九四〇年代から五〇年代にかけて宗教教育をめぐる政治的な議論の風向きが大きく変わるなかで、宗教に対する個人の見解も変化しえたのを見ることができる。

この会議には、ギリシア人学校とユダヤ人学校の校長も参加していた。彼らは各学校においてそれぞれの宗教・宗派の教育を行っている旨を端的に述べ、宗教科の継続に賛成の意を示した。彼らの発言は拍手をもって迎えられた。[37] 一九四〇年代の宗教教育の実施をめぐる議論において、非ムスリムは議論の場に登場することはなかった。イスラーム教育の再開を主張する人々は、非ムスリムを「自由に宗教教育を行っている国民」と強調し、「私たちムスリム」の状況と殊更に対比させることで、イスラーム教育の再開を説得的に説明していた。ゆえに、教育諮問会議における非ムスリムの教育者たちの迎合的な態度は、宗教マイノリティである自分たちの宗教的自由を守るためには、ムスリムが同様の宗教的自由を享受することを支持すべきであるという発想に起因していると考えられる。このように、トルコにおける宗教教育の是非をめぐる議論では、宗教マイノリティは主体として登場することはなく、政教分離を志向するムスリムと、国家による宗教の管理を擁護するムスリムが議論の主体であったこと、それと同時に、ローザンヌ条約によって保障された宗教マイノリティの信教・良心の自由が、イスラーム教育の再開、そして継続が議論される際に、参照軸としての意味を有したことを確認することができる。

このように、第五回国民教育諮問会議では法学者であるエセンが登壇し、宗教教育への批判を明確に述べたことで、これまでにないほど宗教教育の是非について白熱した議論がなされた。結果として宗教科は継続され、その指導内容も現状のまま実施されることとなり、変更点として、宗教科は進級に影響を持つ科目となることが決定された[38]。トルコでは小学校においても留年制度がとられていたことを考えると、この変更からは宗教科の重要性が高められたと見ることができる。教師の宗教科教授を可能にするため、一九五三年から初等教員養成学校の九、一〇年次（高校一、二年次に相当）に週一時間、必修科目として宗教科が設けられることになった[39]。

国民教育諮問会議の決定は一部の人々の反発を呼び、ニハト・エリムは、会議の五日後付の『ウルス』紙に、会議の決定を批判する論説を発表した。彼は、一九四八年にライクリキの維持を条件に宗教教育の実施を容認する発言を行っていたように、宗教を利用して国民の支持を得ようとする政治家たちを、「人衆を、その宗教心を撫でることで自身の側に引きつけようと期待し」ていると批判し、ライクリキの字義通り、あくまでも政治が宗教に対して中立である必要があることを強調した。そして、「西洋のライクな諸国家で見られるような形で、［トルコは］正規の授業時間外において子どもたちに宗教教育を与える仕組みを考えず、対策を講じなかった。このような取り組みがなされていれば、法律の点からどのような問題も生じなかっただろう」と述べた[40]。この見解に、元々は宗教教育について議会で議論することさえも反対していたエリムが宗教塾の形をとった宗教教育には賛成した理由、そして公教育内の宗教教育に反対する理由が表れている。公教育内で宗教教育を実施することへの反対意見は、以下で見ていくように裁判にまで発展していく。

宗教教育をめぐる裁判——憲法学者エセンの敗訴

トルコ共和国では、公教育内での宗教教育をめぐって複数回にわたり裁判が行われており、以下で見ていくのは、それらのうちの最初のひとつである。この裁判の原告となったのは、前述の憲法学者ビュレント・ヌーリ・エセンだった。先に述べたように、エセンは元教育相ユジェルの弁護士でもあった。それゆえに、ユジェルやエセンに敵対的なメディアでは、エセンは本名ではなく、「ユジェルの弁護士」と揶揄した形で呼ばれ、エセンが起こした裁判も同様に「ハサン・アーリ・ユジェルの弁護士の奇妙な裁判」として批判された[41]。

エセンは、第五回教育諮問会議において積極的に発言を行ったにもかかわらず、その見解が会議の他の参加者に聞き入れられず、宗教科が継続される結果を受けると、その数ヶ月後の一九五三年内に、国民教育省を相手に宗教教育をめぐって行政裁判所にて訴訟を起こした。エセンは以前にも一度、一九五〇年から五一年にかけて国民教育省を相手に同様の訴えを起こしていた。しかしながら、そのときはエセンの子どもが宗教科を受ける学年に達しておらず、宗教科の実施は原告の利益を侵害しないという理由から裁判は棄却されており、一九五三年、エセンの子どもが宗教科を受ける年齢に達したことで再び同じ内容で裁判を起こしたのだった[42]。

エセンと並び、当時のトルコにおける代表的な法学者の一人であったビュレント・ダーヴェルによれば、公教育における宗教教育に反対するエセンの主張は以下の三点にまとめられるという。一点目は、公立学校において宗教教育を行うことは、憲法の第二条にあるライクリキ原則に反している。なぜなら、「ライクな国家」（ライクリキを掲げる国家）は、宗教教育を行う権限を持たないからである。二点目は、宗教科は良心の自由にも反している。なぜなら、「両親が子どもの宗教科の受講を求めない場合、現行ではその旨を文書で学校運営本部に知らせなければならず、この時点で個人が宗教的見解を明らかにすることが強制され」ており、これは良心の自由に反するからである。三点目は、「近代国家における税の原則に反している。［なぜなら、］税により開校され、機能している公立学校」において「ある特定の宗教上の信仰を広めること」は税の配分の観点から間違っている、というものである。これに対する国民教育省の主張を、ダーヴェルは以下の二点にまとめている。一点目は、「ライクリキは社会的な政治信条であ」り、時代と場所により臨機応変に変わるもので、「ライクリキに反するのは、宗教科が教授されることではなく、科目の学習指導要領が宗教的基盤 dini esaslar に従って作成されることである」という。ダーヴェルはこの点に関する説明を行っていないが、おそらく国民教育省の意図は、宗教科は特定の信仰を涵養する教育ではないという主張に基づいていると考えられる。二つ目は、宗教科は義務ではなく、望まない子どもは受講しなくてもよいために、同科目の実施は良心の自由に反していない、という主張である。国民教育省は、エセンによる主張の三点目、税の配分の面での不当性に関する応答は行っていない[43]。

結果として、行政裁判所は一九五三年のこの訴えも棄却した。判決文は以下の通りである。

原告と被告はライクリキを一番の根幹にしながら、西洋の法律、理論、実践をあげて、広く主張と反論を行った。しかしながら、科学的な根拠を利用することは常に必要で可能であるとしても、法律にある判断の意味を確定するにあたって、その判断をもたらした歴史的、社会的、政治的要因を片時も忘れないようにしなければならない。こうした考えにより、ライクリキ原則の価値を調査するにあたっては、まず、国民の歴史に目を向けること、この原則の受容を必要と見なした歴史的な必然性をよく考慮することが必要である。宗教的な口実によって、統治権にはつねに干渉がなされてきた。ライクリキ原則の、私たちの憲法における受容に関するトルコ大国民議会常会で行われた審議に関する議事録の調査からは、［この］法の施行の狙いとライクリキ原則によって理解される意味を知ることができる。

この審議において、宗務局が［国家］予算のなかに留まることを含め、ライクリキ原則に反するとは見なされなかった。その後で、神学部の設置に関して、法律が常会において審議された結果として明らかにされたライクリキの概念は、文明世界の共通の財産である科学と法律を根幹として得られた着想によって、国民の歴史が試練と災難を乗り越えて、国家的な意味をもつために形づくられた概念である。それゆえに、こうした考えのもと、小学校において選択希望制として宗教科が教えられることを承認した決定が憲法のライクリキ原則に反するという主張を棄却する必要があるとの見解に至った。このようにして、「原告によって」表明された主張が実現することがないことが明らかになった以上、授業の選択希望制という特徴は、憲法の良心の自由のような、ムスリム個人の自由に害を与えないことは明白である[44]。

この判決文からは、西洋の理念をもとにライクリキ原則を理解し、それに従って宗教教育の是非を考えるよりも、トルコの歴史を考慮し、それによってトルコにおいてライクリキが意図することを理解し、その理解に照らして宗教教育を評価することが必要であるとの主張が見てとれる。トルコのライクリキの成り立ちについては判決文では明示されていないが、判決文からは、トルコのライクリキは宗教が国家に干渉することを防ぐために導入されたものであり、国家が宗教に関与することは容認されると理解されていることがうかがえる。これは、先の教育諮問会議で、「現実と実践」に鑑みたライクリキ理解を正しいライクリキであると主張し、エセンのライクリキ理解を否定したウルゲンの発言と同様のものであると見ることができる。

ダーヴェルは、一九五一年および一九五三年の裁判の両方とも、宗教教育がライクリキに反するか否かという問題には触れられずに棄却されたと解釈している[45]。こうしてエセンの訴えは退けられたが、彼はその後も宗教科が憲法違反であるという主張を続けた[46]。エセンが敗訴した知らせは各紙で第一面を使って報じられたが、同一九五三年から民主党政権が出版物への規制に着手していたためか、判決に対する解釈や見解は提示されなかった[47]。

実際に、宗教科の実施は一九五三年の時点では国民の大多数から受け入れられる雰囲気にあり、それを批判する者は少なくなっていた。一九四九／五〇年度における四、五年次の宗教科の授業には、普通小学校で学ぶ非ムスリムを含む九九％、一九五〇／五一年度の授業には九九・三％もの生徒が出席していたと言われており、出席状況からは、同科目が国民から歓迎されたと理解することができる[48]。一九五四年、ベイルート・アメリカン大学で教鞭を執っていたA・T・J・マシューズが、若手公務員と、アンカラ大学政治学部の学生、すなわち当時の公務員候補に行った調査によれば、公立学校において宗教が教えられることについて、公務員の七〇％、学生の五九％が賛成したという。ただし、公務員の一五％、学生の三六％が「どちらとも言えない」と回答していたことからは、教育諮問会議で見られたのと同様、宗教教育の開始後も、その是非をめぐる見解には決着がついたわけではなかったこともうかがえる。(49)

三、中学校への宗教科の導入

民主党は、一九五四年の総選挙でも五六・六％の得票率で勝利し、引き続き与党の座を維持することとなった。すると、メンデレス首相は、一九五三年より着手していた出版規制など、自由を制限する態度を強化し、以降は独裁的な傾向を顕著にしていく。こうしたなか、メンデレス首相は一九五六年、国民に対し、中学校に宗教教育を導入する旨を発表した。結果として、十分な議論を経ないまま同年内に中学校へ宗教科が設けられ、これに続くように、民主党政権のイスラーム教育の拡充政策は高等教育へも敷衍されていった。本節では中学校への宗教科導入の過程を扱うことで、政治家たちが、一九五〇年代後半の公教育における宗教教育の拡大をどのようにライクリキと整合性を持たせて説明していったのかを見ていく。

宗教教育に関するメンデレス首相の演説

一九五四年の総選挙後、メンデレスは、自身に批判的な公務員の排除を狙ってその早期退職制度を導入したのをはじめ、一九五六年には出版法を強化して言論統制を図った。さらに、政治集会を禁止し、最大野党である共和人民党などの、民主党に対抗する政治家の活動を妨害し始めた。これと並行して、民主党政権は、同党の支持基盤であり、宗教的価値を重視する農村部の人々からの人気に応えるべく、一九五四年には、一九五一年に正式な学校へと格上げされていた導師・説教師養成学校に関して、その卒業生が入学するための高等部（高校に相当）を開校するなど、引き続き宗教教育の拡大に積極的な姿勢を示した[50]。民主党政権のこうした姿勢は、共和人民党を支持する都市部の知識人層、官僚、そして軍関係者の民主党に対する不満につながっていく[51]。
　こうしたなか、民主党結党一〇周年記念の日にあたる一九五六年一月七日、メンデレス首相は国民の支持をより強いものとするため、オスマン帝国の古都であり、宗教色の濃い北西部の都市ブルサにおいて演説を行い、中学校に宗教教育を導入することを発表した。以下では、メンデレスの演説を民主党機関紙『ザフェル』の記事から引用する。

　ここで、あなた方に私たちのライクリキ理解についてもお話ししたいと思います。ライクリキは、一方では宗教と政治が互いに分離しているという意味、他方では良心の自由という意味があります。宗教と政治が、はっきりと互いに分離するという基本［理解］において、最も小さなためらいでさえ、私たちは許容することはありません。良心の自由に関してですが、トルコ国民はムスリムであり、ムスリムのままであり続けます。子ども、将来の世代に自らの宗教を説くこと、その基礎と信条を教えることは、［トルコ人が］永遠にムスリムであることの、議論の余地のない条件であります。もし学校に宗教科がなければ、子どもに宗教を教えることを望む国民はこの機会を奪われることになります。ムスリムの子どもは、自らの宗教を学ぶことのような当然の権利を奪われてはなりません。このような剝奪、機会の欠如は、良心の自由に適合しているとは言えません。このために、私たちの中学校に宗教科を設けることは適切な対策となるでしょう。私たちは、無宗教の社会や国民が永続するとは思いません。私たちは、最も発展した国民を含め、彼らが、宗教と政治、そして現世の事柄を互いに分離した後に、どれほど宗教への結びつきを保っているかを当然知っています。今日の段階において、私たちの誇り高い国民に、［宗教を否定する］狂信の押しつけを適当とすることはありえないでしょう。私たちの国民は宗教にしっかりと結びついているように、概して、宗教を最も美しい心で自分たちのものにしています。イスラームは私たちの国民の良心のなかで浄化された水準にあるのです[52]。

これに加えて、メンデレスは演説のなかで、導師・説教師養成学校高等部の卒業生が入学するための高等宗教教育機関の設立を目指していること、また、宗教的職能者の給与を上げることなどを述べたことも報じられた。別の新聞記事によれば、メンデレスは、これから設けられることになる中学校の宗教科が中学校で教えられる科目のなかで最も重要な科目となると認識しているとも発言したという[53]。

メンデレスは、ライクリキには政教分離と良心の自由の二つの意味があると述べ、前者に関しては政治と宗教の相互的な分離であると主張している。良心の自由について述べられた「トルコ国民はムスリムであり、ムスリムのままであり続け」るという言葉は、ムスリムの信仰の自由が保障されること、それがすなわち良心の自由であるという理解からなされたものと考えられる。メンデレスは信仰深い祖母に育てられ、学生時代にはキリスト教の宣教師たちがムスリムの学生たちに布教活動を行っていたのを見て、政治家としてこれに対策を講じるようバヤルに要請したとも言われている[54]。無宗教の社会や国民が永続するとは思わないという文言は、「宗教のない国民の存続は不可能である」というアタテュルクの言葉に由来するものだと思われ[55]、建国の父であるアタテュルクの発言を想起させることによって、メンデレスは自身の主張が共和国の体制に反しないことを示そうとしたものと考えられる。

宗教教育に関するメンデレスの主張の内容は、共和人民党政府が宗教教育を再開する際に行ってきた主張、すなわち、ライクリキのもつ良心の自由の側面を強調し、それを保障するために宗教教育を正当化するという点では同じである。同時に、ムスリムがムスリムのままでいるために、子どもたちに宗教教育を教授することを「当然の権利」と見なすという主張からは、共和人民党政権が反動への対抗策という消極的な形で宗教教育を再開したのに対し、民主党政権は、国家が国民の信仰を積極的に保障していくという態度を採用したのを見ることができる。このように、メンデレスの演説は、宗教教育の拡大を主張するものとなっただけではなく、宗教教育をめぐる政府の姿勢がこれまでのものから転換したことを示すものともなった。

演説の引用後半部分では、政教分離が行われてもなお、「最も発展した」国々の国民さえも宗教と密接に結びついているとの理解が提示されており、これは、トルコ国民もそうした国民に倣い、イスラームとの結びつきを失う必要はないことを主張するものと見ることができる。トルコ国民とイスラームの関係を示すにあたって用いられた「結びつ」くという表現は、この演説のなかでメンデレスが述べたライクリキのもうひとつの意味、すなわち政教分離との対比を際立たせるものとなっており、この演説は、彼の主張するライクリキは政教分離を否定しているとして捉えられうるものだった。メンデレスのこうした発言は当然のことながら、民主党に敵対する人々の目を逃れることはなく、『ウルス』紙や『ヴァキト』紙はこの演説から、メンデレスが「宗教的な事柄 din işleri と現世的な事柄 dünya işleri は分かちえない」と主張したとし、ライクリキを侵害する発言そのものであると批判を行った[56]。中学校への宗教科の導入に関してなされた、ライクリキを否定するかのようなメンデレスのこの演説は、彼の強硬で独断的な態度の表れと見なされ、大きな反響を呼ぶこととなった。

メンデレスの演説への批判

宗教と現世の事柄の分離を否定したとされるメンデレスの発言は、共和人民党支持者にとっては彼を批判する格好の材料となり、一部の法律家たちにとっても問題発言として受け止められた。『ヴァキト』紙によれば、民主党は「宗教を政治の道具にしている」として、ある弁護士団が同党の解党を求めて訴訟を起こしたという[57]。一九二六年に公布された刑法では第一六三条により、政治的、経済的、社会的、法的な目的により、宗教を利用してプロパガンダを行うことが禁止されている[58]。メンデレス首相の発言は、この法律、そしてライクリキに抵触するものとして批判されることになった。例として、『ヴァキト』紙の経営者で記者のアースム・ウスによる「宗教と政治」という題名の記事を見てみたい。

アドナン・メンデレス首相は中学校に宗教科を設けるにあたり、「宗教的な事柄はいつなんどきも現世の事柄から分かちえない」と発言したが、彼は、憲法にある、宗教と現世の事柄を分かつライクリキ原則に反してしまったことに気づかなかったようだ。さらには、宗教を政治の道具にすることを禁止する刑法の規定も思い出せなかったように思われる。

ライクリキ原則に依拠した共和国の法律は、いつなんどきも国のなかで宗教の授業を禁止したことはない。教育省の許可と管理のもとになされるのであれば、どのような宗教者もトルコの子どもたちに宗教科を教えることができる。この授業を受け持つ者たちはまた、政府の許可のもとで、公的な教育機関を利用することができる。禁止されているのは、管轄当局から隠れて宗教教育を行うことである。しかしながら、アドナン・メンデレスの言及したことは、このことではない。どのようなときも宗教的な事柄と現世的な事柄を分かつことは正しくないという主張によって、彼はアタテュルクの革命の基礎を破壊したことになったのだ。(59)

ウスは、ライクリキは「宗教と現世の事柄を分かつ」原則であるという解釈を主張しながらも、公教育内において宗教教育が行われることは容認しており、一九四八年以降の共和人民党の方向性を継承していると言える。ウスの主張からは、この時代にも、アタテュルクの革命からの逸脱を指摘することで政権を批判する方法が一定程度には有効であったことが見てとれる。

また、反動という言葉を用いて宗教教育の拡大に反対する声も依然として挙げられていた。当時、開講七年目を迎えるアンカラ大学神学部の学部長であったサブリ・シャーキル・アンサイ教授は、新聞記者に中学校への宗教科の導入について尋ねられると、「個人的には賛成していません。なぜなら、その結果は反動につながりかねないからです。私たちの市民はまだこれを理解する状態にまで至っていません」と答えたという。(60)このように、宗教教育の拡大は、宗教教育に従事する立場にある神学者からも手放しで賛成されたわけではなかった。こうした背景には、共和国初期においてそうであったように、宗教に関連して反政府的、反社会的な動きが起きた場合、世俗化を是とするケマリストたちが宗教に対する否定的な見解を強めることへの懸念があったものと考えられる。

中学校に宗教科を設けるというメンデレスの発表は前触れなくなされたものであったため、民主党に批判的な『イェニ・サバ』紙は、教育相アフメト・オゼルさえも宗教科の導入について知らされていなかったとする記事を掲載した。(61) 翌日、オゼル教育相はこれを否定し、以前から宗教科について首相と話し合いを行っており、その導入については合意に至っていること、ただし、担当教師の確保といった実務的な課題が残っているために、実施まで時間が必要であることなどを発表した。(62)

メンデレス首相の演説が問題発言として受けとめられると、共和人民党はすかさずライクリキに関する党の見解を発表した。一月一六日付の『ウルス』紙は、「共和人民党は宗教を決して政治の道具にしない」という題名のもと、第一面を使って、その前日に行われた共和人民党党集会の記事を掲載した。(63)『ウルス』紙によれば、党集会にあたって党書記長カスム・ギュレキは、「宗教は人間の最も偉大な財産です。それを政治の懸案の外に置いておくべきです。ライクリキは、宗教に日々の政治や票を獲得させる道具より上位の、重要な地位を与えるということです。共和人民党は、宗教を決して日々の政治の玩具にはしません。革命主義の道を貫きます」と述べたという。このように、ギュレキは、共和人民党が依然としてライクリキの政教分離の側面の維持を厳守していること、そしてそれを宗教への尊重と結びつけて表現することで、同党が宗教とライクリキの両方の守護者であることをアピールした。

民主党と共和人民党のあいだの応酬は、一九四七年の共和人民党党大会と、その当時の民主党党首の発言を想起させる。第3章で見てきたように、共和人民党が宗教規制の緩和政策を取る姿勢を見せるや否や、当時、民主党党首であったバヤルは、同党は宗教を「政治の道具」とすることを認めないと述べていた。このことが示すように、一九四〇年代末以降の共和人民党と民主党の宗教政策の性格には大きな差違が見られたわけではなかった。民主党と共和人民党の双方にとって、宗教を尊重する姿勢を国民に見せることは、もはや党の存続に欠かせない戦略となっており、問題は、宗教をいかに扱うか、どのように宗教を尊重する姿勢を示すか、そして、党の宗教政策とライクリキをいかに整合性を持たせて説明するか、というものになっていた。以上のように、一九四〇年代後半より、政党の別なく、宗教は国民の支持を獲得するための「政治の道具」としての地位を獲得し、一九五〇年代に入り、それは確固たるものとなっていったのである。

宗教教育をめぐってなされた議会審議

一九五六年三月二八日、メンデレスの演説から三ヶ月と経たないうちに、議会において中学校の宗教教育について審議がなされた。メンデレスの意向により、国民教育省はすでに中学校への宗教科導入を決定しており、それを受けて、議員たちからの要請により、その教育内容や実施の是非について議論する場としてこの審議の時間が設けられたのだった。

議会では、中学校への宗教教育の導入に賛成する立場から、その内容についての主張が二名によって出された一方、ユスフ・ヒクメト・バユル（Yusuf Hikmet Bayur, 一八九一―一九八〇年）議員は中学校への宗教科導入に反対意見を述べた。バユルは、ガラタサライ・リセ、そしてパリ大学理学部を卒業した後、共和国建国期に外交官として働いた経験をもち、歴史書の執筆などでも知られる人物である。一九三五年から共和人民党の議員となり、一九四六年に同党を離れた後、一九五四年に新しく民主党議員となっていた(64)。バユルは、中学校でもイスラームの基礎が学ばれることについて、イスラームの基礎を学ぶのに、小学校と中学校の宗教科を合わせた「五、六年間」は長く、小学校の授業で十分であることを述べた。そして、宗教科で教授される内容と、現行の法律や、公民科などの他の科目で教えられる内容が矛盾し、生徒が混乱することになるという主張を行った。彼は例として、一夫多妻の容認や非ムスリムのみに課される税、カリフ制やスルタン制といった、共和国が撤廃した「シャリーア」を教えることが共和国に反する人材を育てることにならないかという懸念を表明し、中学校に宗教科を設置することに反対した(65)。

バユルの意見を受け、同じく民主党議員のジェミル・ベンギュは、国民教育相代理として、以下のように返答した。

最初にここで申し上げておきますと、小学校で実施されている宗教教育においてそうであるように、中学校における宗教科が、逸脱や迷信から離れ、宗教の道徳、信仰、儀礼に関する基礎を教えるという任務を遂行する以外の目的や狙いをもちうると考えるようなことはありえません。

そのため、中学校における宗教教育を認可することと、私たちの子どもたちが革命主義の精神をもって育成されることのあいだに何らかの矛盾が存在すると考えるようなことは、決して許されることではありません。ヒクメト・バユル氏の述べられた懸念は、小学校でなされている教育においてそうであるように、このこと［中学校の宗教科］においても絶対にありません。

もう一度繰り返しましょう。ヒクメト・バユル氏の述べられた、中学校における宗教教育の認可によって、共和国と革命の根幹に依拠する私たちの文明的な法律や制度が侵害されるという懸念には、私たちは同意しません。本当の、そして率直な意味において、宗教が革命と発展の妨げになるとは私たちは決して認めません（左からブラボーの声、拍手）[66]。

ベンギュは、宗教教育は小学校で行われるもので十分であるという意見に対してもそうは思わない旨を述べ、中学校まで継続されることで、「本当に十分な状態までに到達させる必要があると考えています」と返答した[67]。以上のベンギュの発言は歓声によって迎えられた。ベンギュの主張は、中学校に宗教科が設けられるべきであり、中学校の宗教科がトルコ共和国の革命に反しないというものであるが、彼の発言にはその具体的な根拠は述べられていない。ベンギュの発言で「小学校においてそうであるように」という表現が繰り返し使われているように、彼は、中学校の宗教科に賛成の意を示すため、小学校の宗教科という先例があるために、それに倣えばよいと主張することで、改めて宗教科の是非を議論する声を封じようとした。

ベンギュの発言に対し、バユルは、自身も宗教科が革命に反するものとなることには反対であり、その点についてはベンギュの発言に賛同の意を示しながら、今度は、道徳の観点から以下のように宗教科の拡大への懸念を説明した。

［道徳には］一般的な道徳があります。それは、よい人間であること、誠実な人間でいること、盗まないことなどです。道徳の二つ目は、現存する社会秩序、現行の法律を精神的な観点から支持することに関するものです。宗教科を教授する際は、この二つの側面に注意しなければなりません。なぜなら、宗教［科］の先生 din hocası が、肌を露出して歩き回る女性は不道徳的だ、などと言う可能性があるからです（左から激しいざわめき、「そんなことは言わないだろう」の声）。それはクルアーンにあるからです（左からざわめき、「君は宗教をわかっていないようだな」の声）。［宗教教育に際しては］ことをそのような段階へともっていかないように、教育相は注意しなければなりません。なぜなら、モスクの説教師らが、「肌を露出して出歩く女性たちは云々」と言っているのを私たちは耳にするからです（左からざわめき、「そんなことはない」の声）。教育においては、このようなこと［社会秩序に反する内容］が行われず、一般的な道徳の範囲に留まるうちは、問題はありません。その限りにおいて、私たちは彼［国民教育相代理］と同感です。(68)

このように、バユルの発言中には、否定的な野次が複数回にわたってなされた。これまで見てきたように、一九四〇年代半ばの時点において、言論人のなかには、社会の道徳頽廃を防ぐべく、男性に対して女性を自由に出歩かせないよう注意を促す者もいた。このことから推察すれば、宗教科の教師がイスラームを理由に女性の行動を規定し、それに反する女性を批判することはありえただろう。ところが、このような懸念は複数の議員から言下に否定されており、そうしたバユルを批判する議員たちの野次からは、彼らにはそもそも宗教教育の拡大の是非をめぐる議論をする姿勢がなかったように思われる。

バユルの発言の後、ダールルフヌーンの神学部卒業者であり、一九五〇年から民主党議員を務めていたアフメト・ギュルカン（Ahmet Gürkan，一九〇三―一九九〇年）は、トルコにおいて宗教教育に反対する者たちの「特徴と思想」について説明し始めた。ギュルカンは、先に述べた「国民の信仰の前線」の一人として知られており[69]、この議会においても民主党の宗教教育政策を推進すべく積極的に発言を行った。彼は、宗教教育に反対する人々は「実証主義者や、史的唯物論者の著作を読」み、影響を受けたためだとした。そして、このような人々に加え、政治的な観点から宗教科に反対している人々がいることを述べ、「彼らは、トルコ国民が求める良心の自由を民主党が実現すると思っており、民主党政権を崩壊させるために宗教科に反対しているのです」と主張した[70]。

ギュルカンはイズミルにおいてメンデレスが行った発言に言及し、メンデレスが述べたという、民主党に反対する「秘密裏の勢力」について以下のように説明した。

彼［「メンデレス首相」］はこの秘密裏の勢力の名前を言いませんでしたが、私が言いましょう。皆さん、その秘密裏の勢力の名は、フリーメイソンです！

フリーメイソンは、この二つの考え［民主党政権に反対する人々と、宗教教育に反対する人々］を組織化し、民主党政権に反対することで一体となったのです（左から拍手）。皆さんがお許しになるのなら、ここである文書をお読みしましょう（「読め」の声）。

イギリス、スコットランドのフリーメイソンが北米のフリーメイソンのために出した回状です。スイスで刊行された『コルポラスィヨン』紙を翻訳したものです。この回状を読みます。

一．すべてのメイソンは、自身をライクリキの伝道者と見なさなければならない。

二．メイソンは自身の夫人と子息にフリーメイソンの基本信条を教える義務がある。

三．メイソンはフリーメイソンから与えられる決定により、自身の夫人と子息を宗教的信仰、儀礼の実践から遠ざけなければならない。

四．メイソンは、国民の活動をライクリキの方へ向ける義務がある。

五．メイソンは民衆に、フリーメイソンの思想に好意的な環境をつくるために、出版、ラジオ、雑誌を利用する義務がある。

六．メイソンはとりわけ、［人々が］容易に離婚すること、嫡出子と非嫡出子が同じと見なされること、教会に税が課されること、そして小学校における宗教教育を抑圧したままにすることに関して、影響力を行使する義務も有する。さて、ここで問題です。

北米とスコットランドのフリーメイソンは、私たちとどのような関係があるのでしょう？

この重要な問いにわたくしめがお答えしましょう。

トルコのフリーメイソンがスコットランドとつながりがあることを、ここで、フリーメイソン憲章の一、二の条項を読むことで、あなた方に説明できたことになりましょう（笑い合う声）(71)。


ギュルカン議員は、この発言に続き、「フリーメイソン憲章」を二条引用し、宗教教育の拡充に反対することがいかに間違いであるかを説いた。先ほどのバユルの発言に対しては、批判的な野次が飛ばされたのに対し、ギュルカンの発言は、議員たちから拍手や声援でもって迎えられた。

ギュルカンは、中学校への宗教教育の導入を擁護するにあたって、これまで他の議員たちが行ってきたような、宗教教育がトルコ共和国の革命やアタテュルク、ライクリキに反するものではないことを議論することはしなかった。彼は、自身の主張を効果的に行うために、フリーメイソン、実証主義、唯物論という言葉を用い、それらが欧米諸国に由来していること、そしてその信奉者たちが、トルコ人からイスラームを遠ざけ、トルコの秩序を乱そうとしていると恐怖を煽る。ギュルカンの発言が他の議員たちから受け入れられたことからは、こうした議論が当時のトルコ人にとって荒唐無稽なものではなかったことが見てとれる。

フリーメイソンを反宗教的な存在、さらには社会に不道徳を蔓延させる存在と見なして批判する方法、あるいはフリーメイソンに対する恐怖は、オスマン帝国末期に端を発している[72]。当時、政治を主導した統一進歩協会の中心メンバーにはフリーメイソン所属者が多くいたことが知られており、共和国の体制に不満をもつ人々は、外国と関係をもつ彼らの存在がオスマン帝国の解体を招いたという認識を有していた。スィテムボリュクバシュによれば、トルコ共和国期においてこうしたフリーメイソンを批判する言説は、出版規制が緩和された一九四〇年代から表れており、宗教的価値を重視する知識人たちが出版する諸雑誌上の論説において頻繁に取り上げられていたという[73]。ギュルカン議員は、一九五一年にフリーメイソンの会所を閉鎖する法案を議会に提出していたことも知られている[74]。

さらに、ギュルカンの以上の発言で注目すべきは、実証主義や唯物論を否定する見解がなされたことである。これらの思想は統一進歩協会に取り入れられ、アタテュルクもその影響を受けていたと見られている。トルコ史研究の大家であるエリック・ツルヒャーはその著書において、一九〇八年の青年トルコ革命から一九五〇年までをひとつのまとまった時代として捉え、帝国の崩壊と共和国の建国という断絶にもかかわらず、政治を主導した人々と彼らの行った政策に連続性の見られた時代として、「青年トルコ時代」と名づけている[75]。一九二〇年代から三〇年代にケマリズムのもとで「神聖化された」と言われる実証主義や唯物論に対する明確な批判が一九五六年の議会において挙げられたことからは、ツルヒャーが示すように、アタテュルクが没し、彼と近しい人物も徐々に政界から消えていった後の一九五〇年代に、青年トルコ革命以来の政治潮流からの転換が生じていたことが見てとれる。これまで述べてきたように、ケマリストらは、反動イスラームへの恐怖を煽ることで世俗化政策の正当性を主張してきたが、これに対抗して宗教の社会表出を支持する政治家たちは、これまでの時代にはできなかった、実証主義や唯物論、そしてフリーメイソンに対する批判を堂々と述べ、それらがもたらす危機を喧伝することができるようになったのである。ギュルカンは、そうした思想や団体こそが良心の自由を侵害しており、それらが民主党の敵であると主張する。彼はライクリキを直接批判することはなかったものの、フリーメイソンがライクリキを重視していると強調することで、議員たちにライクリキの遵守そのものへの疑問を投げかける。その一方で、民主党や宗教科に反対する人々が民主党による良心の自由の実現に反対しているとも述べたように、ギュルカンは、ライクリキと良心の自由を別個のものとして議論を展開している。彼の主張において尊重されるべきは、ライクリキではなく、良心の自由とされたのだった。

ギュルカンは以上の発言に続き、「イスラーム教には道徳や法の根幹に反する事柄はありません。今日の［トルコの］民法の基礎は、ヨーロッパからもたらされました。その法律の基礎は、モンテスキューの『法の精神』という名前の本から得られたものです。モンテスキューはこの基礎を、［ムスリムである］イブン・ハルドゥーンより学びました」、「四人の妻［をもつこと］については、［イスラーム法上、最も優先度の高い］クルアーンにはありません。クルアーンは物質的、精神的に妻たちのあいだの公正を条件としましたが、精神的な公止をはかることは不可能でしょう。そのために、重要なのは一人の妻を娶ることなのです」などと、バユルの発言に対する批判を行った(77)。以上の発言は、イスラームが欧米の文化よりも優れていること、また、イスラームの教義がトルコの法律と相反するものではないことを主張することによってイスラームを擁護するものであり、彼の議論は、宗教教育についての議論から逸れてしまっているように思われる。しかしながら、これに対しては、批判や疑問が呈されることはなかった。

続いて発言を行った民主党のサブリ・オズジャン・サン議員も、宗教教育の導入に賛成意見を述べた。サン議員は、中学校に宗教科が設けられることについて、かつては自身にもとまどいがあったことを打ち明け、それはトルコ共和国において、「ライクリキは一世代のあいだ、完全に、本当に完全に、無宗教 dinsizlik の意味だと考えられ、理解され、そのように適用されたせいであ」るとし、それがいかに間違いであったかを説明した(78)。粕谷によれば、ライクリキの語が公的な場で最初に登場した一九三一年の時点ですでに、共和人民党幹部がライクリキは無宗教ではないと述べていたというが(79)、サン議員は、共和国初期のライクリキ解釈を間違ったものと見なし、その間違いをこの時代において是正すべきだと主張する。彼は、トルコには宗務庁が存在すること、イスラームの祭日が国民の休日とされていること、そうした休日に国旗が掲げられてきたことなどに触れ、これらをライクリキに反すると見なさないのならば、学校における宗教教育もライクリキに反すると考えるべきではないことを主張した。これに加えて、サン議員は、アタテュルクがトルコ人の文明化を目指していたことを述べ、宗教教育に賛成する自分たちこそが、「革命を、形式から精神性へ、表層から内奥へと至らしめる革命主義者なのです」と主張し、彼らがアタテュルクの理念に反していないことを強調した(80)。第1章で述べたように、トルコ人の文明化のためには宗教が人々に及ぼす影響を弱めるべきだとアタテュルクが考えていたことは明らかであり、一九五〇年代前半までの議論では、アタテュルクの改革を理由に宗教教育への反対意見が出されていた。また、これ以前のトルコにおいては、公教育における宗教教育を容認してもなお、共和国初期、すなわちアタテュルクの時代のライクリキ理解を排除するといった主張は批判の対象となり、認められることはなかった。これに対し、一九五六年のこの議会審議では、宗教教育を擁護する側がアタテュルクを主張の正当化のために用い、共和国初期のライクリキ理解こそが間違いであったとはっきりと述べているのである。

以上で見てきたように、一九五〇年代半ばにおいて宗教教育をめぐってなされた議論は一九四〇年代のものから変化していた。一九四〇年代においては、ライクリキと、その一環としての良心の自由が議論の主題だったのに対し、一九五〇年代においてはそれらが分けて論じられるようになり、後者に重点が置かれるようになっていた。良心の自由という言葉は公教育における宗教教育に賛成する側からも反対する側からも重要視され、後者が政教分離の意味のライクリキを前提にして良心の自由を強調したのに対し、前者は国民がムスリムであり、そのようにあり続けることを望んでいるという前提のもと宗教教育の実施を主張した。

このように良心の自由を謳う民主党はしかしながら、一九五〇年代前半から半ばにかけて、政治、言論の自由を極端に制限していった。これにより、政権への批判を行うことができない状況が続き、以降の民主党政権期においては宗教教育に関する議論も見られなくなった。

中学校の宗教科に関する規定

議会審議から五ヶ月後の一九五六年八月、閣議において、選択希望制として中学校への宗教科の導入が決定された。[81] 翌九月、授業開始に先駆けてオゼル教育相は報道陣に対して会見を行い、一九五六年度より中学校一、二年生に宗教教育が教授されることを発表した。オゼル教育相は、保護者の届け出により生徒は宗教科を免除されること、届け出がない場合、生徒はこの科目を受講することになり、この科目を理由に落第する可能性があること、授業は週に一時間であることを説明した。会見によれば、学習指導要領の承認および決定は、アンカラ大学の神学部と地理歴史言語学部の教員、宗務庁、そして国民教育省関係者から構成された委員会によってなされたという。[82]

会見では記者から、宗教科では「古い文字」は使用されるのか、「それとも、ラテン文字だけ」で行われるのか、「政府ないし教育省が、中学校に宗教科を導入しなければならなくなった理由は何」か、さらには、「授業は理論だけを教えるものになるのか、それとも、実践を伴う形で、例えば礼拝の仕方は教えられるのか」といった質問がなされた。教育相はこれらの質問に対し、古い文字、すなわちアラビア文字は教えられず、使用されないこと、小学校の宗教科では十分ではないこと、実践がなされるかどうかという問いに対しては、「集団でモスクに行き、そこで礼拝をするようなことはありえません」とその可能性を否定した。[83] イスラームにおいては、礼拝の言葉やクルアーンはアラビア語であることで真正性をもつと考えられており、イスラームについて学ぶ際、イスラームを実践する際には、アラビア語を使用することが必要となる。そのため、宗教教育を行うことで、アラビア文字を禁止してラテン文字を採用した「アタテュルクによる革命」を否定することにならないか、「共和国の革命」に反するような事柄は、今後、どの程度行われていくか疑問がもたれていたと考えられる。また、宗教教育を容認する政治家たちのあいだでも授業中に宗教実践を行うことは良心の自由に反すると考えられてきたことに鑑みれば、記者によるこの質問は、宗教政策の面でもアタテュルクの時代からの逸脱がどこまで進むのかに対し、疑問が持たれ、返答によっては批判の材料となりえたと考えられる。

教育相による会見から数日後の新聞記事によれば、新学期の開始後も、中学校の宗教科教科書は出版されていなかったという[84]。また、中学校の宗教科の指導内容も学校に届けられていなかったため、学校では宗教科の準備ができない状況にあることも報じられた[85]。こうした記事は、間接的に民主党政権の拙速さを批判していると見ることができるが、一九五六年六月に出版規制がさらに強化されていたため[86]、宗教科の拡大に関する批判が新聞紙上をにぎわせることはなく、中学校への宗教科の導入に際しては、小学校に宗教科が導入されたときほどの議論が生じることはなかった。

国民教育省が定めた学習指導要領によれば、中学校の宗教科を教える教員については、教員養成学校または導師・説教師養成学校で働く神学部卒業生、あるいは小学校で宗教科を教授している者が担当することとされた[87]。しかしながら、その後の『教育省広報誌』によれば、複数回にわたる教育省の注意喚起にもかかわらず、規定以外の教員が授業を担当するという事態が生じており、また、宗教科を独立した科目として扱わずに、昼食の時間に行う学校もあったという[88]。こうした事態からは、中学校で宗教教育が行われるべきとする政府の意向が、実際にそれを担う学校側にすぐに受け入れられたわけではなかったこと、宗教科が他の科目よりも軽視される傾向にあったことがうかがえる。

こうした実態とは裏腹に、その後もメンデレスは宗教教育の拡充に努め、一九五九年には大学神学部とは異なる高等宗教教育機関を設立させた。当時、国内唯一の高等宗教教育機関だったアンカラ大学神学部へは普通高校卒業者しか入学できなかったため、メンデレスは一九五八年に導師・説教師養成学校高等部の卒業式に参加した際、同行していた教育相に同校の卒業生たちが進学するための高等宗教教育機関を開設するよう命じたという[89]。メンデレスの指示を受け、同年内には、当時新しく導入された中学校の宗教科教師の養成および導師・説教師養成学校の専門科目の教師養成のための高等教育機関として、高等イスラーム学院 Yüksek İslâm Enstitüsü の開設が決定され、翌一九五九年一一月、イスタンブルで最初の高等イスラーム学院が開設された[90]。その後、一九六〇年代から一九七〇年代にかけ、高等イスラーム学院は各地に七校開設され、それらは一九八〇年代以降、大学神学部へと改組される。このように、民主党政権期の一〇年のあいだ、メンデレスによる独裁の下で後々のトルコに引き継がれる宗教教育・研究機関の基盤がつくられたのだった。

四、中学校一、二年の宗教科学習指導要領と教材

本節では、以上の経緯のもとで導入された中学校一、二年の宗教科の学習指導要領と教材を考察の対象とし、まず中学校の宗教科教材の形式的な側面に注目することによって、トルコ共和国における宗教的権威について検討する。それに続いて、宗教科の学習指導要領を概観し、最後に、実際に学校で使用されていた中学校の教材を取り上げることで、一九五〇年代において、子どもたちが学ぶよう期待された宗教教育の内容とはどのようなものだったのか、その特徴を明らかにする。

教材と宗教的権威

前章で見てきたように、小学校の宗教科教科書は時の宗務局局長アクセキによって執筆されていたが、中学校の宗教科の教材を執筆したのは誰だったのだろうか。第6章で見ていくように、一九七〇年代に入り状況は変化していくのであるが、一九五〇年代から六〇年代にかけて出版された教材の執筆者たちは著名な人物たちではなく、教材に記載された氏名や所属についての情報からだけでは、それ以上の経歴を詳細にたどることはできない。一部の執筆者に関しては、公民科の教科書の執筆者でもあることや、宗教科の教師、導師・説教師養成学校の教師であることが確認できる程度である。(91) それでは、なぜ小学校と中学校ではこれほど教材の執筆者の性格が異なるのだろうか。

実は、小学校の宗教科と中学校、そして次章で見ていく高校の宗教科のあいだで異なるのは執筆者の性格だけでは

ない。小学校の宗教科では教育審議会から認可された国民教育省出版局による教科書が使用されていたのに対し、中学校および高校の宗教科では、一九七六年まで正式な形での教科書は出版されず、その代わりに、国民教育省出版局と複数の民間の出版社から出版された副教材が使用されていた。教科書と副教材には、具体的にどのような制度上の違いがあるのか不明であり、副教材の装丁は教科書と全く変わらず、表紙にも「教科書」と書かれている場合がほとんどである。ただし、一ページ目や二ページ目に記載された認可に関する記述では、国民教育省の教育審議会が「副教材として認可」したと記されている。(92) 教科書と副教材には、実質的には違いがないように思われ、これまでの研究でもそうした違いは看過されてきたが、それではなぜ、中学校、そして高校の宗教科の教材は、教科書ではなく副教材として認可されるに留まったのだろうか。その背景には、教科書の執筆と宗教的権威をめぐる事情があるため、この点について詳しく見てみたい。

イスラームには教会組織がなく、一九二四年にシェイヒュルイスラーム職とカリフ制を廃止して以降、トルコには上位の宗教的な権威は存在しなかった。新たに設置された宗務局も、あくまで首相府直属の一行政機関としての位置づけにとどまった。小学校の宗教科教科書の執筆を中心となって担ったのは、前述の通り、当時の宗務局局長アフメト・ハムディ・アクセキだったが、彼は任期中の一九五一年に死去していた。また、トルコにおいては、一九三三年にダールルフヌーンの神学部が閉鎖されてから一九四九年にアンカラ大学に神学部が設置されるまで、宗教を学ぶための高等教育機関が存在していなかった。そのため、宗教科の教材を誰が執筆するかを考えたときに、中学校に宗教科が設置された一九五〇年代には、アクセキの後継者になりえる人材はまだ輩出されていなかったと考えられる。中学校への宗教科導入が決定された一九五六年当時、アクセキの後任として宗務庁長官を務めていたエユプ・サブリ・ハユルルオールは、近代法を専門に学んだ弁護士であり、クルアーン暗誦者だったことが知られているが、アクセキほどにイスラームに詳しい人物ではなかった。(93) 当時の教育相アフメト・オゼルも元エンジニアであり、『ムスリム子弟の本』が管轄の点で知識人による厳しい批判を招いたことを考えると、宗教を専門としない彼らに教科書執筆を任せることはできなかっただろう。

また、一般の知識人に宗教科教科書の執筆を任せることも憚られた。一九五二年一一月には、『ヴァタン』新聞社の経営者で記者のアフメト・エミン・ヤルマンを狙った殺害未遂事件が起きており、犯人らは『ビュユク・ドウ』誌の創刊者であるクサキュレキら言論人から影響を受けたと供述していた(94)。これまで見てきたように、宗教教育政策を進める政治家たちは宗教教育が反体制的な動きに結びつく可能性を警戒しており、宗教科が反国家的、反社会的な思想に結びつく可能性は何よりも避けなければならなかった。

以上の事情に鑑みれば、帝国期に旧来の宗教教育を受けたアクセキのようなウラマーが姿を消すなかで、一九五〇年代、そして高校に宗教科が設けられた一九六〇年代のトルコ共和国において宗教教育教科書の執筆者としての責任を任せうる人物がおらず、教育審議会より認可されるに足る教科書は存在しないと捉えられていたことが、中学校、高校用の宗教科の教科書が出版されなかった理由だと考えられる。すなわち、副教材は、教科書より権威が劣るものと見なされており、その副教材としてであれば認可できると考えられたため、中学校、高校用の宗教科の教材は、副教材とされたのだった。以上のことからは、共和国期の宗教教育関係者にとっても、帝国期においてウラマーだったアクセキは権威を持ち続け、そのために小学校の宗教科の教科書も、他の科目の教科書と異なり、アクセキが中心となって執筆されたものに限られていたと見ることができる(95)。

先に挙げたように、帝国末期にマドラサで教育を受けたアクセキや他のウラマーたちは、共和国政府による宗教管理については完全に同意していたわけではないながらも、自分たちの貢献がトルコにおけるイスラームの発展につながるという希望をもち、宗務局のなかで公務に従事していた。宗教科の教科書の刊行状況からは、結果として彼らの努力は報われ、アクセキは彼が亡き後もトルコ共和国で宗教的権威を持ち続け、宗教教育の旧来の内容を大きく損なうことなく、後代に伝えることに成功したと言える。

中学校および高校の宗教科の副教材は、複数の出版社から出版されていたが、それらのなかからどれを選択するかは、各学校の教師に委ねられていた。教材は有料であり[96]、販売は教科書販売所や文房具店などで行われていたが、教師が予めまとめて購入し、その後、生徒に販売することもあった[97]。小学校用の宗教科の教科書と同じく、中学校用と高校用の宗教科の教材の大きさも、Ｂ５サイズのモノクロ印刷であった。小学校用の宗教科の教科書には絵や写真などは一切掲載されていないのに対し、中学校と高校の宗教科の副教材には、モスクやマドラサなどの写真が掲載され、礼拝や礼拝前の浄めの仕方を絵で示すものもあった[98]。

中学校一、二年次宗教科の学習指導要領

中学校一、二年の宗教科の規定によれば、小学校と同様、子どもにこの授業を受けさせたくない保護者は、学期の最初にその旨を記した書類を学校に提出することとなった[99]。一九五三年の教育諮問会議で決定されたように、中学校の宗教科に関しても、この授業を受ける生徒にとっては、この授業は進級に関わる科目となり、宗教科を理由に落第する可能性があることも決定された。教育相による通達のなかでは、宗教科の実施に関して以下のような注意もなされた。

宗教科の教授においては、用語や表現はできる限りトルコ語が使用される。扱われる題目は、どのような迷信の考えとも遠く、平易な形で、根幹を見失うような詳細には入らずに行われる。授業では特に、クルアーンの、私たちの健康、道徳、意志を強固にする教えが活用される[100]。

この注意書きからは、中学校の宗教科ではイスラームの教義が詳細に教えられることよりも、イスラームの基本的な教えをわかりやすい形で理解させ、実際の生活に益するような内容が教授されるよう期待されたことがわかる。以下は、学習指導要領で規定された中学校一、二年次の宗教科の単元である。

中学校一年(101)

一．アッラーの愛、私たちの預言者
二．私たちの預言者の生涯とイスラームの創始
三．イスラームの義務——1．信仰告白
四．イスラームの義務——2．礼拝
五．イスラームの義務——3．断食
六．イスラームの義務——4．喜捨
七．イスラームの義務——5．巡礼
八．イスラーム教が儀礼に与える容易さ
九．イスラームにおいて知識 bilgi に与えられる地位と、刷新を前にしたイスラーム教
一〇．イスラーム道徳——家族
一一．イスラーム道徳——祖国愛と祖国の防衛
一二．イスラーム道徳——他者の権利に敬意を示すこと
一三．イスラーム道徳——善行と扶助
一四．イスラーム道徳——社会的交流

中学校二年(102)

一．イスラームにおけるアッラー信仰、私たちの預言者
二．クルアーンとハディース

三．イスラームにおける来世信仰
四．用語
五．トルコ人の歴史上におけるイスラーム教への貢献
六．宗教建築におけるトルコ人の貢献
七．トルコ人がつくった慈善組織
八．今日の世界における諸宗教と、これらのなかでのイスラームの位置
九．イスラーム道徳——私たちの健康と生活を守ること
一〇．イスラーム道徳——職業生活において私たちはどのようにならなければならないか？
一一．イスラーム道徳——会話の際に何に気をつけなければならないか？
一二．イスラームにおける道徳の基礎

中学校一年ではムスリムの義務である基礎的な信仰実践、いわゆる六信五行の五行について、そして道徳の観点から個人に課せられた社会規範や義務が取り上げられている。「イスラームにおいて知識に与えられる地位と、刷新を前にしたイスラーム教」という単元が設けられていることからは、一九五六年の時点において、イスラームが近代化に反する宗教ではないことをあえて強調する必要性がもたれていたこと、このことはつまり、宗教を前近代的なものと見なすオスマン帝国末期以来の思想潮流の影響がこの時代にも続いていたことを意味している。

中学校二年ではハディースや、イスラームに関する用語など、小学校および中学校一年の宗教科から一歩進んだ、より詳しい内容が教授されることが想定されていた。小学校の指導要領ではイスラーム以外の宗教については扱われていなかったが、中学校二年の宗教科指導要領には、あくまでもイスラームに焦点を当てながらも、諸宗教を扱う単元が設けられている。同じく中学校二年の指導要領には、「トルコ人の歴史上におけるイスラーム教への奉仕」、「宗

教建築におけるトルコ人の貢献」、「トルコ人がつくった慈善組織」と、トルコ人と関わる単元が挙げられており、小学校のそれに比べ、一九五〇年代に設けられた中学校の宗教科では、イスラームの普遍的な教えに加えて、トルコ人によるイスラームへの貢献が強調されるようになっていることがわかる。また、中学校一、二年の両方とも「イスラーム道徳」に関する単元が複数設けられていることからは、宗教科が、イスラームに基づく形で、道徳教育の役割を担うことが期待されていたことが明らかである。

教材の内容

前述のように、一九五六年の時点では中学校の宗教科教材はまだ出版されておらず、それが用意されたのは翌一九五七年のことであった。一九五七年に副教材として認可された教材は、中学校一年生用のものでは、スレイマン・ファヒルによる『トルコ人の子どものための宗教科』と、ハリト・アクサンとサッフェト・ロナによる『宗教科一』の二冊、中学校二年生用のものでは、ファヒルによる同書、ユスフ・ズィヤ・ヨルカンによる『クルアーンの章』、そしてアクサンとロナによる『宗教科二』の三冊である。[103] アクサンとロナの二人は公民科の教科書の共著者でもある。ここでは中学校一、二年の副教材として、アクサンとロナの『宗教科一』、『宗教科二』を用いることとする。目次からは、この副教材は概ね学習指導要領通りに執筆されたことがわかる（目次は巻末資料②を参照）。

教材では、中学校一年でムスリムの基本的な義務である五つの宗教実践について、二年でムスリムが信じるとされる六つの事柄について、ひとつずつ章が設けられている。これらは小学校の教科書でも取り上げられていた内容であり、小学校と中学校の宗教科の内容は大きく変わるものではなく、中学校の宗教科においても繰り返し、小学校と同じくイスラームの基礎が教授されたことが確認できる。加えて目を引くのが、学習指導要領に準拠した形で、中学校一、二年の教材の両方ともに、全一六章のうち五章の章題に道徳という言葉が付されていることである。中学校一年の「イスラーム道徳」と題された章の副題は、それぞれ「家族」、「国民、国家、祖国愛と防衛」、「他者の権利へ敬意を表すこと」、「善行と扶助」、「社会的交流の作法」と、おおむね指導要領に準拠した形になっていた。同じく中学校二年の「イスラーム道徳」と冠された章の副題は、それぞれ「私たちの健康と生活」、「職業生活においてどのようにならなければならないか」、「会話の際に何に気をつけなければならないか」とされていた。さらに中学校二年の教材では、最後の二章にあたる第一五、一六章で、「イスラームにおける道徳の基礎」がそれぞれ主題として挙げられており、これらの章では、欲を抑えること、貞操、勇気、忍耐、謙虚さ、寛大さといった道徳的な行動や精神に関する項目が挙げられ、それらの性質を身につける重要性が説かれている。以上のように、小学校の教科書で見られたように中学校の宗教科でも、イスラームを通して、道徳倫理や、道徳に依拠する社会規範、生活における具体的な道徳的行為の実践といった内容を生徒に教授することが想定されていたと理解することができる。

小学校の場合と異なり、中学校一、二年生用の教材には一人称が使用されることは少なく、基本的に三人称が用いられている。ただし、節によっては少ないながらも、「〜しなさい」といった、読み手に命令する二人称の文章が盛り込まれていることもあった。また、小学校の教科書と同様に中学校一、二年生用の教材の両方とも、トルコ文字で「ビスミッラーヒッラフマーニッラヒーム」というバスマラの成句とそのトルコ語訳が目次の後の本文の冒頭に掲げられている。(104)

以下では、一九四九年に設けられた小学校の宗教科の内容と一九五六年の中学校のそれがどのように異なるのか、時代による変化が見られるのかを確認するために、中学校の教材の特徴が表れていると考えられる（a）国家への奉仕、（b）トルコ人とイスラームの関係についての記述をそれぞれ見ていきたい。

(a) 国家への奉仕

先に挙げたように、中学校一年の教材では、「イスラーム道徳」の主題のもとで複数のテーマが扱われていた。ここでは、そのなかでも「国民、国家、祖国愛と防衛」を副題に掲げた章を見ていく。

この章ではまず、国民とは何かが説明される。この教材によれば、国民は、「特定の国土のなかに住む、言語、宗教、歴史、文化、理念の絆によって互いに結びついた人間の集団」を指し、「国民の集まりは、家族が集合することで表れる」と定義される。続いて、国民は「彼らが住む国土において独立した国家をつく」り、国家は「国土のなかで福祉と信頼を保障するためにつくられた」と、国家の成立とその意義について説明されている。この教材では、外部に対し自分たちを守るための力がない国民は独立した国家をつくれず、強い国家を持たなければ、他の国家の支配下に入ることが説かれ、「私たちの誰もがトルコ国民の個人である。私たちはトルコ共和国の名をもつ、独立した、祝福された国家の所有者である。私たちにはトルコと呼ばれる、共通の美しい国土がある」と、読み手に、トルコ共和国の国土の重要性を理解させる文章が挙げられている[105]。このようにこの章では、必ずしも宗教には直接触れず、公民教育に類する内容を持つ記述が目立って見られる。

国家は国民を守るため、彼らの福祉のために義務を請け負っているとされ、国家がその狙いを達成するためにつくった組織として最も重要なものは、「裁判所、警察、軍、教育機関である学校」であるという[106]。そして、国家に対して国民が負う最も重要な義務は、「税を払うこと、兵役につくこと、選挙に参加すること、法律に敬意と遵守の姿勢を示すこと」であり、「税」、「選挙」、「法律に敬意を示すこと」に関しては、ひとつの節のなかで、それぞれの義務の内容が説明される。兵役に関する義務についてはこの節では説明されず、「国防」という題の節として別に挙げられており、これらの義務のなかで兵役の義務のみが特別に重視されていることがわかる。それでは、「国防」節にはどのような記述が見られるのだろうか。

トルコ国民の幸福と福祉は、彼らが生きる土地の上に、自由で独立した国家として存在することに依拠している。私たちの国土の自由と独立を守ることに関して、すべてのトルコ人には果たさなければならない聖なる義務がある。それは兵役である。

トルコ民族は、歴史上、自由に生き、数え切れないほどの国家をつくり、他の民族をその支配下に置き、隷属することを嫌った。私たちの国民は、歴史上のこの重要な役割を、国民個人の国土の防衛に関し、それぞれに割り当てられた義務を、大きな犠牲とともに行うことにより全うしたのである。

兵役の義務は、私たちの国土、国家に対して私たちが行う義務のなかで最も名誉あるものである。私たちの宗教では、兵役の義務は崇高なことこととされたのである。

私たちの偉大な神は、「敵に対する戦争に備えよ。これにより、アッラーの敵、あなた方自身の敵を恐れさせよ。アッラーの道において何を払おうと、これの見返りを得るだろう」と命じている。[107]

このように、国民の幸福は国土と国家の独立によってもたらされ、それらの独立は兵役という「聖なる義務」によって維持されることが説明される。独立という点に関しては、トルコ人が歴史的に優れてきたことが述べられた後、最後に、敵と戦うことが重要である旨を述べる神の言葉が引用されている。このように、兵役につくことが幸福や信仰の観点から重要であることが説かれ、さらに、それをトルコ人としての誇りと結びつけることによって、子どもたちが兵役を厭わないよう説得的に説明されていると言える。

「見返りを得る」という表現の意味をより具体的に説明する記述は、この章の最後に置かれた「殉教と聖戦士になること」節に見られる。そこでは、「兵士になる者は、戦争中に死ねば殉教［者］、生き残れば聖戦士の段階に到達する。殉教者と聖戦士は、イスラーム教が非常に高い段階に挙げている人のことである。預言者たちの次に一番高い段階が殉教者に割り当てられている」と説明される。続いて、クルアーンにある殉教に関する言葉「アッラーの道において殺された者を死者と言ってはならない」、すなわち、その死は決して無駄なものにはならず、彼らの魂はその後も生きることを強調する内容が説かれ、殉教すればそれまでの罪が許されるという預言者の言葉が引用される。[108]小学校の教科書と同様、中学校の教材でも、国のために戦争で死んだ兵士を殉教者と見なし、読者である生徒に戦地に赴くよう、戦争で死ぬことを恐れないよう幾重にもわたり、戦争に行くことの利点が説かれていると言える。一九八二年より導入された宗教教育科目「宗教文化・道徳科」の教科書を調査したカプランは、一九八〇年クーデタ後の宗教教育の特徴として、宗教への奉仕を通じた国家への軍事奉仕の呼びかけについて指摘する際、「殉教者」と「聖戦士」という用語法が採用されたことに言及しているが[109]、中学校の宗教科教材の分析からは、こうした用語法は、一九五〇年代の時点で同様の目的で用いられていたことが確認できる。

（b）トルコ人とイスラーム

上で見てきたように、宗教科の教材には「私たち」という表現がたびたび見られ、それは全世界のムスリム同胞ではなく、トルコ国民の意で用いられていた。ここでは、中学校の教材に見られるトルコ人とイスラームの関わりについての記述を見ていきたい。

中学校二年の教材には、全一六章中三章で「トルコ人」という語が章題に用いられていた。これらのうち最初に位置するのは「トルコ人のイスラーム教への貢献」章である。この章では、トルコ人がイスラームに改宗した後に、ビザンツや十字軍と戦い、勝利してきたことで、トルコ人がムスリム以外の人々による覇権を阻止してきたことが説明される。そして、こうした出来事は以下のように意味づけられる。

これらすべての出来事が明示しているように、イスラームの拡大と維持においてトルコ民族の役割は非常に大きい。広大なイスラーム諸国で覇権を握った民族は、トルコ民族だった。情熱的な愛と熱い思いで帰依してきたイスラームへの信仰により、イスラームをただ広めるだけではなく維持することを、神はこの優れた性質をもつ英雄たる民族に与えたのだった[110]。

トルコ共和国では、その国民を中央アジア起源のトルコ民族全般と同一視し、両者を「トルコ人」あるいは「トルコ民族／国民」と呼称することが一般的である。こうした理解は宗教科の教材にも反映されており、トルコ民族全般の偉大さがトルコ共和国国民の偉大さの証左として語られている。ここでは、「トルコ民族」がかつて広大な地域の覇権を握ったのは、トルコ民族が優れているからであり、さらに、そうした性質は神によって授けられたものだと説明されている。また、アナトリア、バルカン半島、ロシアの内陸において、「イスラーム教はトルコ人のおかげで拡がり、根づいた」、「トルコ人はただイスラームを広めることに関して奉仕するだけに留まらなかった。この宗教が立ち向かうことになる大きな危機を防ぎ、止めることをも知っていた[111]」といった記述に見られるように、イスラームの特徴の説明というよりは、トルコ人の優位性やイスラームへの貢献が強調されている。

こうした内容は、建築や慈善といった文化面に関する記述でも見られる。

イスラーム建築のなかで最も偉大な作品は、トルコ人によって造られた。イスラーム建築におけるアーチや円蓋はトルコ人によってイスラーム世界にもたらされ、教えられた。

建築であれ、装飾芸術であれ、トルコ人ほど先に進んだどのようなムスリムの民族もいない[112]。

他にも、「確かなことに、イスラーム世界の有名で最も偉大なマドラサはトルコ人たちによって造られた」といった記述があるように[113]、多民族からなるムスリムのなかで、トルコ人がイスラーム文化において最もすばらしい功績を残したこと、ムスリムとして最も優れていることが繰り返し説かれている。

一九五六年にメンデレスが中学校への宗教科導入について行った演説のなかでは、トルコ人とイスラームの結びつきが強調されていた。中学校の宗教科教材には、そうした見解を反映するかのように、イスラームを用いてトルコ人の優位性を説く内容が盛り込まれていたのである。

小結

一九五〇年、民主党は政権を獲得するや否や、政敵である共和人民党が宗教教育の再開に際して用いた論理、すなわち「国民の良心の自由を守るために国家は宗教的な事柄に関与する」という理解を根拠として、アタテュルクの時代に行われた宗教に対する規制を廃止していった。共和人民党政権が反動の抑制という名目のもと、消極的に宗教的な事柄への関与を説明したのに対し、民主党政権は、国民の良心の自由をムスリムとしての信仰の維持と結びつけ、信仰の維持のためには宗教について学ぶ機会が必要なのだからそれを国家が提供すべきであると、より積極的な形で宗教的な事柄へと介入していった。良心の自由という原則と、宗教科が選択希望制であるという前提のもとでは、国民は各々の自由意志で宗教教育を受講していると位置づけられる。こうした理解こそが、トルコ共和国において宗教に対する国家管理を容易にし、さらに強化することを可能にしたと言える。

一九五〇年代に入り、アタテュルクとともに革命の時代を生きた政治家たちが姿を消していくなかで、彼らが推進した世俗化はもはや過去のものと見なされるようになっていった。そうしたなか、ライクリキの政教分離の側面、さらに言えば、ライクリキ原則そのものが意図的に矮小化されていく。中学校への宗教教育の導入をめぐり、メンデレスは彼らが宗教を重視し、尊重しているという姿勢を示すべく、ライクリキの良心の自由の側面を強調し、政教分離原則の側面を過小評価する発言を行った。民主党議員のなかには、良心の自由をライクリキと切り離し、良心の自由を保障するために中学校へ宗教科を設置すると主張する者もいた。一部の知識人は宗教教育およびその教授学年の拡大に反対の意を示したが、政府は良心の自由を強調しながら、そうした発言の自由を制限していき、さらに、彼らの見解に沿う法学者や知識人を政権に取り込むことによってこれを封じ、結果として、メンデレスによる独裁のもと、宗教教育の拡充という事実が積み重ねられていった。

この時代に宗教教育の意義を説明する際に用いられたのは、国家による良心の自由の保障という論理に加え、トルコ人とイスラームの結びつきを強調する発想だった。こうした発想は教育内容に反映され、中学校の宗教科の教材には、イスラームへの貢献を取り上げることでトルコ人の優位性を強調する内容が盛り込まれるようになった。次章では、一九五〇年代にその萌芽が見られた、こうしたイスラームとトルコ人の結びつきを説く論理が宗教教育の発展に伴い、どのように変化していくのかを見ていきたい。

注

（1） Erol Tuncer, *Osmanlı'dan Günümüze Seçimler (1877–2002)* (Ankara: TESAV Yayınları, 2003), 363.

（2） Zürcher, *Turkey*, 224；新井『トルコ近現代史』二三七―二四一頁。

（3） Azak, *Islam and Secularism*, 76–84; Umut Azak, "Secularists as the Saviors of Islam: Rearticulation of Secularism and the Freedom of Concsience in Turkey (1950)," in *Secular State and Religious Society: Two Forces in Play in Turkey*, ed. Berna Turam (New York: Palgrave Macmillan, 2012), 64–73.

（4） Tunaya, *İslâmcılık Cereyanı*, 222, 231; Özcan, *İnönü Dönemi Dini Hayat*, 169–170.

（5） *T. C. Resmî Gazete*, no. 7872 (July 31, 1951): 1713.

（6） Gotthard Jäschke, *Die Türkei in den Jahren 1942–1951: Geschichtskalender mit Namen- und Sachregister* (Wiesbaden: Otto Harrassowitz, 1955), 124, 141, 148.

（7） "Sekiz Sakallının Kurduğu Nakşibendî Tekkesi Basıldı," *Vakit* (July 1, 1950); "Büyücülük Yapan Derviş Yakalandı," *Son Telgraf* (May 6, 1952); "Yeni İki Tarikat Daha Türemiş," *Son Telgraf* (July 18, 1952); "Tarikat Mensupları Dün Tevkif Edildiler," *Ulus* (March 22, 1953); "Polis ve Adliyede: Esrar Tekkesinde Oturak Âlemi...," *Son Telgraf* (January 3, 1952); "Polis ve Adliyede: Hasekide Bir Esrar Tekkesi Basıldı," *Son Telgraf* (August 17, 1952).

（8） "Nurcular Cemiyeti hakkındaki Tahkikat," *Zafer* (January 27, 1953); "İrtica ve Irkçılığa karşı Millî Tesanüt Cephesi," *Vatan* (February 12, 1953); "İrtica ve Irkçılıkla Savaş için Hazırlıklar Gelişiyor," *Vatan* (February 15, 1953).ブロケットも、一九五二年一一月から一九五三年一月にかけて宗教反動を報じる記事が各紙で多数見られたことを指摘している。Gavin D. Brockett,

"Provincial Newspapers as a Historical Source: Büyük Cihad and the Great Struggle for the Muslim Turkish Nation (1951–53)," *International Journal of Middle East Studies* 41, no. 3 (2009): 437.

（9） Yıldız, "Demokrat Parti İktidarı," 492; Tanel Demirel, *Türkiye'nin Uzun On Yılı: Demokrat Parti İktidarı ve 27 Mayıs Darbesi* (İstanbul: İstanbul Bilgi Üniversitesi Yayınları, 2011), 201.

（10） *Tebliğler Dergisi*, no. 617 (November 20, 1950): 116.

（11） "Okullarda Din Desrleri İhtiyarî Olmayacak," *Zafer* (November 4, 1950); "Din Dersleri Mecburî Olacak," *Milliyet* (November 4, 1950).

（12） "Okullarımız ve Komünizm," *Vakit* (January 8, 1950).

（13） Nurullah Altaş, "Türkiye'de Örgün Öğretimde Dinin Yeri: 1924–1980 Arası Din Öğretimi Anlayışı üzerine Bir Değerlendirme," *Maarif* 2, no.1 (2002): 222; Mustafa Öcal, *Osmanlı'dan Günümüze Türkiye'de Din Eğitimi: Mukaddime Kitap* (Bursa: Düşünce Kitabevi Yayınları, 2011), 462. 一九五四年、村落教員養成所は初等教員養成学校と統合され、村と都市の教育の二重体制は解消された。*T. C. Resmî Gazete*, no. 8625 (February 4, 1954): 8093–8095.

（14） *Beşinci Millî Eğitim Şûrası 5–14 Şubat 1953* (Ankara: Maarif Vekaleti, 1954), 373–374.

（15） *Beşinci Millî Eğitim Şûrası*, 374.

（16） *Beşinci Millî Eğitim Şûrası*, 378.

（17） *Beşinci Millî Eğitim Şûrası*, 380–383.

（18） Sitembölükbaşı, *Türkiye'de İslâm'ın Yeniden*, 33–34.

（19） *Beşinci Millî Eğitim Şûrası*, 383.

（20） *Beşinci Millî Eğitim Şûrası*, 384.

（21） *Beşinci Millî Eğitim Şûrası*, 384–385.

（22） *Beşinci Millî Eğitim Şûrası*, 385–386.

（23） *Beşinci Millî Eğitim Şûrası*, 387.

（24） *Beşinci Millî Eğitim Şûrası*, 387–388.

（25） 一九五三年時点でのウルゲンの職位については、第五回教育諮問会議の議事録の参加者一覧ページを参照した。*Beşinci Millî*

Eğitim Şûrası, XXVII.

（26） ウルゲンの経歴については、行政裁判所のサイトを参照した。https://www.danistay.gov.tr/icerik/38（二〇二四年六月二五日最終閲覧。）

（27） *Beşinci Millî Eğitim Şûrası*, 393–394.

（28） *Beşinci Millî Eğitim Şûrası*, 394–395.

（29） *Beşinci Millî Eğitim Şûrası*, 396–402.

（30） 原文には一六三七年とあるが、誤植だと思われる。*Beşinci Millî Eğitim Şûrası*, 406.

（31） *Beşinci Millî Eğitim Şûrası*, 406.

（32） *Beşinci Millî Eğitim Şûrası*, 427–433.

（33） *Beşinci Millî Eğitim Şûrası*, 390–391.

（34） *Beşinci Millî Eğitim Şûrası*, 433.

（35） *Beşinci Millî Eğitim Şûrası*, 435.

（36） Aybazoğlu, "Safa, Peyami," 438.

（37） *Beşinci Millî Eğitim Şûrası*, 425–426.

（38） *Beşinci Millî Eğitim Şûrası*, 453–454.

（39） Ömer Okutan, "Din Eğitimi," in *Cumhuriyet Döneminde Eğitim*（İstanbul: Millî Eğitim Basımevi, 1983）, 423.

（40） Nihat Erim, "Lâiklik Bahsinde: Dün," *Ulus*（February 19, 1953）.

（41） 例えば、M. Raif Ogan, "Hasan Ali Yücel Avukatının Tuhaf Davası," *Sebilürreşad* 92（1950）: 261–263.

（42） Bülent Dâver, *Türkiye Cumhuriyetinde Lâyiklik*（İstanbul: Ankara Üniversitesi Siyasal Bilgiler Fakültesi Yayınları, 1955）, 147–148.

（43） Dâver, *Türkiye Cumhuriyetinde Lâyiklik*, 147.

（44） *Devlet Şûrası Kararlar Dergisi* 60（1954）: 53–54.

（45） Dâver, *Türkiye Cumhuriyetinde Lâyiklik*, 148–149.

（46） Bülent Nuri Esen, "Vicdan Hürriyeti ve Laiklik," in *Türkiye'de İnsan Hakları Semineri*（Ankara: Ankara Üniversitesi Hukuk

Fakültesi Kamu Hukuku ve Siyasal Bilim Enstitüsü Yayınları, 1970), 10–29.

（47） "Prof. B. Nuri Esen Maarif Vekâleti aleyhine Açtığı Davayı Kaybetti," *Vakit* (November 27, 1953); "Danıştayda Neticelenen Dâvâ: Din Dersleri Okutulması Lâyilkliğe Aykırı Görülmedi," *Yeni Sabah* (November 27, 1953); "Dinî Tedrisat aleyhine Açılan Dâva Reddedildi," *Zafer* (November 27, 1953).

（48） Parmaksızoğlu, *Türkiye'de Din Eğitimi*, 31.

（49） この問いに対して、公務員および学生の各一五%が、公立学校における宗教教育に反対している（ただし、学生の回答の合計が一一〇%になるため、誤植があると考えられる）。A. T. J. Matthews, *Emergent Turkish Administrators: A Study of the Vocational and Social Attitudes of Junior and Potential Administrators* (Ankara: Türk Tarih Kurumu Basımevi, 1955), 56.

（50） Ayhan, *Türkiye'de Din Eğitimi*, 192.

（51） 民主党政権について、特に一九五四年から一九六〇年までの政策については以下を参照。Demirel, *Türkiye'nin Uzun On Yılı*, 247–309.

（52） "Başvekil Konya ve Akşehir'de Çok Mühim Birer Nutuk İrad Etti: Bayar ve Menderes'e Onbinlerce Vatandaşın Coşkun Tezahüratı," *Zafer* (January 8, 1956).

（53） "Ortaokullarda Din Dersleri Okutulacak," *Yeni Sabah* (January 8, 1956).

（54） Şaban Sitembölükbaşı, "Menderes, Adnan," in *Türkiye Diyanet Vakfı İslâm Ansiklopedisi* 29 (Ankara: Türkiye Diyanet Vakfı, 2004), 125–128.

（55） Ali Kılıç, *Atatürk'ün Hususiyetleri* (İstanbul: Sel Yayınları, 1955), 114.

（56） "Konya'da Yaptığı Konuşmada: Menderes Din İşleri Dünya İşlerinden Ayrılamaz Dedi," *Ulus* (January 8, 1956); Asım Us, "Din ve Siyaset," *Vakit* (January 10, 1956).

（57） "Dini Politikaya Alet Eden Beyannameler," *Vakit* (January 22, 1956).

（58） 一九二六年の刑法は官報第三二〇号および法令集に掲載されている。*Resmi Ceride*, no. 320 (March 13, 1926); *Düstur*, Üçüncü Tertib, vol. 7 (Ankara: Türk Ocakları Merkez Heyeti Matbaası, 1928), 850–999. 第一六三条は八九一頁に掲載。第一六三条は一九四九年の改正を経て、一九九一年に廃止された。Çetin Özek, "Din Özgürlüğünün Korunması ve Dinsel Haklardan Yararlanılması Konusunda Bazı Düşünceler," *İstanbul Üniversitesi Hukuk Fakültesi Mecmuası* 45, no. 1–4 (1981): 88–105.

(59) Us, "Din ve Siyaset."

(60) "İlâhiyatçı Dekan, Din Derslerine Muarız," *Yeni Sabah* (February 4, 1956). 記事中では姓がアルソイとなっているが、誤植と考えられる。

(61) "Başvekil'in Din Derslerine dair Sözleri Maarif Vekili Ahmet Özel'i Şaşırttı," *Yeni Sabah* (January 9, 1956).

(62) "Maarif Vekili, Din Mevzuunda Başvekil ile Mutabıkım, Diyor," *Vatan* (January 10, 1956).

(63) "CHP. 'Dini Politikaya Aslâ Alet Etmiyecek,'" *Ulus* (January 16, 1956).

(64) İhsan Işık, "Bayur, Yusuf Hikmet," *Resimli ve Metin Örnekli Türkiye Edebiyatçılar ve Kültür Adamları Ansiklopedisi 2* (Ankara: Elvan Yayınları, 2006), 631.

(65) *T. B. M. M. Zabıt Ceridesi* 10 (*Ellinci İnikat, 28. 3 Çarşamba*), 1341–1342.

(66) *T. B. M. M. Zabıt Ceridesi* 10, 1343.

(67) *T. B. M. M. Zabıt Ceridesi* 10, 1343.

(68) *T. B. M. M. Zabıt Ceridesi* 10, 1343.

(69) Sitembölükbaşı, *Türkiye'de İslâm'ın Yeniden*, 34–35.

(70) *T. B. M. M. Zabıt Ceridesi* 10, 1344.

(71) *T. B. M. M. Zabıt Ceridesi* 10, 1344.

(72) ランダウによれば、フリーメイソンへの批判は一八六〇年代に始まり、第二次立憲政期に高まったという。Jacob M. Landau, "Muslim Opposition to Freemasonry," *Die Welt des Islams* 36, no. 2 (1996): 190–192.

(73) トルコ共和国期におけるフリーメイソンに関する言説については、スィテムボリュクバシュの著書を参照。Sitembölükbaşı, *Türkiye'de İslâm'ın Yeniden*, 136–139.

(74) この法案は却下された。Sitembölükbaşı, *Türkiye'de İslâm'ın Yeniden*, 139.

(75) Zürcher, *Turkey*, 1–6; Zürcher, "Ottoman Sources of Kemalist," 14–27. また、オスマン帝国末期からの連続性に関して、M. Şükrü Hanioğlu, "Blueprints for a Future Society: Late Ottoman Materialists on Science, Religion, and Art," in *Late Ottoman Society*, 28–116.

(76) Atalay, *Türk'e Tapmak*, 135–161.

（77） *T. B. M. M. Zabıt Ceridesi* 10, 1345.
（78） *T. B. M. M. Zabıt Ceridesi* 10, 1346.
（79） 粕谷「トルコの政教分離論再考」六頁。
（80） *T. B. M. M. Zabıt Ceridesi* 10, 1346–1348.
（81） *T. C. Resmî Gazete*, no. 9406 (September 13, 1956): 15581.
（82） "Din Dersleri İhtiyarî Olacak," *Dünya* (September 9, 1956).
（83） "Din Dersleri İhtiyarî Olacak."
（84） "Bâzı Okul Kitapları Bulunmuyor," *Yeni Sabah* (September 26, 1956).
（85） "Din Dersleri için Orta Okullara Talimat Gelmedi," *Yeni Sabah* (September 28, 1956).
（86） 一九五六年六月の出版規制の強化は出版法第六七三三号の発布による。*T. C. Resmî Gazete*, no. 9327 (June 8, 1956): 14506–14507. 民主党政権期およびそれ以前の出版法については以下の論文を参照。Yıldız, "Demokrat Parti İktidarı," 481–505.
（87） *Tebliğler Dergisi*, no. 921 (September 17, 1956): 147.
（88） *Tebliğler Dergisi*, no. 1288 (January 13, 1964): 11; no. 1380 (November 8, 1965): 395.
（89） Mustafa Öcal, "Yüksek İslâm Enstitüsü," in *Türkiye Diyanet Vakfı İslâm Ansiklopedisi* 44 (Ankara: Türkiye Diyanet Vakfı, 2013), 48–52.
（90） Ayhan, *Türkiye'de Din Eğitimi*, 249–270; Turan, "Türkiye'de İlahiyat Eğitimi," 69.
（91） 教材によっては表紙などに著者氏名とともに肩書きが書いてある場合がある。ここでは、例えば以下の教材を参照した。Mustafa Sabri Sözeri, *Din Dersleri 1. Kitap 1. Kısım* (İstanbul: Şehir Matbaası, 1957); Ahmet Okutan, *Din Dersleri Sınıf 2* (İstanbul: Arif Bolat Kitabevi, 1959); Dursun Güney, *Din Dersleri Ortaokul 1* (İstanbul: Atlas Yayınevi, 1967).
（92） 同様に、教科書には、国民教育省の教育審議会より「教科書として認可」された、あるいは「教科書としての使用が適当と見なされた」などの文言が記載されている。認可を得ていない教材にはその記述がないか、あるいは「学習指導要領に則って執筆された」などと書かれている。
（93） Veli Ertan, "Hayırlıoğlu, Eyüp Sabri," in *Türkiye Diyanet Vakfı İslâm Ansiklopedisi* 17 (Ankara: Türkiye Diyanet Vakfı, 1998), 50–51.

（94）通称マラティア事件 Malatya Hadisesi/Suikastı。事件の計画・実行者二〇人に拘禁刑が下された。犯人の青年らは、『ビュユク・ドウ』誌、『セルデンゲチティ *Serdengeçti*』誌などを読み、ヤルマンを、フリーメイソン所属者、共産主義者、ドンメ dönme（隠れユダヤ教徒）と見なしていた。犯行のきっかけとなったのは、一九五二年に米国企業がスポンサーとなってミス・ユニヴァースが開催されるにあたり、そのトルコ・コンテストを『ヴァタン』紙が請け負って行ったことであり、これをトルコ人女性の貞操を危機に晒す売国的行為と捉え、ヤルマンを「罰する」ために犯行に及んだという。アザクは、この事件が国民に反動の存在を裏づける出来事となったと評している。Azak, *Islam and Secularism*, 85–114.

（95）アクセキが中心となって執筆した教科書は、その後、再販が重ねられたが、一九六二年から一九八〇年までに出版された小学校四年生の教科書を読解したところ、初版のものと内容にほとんど変更がなされなかったことも確認することができた。*Din Dersleri Birinci Kitap*; *Din Dersleri 1*（İstanbul: Milli Eğitim Basımevi, 1962）; *Din Dersleri 1*（İstanbul: Milli Eğitim Basımevi, 1969）; *Din Dersleri 1*（İstanbul: Milli Eğitim Basımevi, 1972）; *Din Dersleri 1*（İstanbul: Milli Eğitim Basımevi, 1980）.

（96）二〇〇三年から一部、無償化されている。Mustafa Bayrakcı, "Ders Kitapları Konusu ve İlköğretimde Ücretsiz Ders Kitabı Dağıtımı Projesi," *Milli Eğitim Dergisi* 165（2005）: 7–22.

（97）一九七七年の『教育省広報誌』には、教師が教科書を予め購入する場合、教師が生徒に購入価格以上の金額を請求するといった不正行為をしないよう注意がなされている。*Tebliğler Dergisi*, no. 1952（September 19, 1977）: 491.

（98）礼拝と浄めの絵は高校二年生用の教科書に掲載されており、それらの仕方を説明する文章の補助として用いられている。Süleyman Ateş, Orhan Karmış, and Süleyman Hayri Bolay, *Liseler için Din Bilgisi 2. Sınıf*（İstanbul: Milli Eğitim Basımevi, 1977）, 40, 46.

（99）*Tebliğler Dergisi*, no. 921: 147.

（100）*Tebliğler Dergisi*, no. 921: 147.

（101）*Tebliğler Dergisi*, no. 921: 147.

（102）*Tebliğler Dergisi*, no. 921, 148.

（103）『教育省広報誌』によれば、アクサンとロナによる二冊の副教材は、民間出版社と国民教育省出版局の合同出版という形をとって出版されたものである。*Tebliğler Dergisi*, no. 980（November 4, 1957）: 187, 189.

（104）Halit Aksan and Saffet Rona, *Orta Okullarda Din Dersleri 1*（İstanbul: Ders Kitapları Türk Ltd. Şti., 1957）, 5; Saffet Rona and Halit Aksan, *Orta Okullarda Din Dersleri 2* (İstanbul: Ders Kitapları Türk Ltd. Şti., 1959), 5.

(105) Aksan and Rona, *Orta Okullarda Din Dersleri 1*, 48–49.

(106) Aksan and Rona, *Orta Okullarda Din Dersleri 1*, 49.

(107) Aksan and Rona, *Orta Okullarda Din Dersleri 1*, 49–50.

(108) Aksan and Rona, *Orta Okullarda Din Dersleri 1*, 49–50.

(109) Kaplan, "Din-u Devlet," 120–121.

(110) Rona and Aksan, *Orta Okullarda Din Dersleri 2*, 29.

(111) Rona and Aksan, *Orta Okullarda Din Dersleri 2*, 28.

(112) Rona and Aksan, *Orta Okullarda Din Dersleri 2*, 34.

(113) Rona and Aksan, *Orta Okullarda Din Dersleri 2*, 37.

第5章　イスラームとトルコ人

一九六〇年、軍部はメンデレスの独裁およびそれに対する反発がもたらした混乱を抑えるべく、クーデタを起こし、民主党政権を停止させた。クーデタ後の一九六一年には民政移管が行われ、共和人民党を第一党とする連立政権が発足した。しかしながら、共和人民党は国民からの十分な支持を維持することができず、一九六五年には民主党の流れを引く公正党に政権の座を譲ることとなった。公正党はそれまでの政治体制を維持しつつ、一九七一年まで比較的安定した政権を築いていく。高校への宗教科の設置は公正党政権期の一九六七年に実現された。

一九六〇年代において宗教教育をめぐる議論は、一九四〇年代におけるライクリキ、そして一九五〇年代における良心の自由を主眼としたものから、トルコ国民性、国民文化を主題とするものへと変化していく。共和国建国初期にはアタテュルク主導のもと、世俗性を旨とするトルコ国民意識の形成が目指されたものの、こうした方向性が国民に広く受け入れられたわけではなかったことは近年、指摘されるようになってきている[1]。トルコ人とイスラームの結びつきを強調した一九五〇年代の議論は、まさにこうした国民の反応に歩み寄ったものだった。一九六〇年代には、宗教教育をめぐる政策の議論のなかでこうした傾向はさらに強まり、トルコ人とイスラームのつながりは自明のものとして政治家によって表明されていく。本章では、一九六〇年代の高校への宗教科の導入過程とその教育内容を考察することで、トルコの公教育においてどのようにしてイスラームが国民教育のなかへ取り込まれていったのかを検討する。

本章第一節では、一九六〇年代のトルコの政治情勢に注意しながら、クーデタとその後の憲法改正、そして一九六二年の教育諮問会議における宗教教育をめぐる国民教育相の演説を取り上げる。第二節では、公正党政権下の一九六七年に高校への宗教科の設置がどのような経緯を経て達成されたのかを、第三節では、宗教科の学習指導要領と教材の内容を考察する。これにより本章では、一九六〇年代の宗教教育をめぐる議論の特徴を明らかにし、トルコ共和国政府が高校の宗教科にどのような政治的意図を込めていたのかを検討する。

一、一九六〇年クーデタと国民教育諮問会議

本節では一九六〇年クーデタの発生と軍事政権下においてなされた憲法改正、そして民政移管後の一九六二年に行われた第七回国民教育諮問会議を扱う。これにより、この時代に、宗教教育はどうあるべきだと捉えられていたのか、一九六〇年代前半の政治家たちの見解を見ていきたい。

クーデタの発生と憲法改正

一九五〇年代後半、メンデレス首相は独裁傾向を強めていた。それは、彼に敵対する共和人民党のイノニュに対する妨害行為や、野党の政治活動の極端な制限にまで至っていた。メンデレスは、一九五四年から強化された出版法によって、政府への反対意見を封じるため、『ウルス』紙や『ヴァタン』紙などをはじめ、多数の出版物を禁止し、記者に禁固刑を科した。一九五五年から六〇年の民主党政権のあいだには、出版をめぐって二三〇〇もの裁判が開かれ、八六七名の記者に有罪判決が下されたという(2)。民主党政権による圧力に対し、一九六〇年四月二八日、イスタンブル大学にて学生たちが政権に反対するデモを行った。この動きを受けて、首都アンカラでも学生や大学関係者たちがデモを引き起こした。大都市部において見られたこうした緊張状態は、五月二一日に士官学校の学生たちや、軍の下士

官による大規模なデモにおいて頂点に達した(3)。その六日後の一九六〇年五月二七日、軍部はクーデタを起こし、民主党政権に終止符を打った(4)。民主党の全議員は逮捕され、裁判により三一名の終身禁固、一五名の処刑判決が下され、結果として、メンデレスと元外相、元経済相の三名が処刑された。

裁判とときを同じくして、イスタンブル大学法学部教授を中心とした知識人たちが憲法草案を提出した。憲法草案は制憲議会における審議の後、国民投票で可決され、こうして一九二四年以来、微修正を経ながらも維持されてきた憲法が大幅に改正された。一九六一年に公布された新憲法では、民主党の独裁政治への反省が活かされ、第一党による権力の独占を防ぐことに重点が置かれることになった。憲法裁判所の設置、比例代表制および二院制の導入、司法の独立の保障、大学や言論界の自由も明記され、同時に、軍が内閣へ助言することを認める規定も設けられた。

さらに、この憲法には、一九五〇年代に政治家によってしばしば用いられ、メンデレスを批判する根拠のひとつともなった宗教の「悪用」という表現が挙げられ、それを禁止する文言も加えられることになった。宗教の政治等への利用の禁止は、憲法の「思想および信仰の権利と自由」の項目のなかの、「良心と宗教の自由」に該当する第一九条に明記された。憲法第一九条全文は以下の通りである。

すべての人は良心と宗教的信仰、思想の自由を有している。

公序または一般的な道徳、あるいはこの狙いに基づいて制定された法律に反しない儀礼、宗教的儀式、典礼は自由である。

何人も、儀礼、宗教的儀式、典礼に参加すること、宗教的信仰、見解を明らかにすることを強制されない。何人も、宗教的信仰と見解を理由に非難されない。

宗教教育はただ、個人の希望、未成年者の場合はその法定代理人の希望に基づく。

何人も国家の社会的、経済的、政治的、または法的な基本秩序を、部分的であれ、宗教規則に依拠させる、または政治的な、あるいは個人的な利益や力を得る目的で、どのような形であれ、宗教あるいは宗教心、宗教上、聖なるものと捉えられるものを利用してはならず、悪用してはならない。この禁止を犯す者、または他者をこれへ扇動する者は、法律に従って罰せられる。団体は管轄する裁判所によって、政党は憲法裁判所によって、完全に閉鎖される(5)。

一九二四年憲法には「良心と宗教の自由」という項目はなく、良心と宗教の自由についてはそれぞれ別の条文で挙げられていた。すなわち、一九二四年憲法では、良心の自由に関しては、第七〇条「身体の不可侵、良心、思想、言論、出版、移転、契約、勤労、財産の所有及び処分、集会、結社、会社設立の権利及び自由は、トルコ国民の天賦の権利の一部である」によって、宗教の自由に関しては、第七五条「何人も、その属する宗教、宗派、教団及び哲学的信条のために非難されない。社会秩序、公序良俗及び法律に反しない限り、いかなる宗教上の儀礼も自由である」によって保障されていた(6)。このように、一九二四年憲法では良心と宗教に関する事柄は別のものとされ、宗教に関する記述は宗派や儀礼といった言葉で端的にまとめられていた。これに対し、一九六一年憲法では、良心、宗教的信仰、思想が同列のものとしてひとつの条文にまとめられ、「宗教的信仰」、「宗教教育」、「宗教規則」などといったように、具体的な説明では宗教に関する事項が繰り返し取り上げられている。このことが示すように、この条文は宗教を主眼としたものであり、そのなかで宗教教育は一文を割いて言及するほどの地位が与えられていたのである。

前述のように、トルコ共和国においては祖国反逆罪法および刑法により、一九二〇年代後半にすでに、宗教を政治的な狙いのために利用することは禁止されていた。それらの法律は一九六一年当時も有効であったが、改めて同様の内容が憲法に盛り込まれたことからは、政教関係の内実の変化とは裏腹に、依然としてトルコ共和国において宗教が政治の分野における潜在的な脅威と捉えられていたこと、政治から宗教を遠ざけることがよりよい政治活動につながるという考えが保たれていたことがわかる。良心と宗教の自由に関する以上の条文では、宗教教育が希望制であることも保障されており、これは宗教科の必修化を防ぐ目的で記されたものと考えられる。それと同時に、この条文は宗教科の継続を保証するものともなった。軍事政権があえて宗教科の廃止に踏み切らなかったことからは、宗教教育は国家の制限下に置かれるのであれば、共和国の体制を揺るがすものとはならず、反対に、もし宗教教育を撤廃すれば、国民の反発を招いたり、それから生じうる政治家たちのさらなる宗教の「利用」を誘発したりするおそれがあると捉えられ、それを防ぐ狙いで宗教教育の保障が憲法条文に明記されたものと見ることができる。(7)

一九六一年一〇月、民政移管のための総選挙が行われた。投票の結果、イノニュの率いる共和人民党は三六・七％の得票率で一七三議席、一九六一年に新たに結成された公正党が三四・七％、一五八議席を獲得した。こうして、共和人民党を第一党とした、公正党との連立政権が誕生した。(8)公正党は旧民主党議員によって結成された党であり、他の政党を含めれば、旧民主党支持が得票の六割を越えていたことからは、メンデレスの独裁を経てもなお、民主党が根強い支持を得ていたのを見ることができる。また、今回の選挙で議席を獲得することはなかったが、この時期にトルコ労働者党をはじめ、イデオロギーを前面に押し出した政党が現れることになった。左派政党の多様化とともにクルド人の政治運動や政治的なイスラーム主義運動の始まりも見られ、右派の政治活動も広まっていった。(9)一九六〇年代はトルコ史上、政治的に最も多彩な時代であると言われるように、この時代にさまざまな政治活動が始められた。(10)

第七回国民教育諮問会議

民政移管後の一九六二年二月、第七回国民教育諮問会議が開催された。この会議では、教育の普及に伴い生じ始めた教育格差などを背景として、高校に相当する教育機関の職業、専門教育の拡充が重要な議題として挙げられた。新政権の所信表明演説では、一九五〇年代における外国に依存した経済発展への反省を活かし、技術や産業の発展が目的に掲げられており、専門教育の模索はそうした政権の方針を反映していると言える。

教育が分野別に議論されるなか、この会議では宗教教育も議題に挙げられることになった。諮問会議の開会にあたって、共和人民党所属の教育相ヒルミ・インジェスルは開会演説のなかで技術、商業、職業教育、体育、宗教、国防、教員養成など、今回の会議の議題となるそれぞれの教育について述べた。以下は宗教教育に関するインジェスル教育相の演説である。

私たちの憲法の第二条には、「トルコ共和国は人権に、先立って明確にされている基礎信条に依拠した、国民的、民主的、ライクな、そして社会的な法治国家である」と記されています。同法の第一九条では、この条文が示されています。「宗教教育はただ個人の希望、未成年者であればその法定代理人の希望に基づく。」

私たちの国家には、宗教的な意味での集団組織がないために、私たちの学校においては私たちが宗教的、道徳的な教育を行う必要があります。幼い年齢の生徒たちの母親、父親が希望する場合、彼らのためにこの教育は他の教育の内容と同じように実現されます。この授業の教授においては当然のこととして、生徒の家族が有する希望、愛、関心に依拠します。宗教教育の指導要領、目的、信条は、小学校と中学校ではそれぞれの段階にあわせて別々に明示しなければなりません。高校に関しては、諮問会議で必要とみなされるようであれば、宗教社会学に関してもう少し教授されなければならなくなるでしょう。これにより、宗教と文化の相互の近似性 yakınlığı が学ばれ、私たちの宗教と私たちの国民文化のあいだの関係が理解されることになります。トルコの新しい世代が、物質的な生活に加えて、精神的な生活をも力強く発展させることができるようにしなければなりません。(11)

以上の言葉に続いて、この演説では、宗教教育が「トルコ人の幸福の観点」から重要な意義をもっていること、「社会において宗教的感情を情操するために、学校と家庭が協同しなければならない」こと、教育にあたっては、特定の宗派の優位性を示すようなことはしてはならず、「諸宗派が共にもつイスラームの根幹」が教えられることが述べられた。(12)

教育相の演説のなかで言及された「宗教的な意味での集団組織」とは、おそらくはキリスト教の教会にあたる組織が想定されていると考えられる。ここには、トルコには国家から自立した宗教的権威が存在しないために、宗教に関する事柄は国家が担う必要があるという、これまでの議員や法学者が行ってきた主張と同じ理解を見ることができる。また、小学校および中学校において宗教教育が実施されている状況のなか、あえて憲法への言及が開会演説のなかでなされたことからも、公教育における宗教教育の実施自体については、もはや議論される余地がなく、会議の参加者たちが宗教教育の実施の是非を問うべきではないと予め牽制しているように思われる。同時に、高校へ宗教社会学の内容を増加する可能性が述べられたことからは、この時点では、高校に宗教科を導入するという考えはなかったことが確認できる。

この演説で注意を引くのは、「宗教と文化の相互の近似性」、「私たちの宗教と私たちの国民文化のあいだの関係」という表現が用いられ、宗教教育の実施にあたってはそれらへの理解を育むべきことが述べられた点である。前者の表現に関しては不明瞭だが、後者の表現での宗教とはイスラーム、文化とはトルコ人の文化のことを指していると考えられ、教育相が想定していた宗教教育は、ただイスラームの知識を教えるものではなく、トルコ人の文化との関連でイスラームが教授されるものだったと見ることができる。

教育諮問会議では、宗教教育は各々の教育機関の「生徒の発展と理解の段階に適合した、人格、道徳的な教育を促進する目的で、宗教心と信仰、そして儀礼について基礎的な知識を獲得させること」、「宗務庁において職務を行うさまざまな宗教的職能者と宗教の分野において教育を行うさまざまな職能者」を養成するために、宗教の職業教育が行われることなどが狙いとして提示された。審議の結果、会議では、初等教員養成学校で実施される宗教科は必修とされること、中学校で宗教科を教える教師には、特定の講習を受けた小学校と中学校の教師、神学部および高等イスラーム学院の卒業生がなることなどが決議された[13]。

二、公正党政権の成立と高校への宗教科の導入

一九六五年二月、イノニュ内閣が総辞職し、同年内に総選挙が行われた。選挙では、スレイマン・デミレル（Süleyman Demirel 一九二四—二〇一五年）率いる公正党が得票率五二・九%で勝利を収めた。こうして一九六五年一〇月から一九七一年まで、デミレルを首相とした公正党政権が続く[14]。高校への宗教教育の導入は同政権期になされることになるのであるが、宗教教育をめぐるこの時代の議論のなかで、これまでのものと異なる点として注目すべきは、教育を受ける側の子どもたちの声が取りあげられたことである。本節では、公正党政権下の一九六七年に、どのような過程を経て高校一、二年へ宗教科が導入されることになったのかを見ていく。

高校への宗教科設置を求める声

スレイマン・デミレルは西部アナトリアに位置するウスパルタ県の村の出身であり、イスタンブル工科大学卒業後、アメリカへ留学し、メンデレス政権期にはダム建設の責任者を務めていたことで知られる。デミレルは工業化を推進し、公正党政権下では産業が大きく発展した。こうした実績に加え、これまでの政治家たちと異なり、彼は軍人や官僚といったエリート層でも、メンデレスのような大地主の家系の出身者でもなかったという点も、後々まで続く彼の人気の理由になった[15]。

デミレル政権の宗教政策は、これまでの政権のそれを継承したものであり、同政権は社会の脱世俗化を積極的に推進したわけではなかったが、この時代に、それまでトルコにおいて地下化していた宗教運動が徐々に社会に表出していった。メンデレス政権とも結びつきがあったとされるヌルジュ運動は公正党政権を支持し[16]、同運動はこの時代に、フェトゥッラー・ギュレンを指導者とする新たな、そしてトルコ史上最も大きな宗教運動を生み出す基盤をつくって

いく[17]。一九六〇年代後半は、同じくその後の議論の的となっていく、公共の場におけるスカーフ／ヴェール着用の是非を問う「スカーフ問題」が可視化した時期でもあった[18]。

　こうした宗教をめぐる活動の高まりを受け、共和人民党機関紙の『ウルス』は、特に一九六七年に、トルコにおいて「宗教国家」構想の動きが起きていると複数回にわたって報道している。『ウルス』紙によれば、その動きはヒズブ・タフリールなどの宗教団体のもとで行われており、そうした団体は現行の民法や刑法を撤廃させ、カリフ制の復活や一夫多妻制の施行、飲酒の禁止などを求め、シャリーアを基礎とした国家の構築を図っているという[19]。そして、『ウルス』紙はそうした動きを、「ライクリキ原則に対してなされた攻撃」だと非難し、社会の現況に満足しないよう注意を喚起した[20]。宗教的な動きに対する批判的な報道は、民主党政権が誕生した一九五〇年代前半になされたものと酷似している。このことからは、政権交代やそれに伴う宗教規制緩和の動きを受けて反動イスラームへの恐怖が喚起されること、こうした報道が政権への婉曲的な批判として行われたことが見てとれる。

　公正党政権の所信表明演説では、教育に関しては、村落部の識字率の向上や、大学や高等教育の代替となるような技術教育機関の充実に加え、職業学校、導師・説教師養成学校の卒業生たちがさらにその先に進学できるように高等教育を拡充することが述べられていた。宗教教育に関しては、「我々の憲法のライクリキ原則を、国民の宗教的必要性を圧力下に置き、宗教と儀礼の自由や宗教教育を制限するという枠組みのなかで考えることはできない」という前提が示され、「精神的な信仰の必要性を満たす形で、宗教教育を重視する」こと、「現代的生活の必要性に適した、文化度の高い市民集団を満たす、よい教育を受けた宗教者を養成するために努める」ことなどが述べられていた[21]。この声明から明らかなように、トルコ共和国においてはもはや、公教育のなかで宗教教育が実施されるという考えは当然のこととして捉えられ、政策が進められていく。

　共和人民党の機関紙『ウルス』で宗教国家建設の動きが危機感をもって報じられる一方、公正党機関紙『ソン・ハヴァーディス』が報じたのは、宗教教育を求める国民の声の高まりだった。『ソン・ハヴァーディス』紙によれば、一九六七年五月、高校への宗教教育の導入を求め、高校生たちがソン・ハヴァーディス新聞社を訪れたという。記事によれば、高校生たちは、「私たちは今、精神的な虚無のなかにいます。残念なことに、私たちは自分たちの宗教を知りません。『イスラームの義務はいくつあるか?』と尋ねられても、私たちのなかで正しい答えを出せる友人はほとんどいません」と述べ、宗教科が高校で行われる必要性を訴えたという。そして、高校生たちは、中学校では宗教科には十分な時間が割かれておらず、進級に影響がないため、生徒たちはこの授業に十分な意義を見出していないことを述べ、高校で宗教科が必修科目として設けられることを希望したという。(22) これまでの政治家たちの議論では、宗教教育を望む国民の要望に応えるために国家が宗教教育を行う必要性があると主張されると同時に、宗教教育を望まない国民のために、宗教教育はあくまでも選択希望制であるという前提は保持されてきた。これに対し、新聞社を訪れた高校生たちは、宗教教育を必修とすべきことを明確に主張している。

高校生の希望という形を取っているとはいえ、宗教科を必修科目にするべきという主張を公正党の機関紙が公に提示できた背景には、この時代に活発になり始めた国内の左右闘争があると考えられる。経済発展や農業改革に伴って人口移動が高まり、新たに都市部に移住した人々の受け皿となるべくイデオロギー政党が次々と設立されるなか、共和人民党は自身の立場を明確にし、改めて国民の支持獲得を目指すべく、同党が中道左派であることを宣伝した。(23) 共和人民党のこうした動きは、国内の左翼活動を活発化させ、結果として、左派政党であるトルコ労働者党が支持層を広げ、国内の労働運動や学生運動の動きが高まった。そうしたなか、思想クラブ連盟 Fikir Kulüpleri Federasyonu をはじめとする学生組織が結成され、若者のあいだから社会の変革を主張する声が挙がり始めた。(24) 一方、一九四六年に結成された国民トルコ学生連合 Millî Türk Talebe Birliği はこれまで左派であったのに対し、一九六七年に保守右派化し、共産主義者、シオニスト、フリーメイソン所属者を主な敵対者として掲げ、変革を求める左派の動きに対抗した。(25) 宗教科の高校への導入や必修制を求める高校生たちが国民トルコ学生連合に所属していたかは不明であるが、こうした要望の背景には、当時、高まりつつあった学生運動の影響があったと考えられる。(26) 社会主義や共産主義の影響を受けたトルコの左派を批判する彼らのような学生たちが、選択希望制という宗教教育の制度を問題視し、国民の全体性を意識するなかで必修の宗教科を求めたと見ることができる。

高校生たちの要望を伝える記事が掲載されてから一週間と経たないうちに、『ソン・ハヴァーディス』紙は、公正党議員メフメト・アテシオール（Mehmet Ateşoğlu, 一九二六―二〇一七年）が高校への宗教教育の導入を主張していることを報じた。同紙によれば彼は、「トルコは恐ろしい精神的危機を迎えている」ために、これに対抗すべく宗教教育を行うことが必要であると主張し、教育相へ二回にわたって高校に宗教科が設けられるように要請していたという(27)。この記事では、アテシオールが教育相へ提出したとされる意見書の抜粋も掲載された。

もし高校に宗教の授業が設けられなければ、力強い宗教教育が［高校生に］与えられなければ、道徳的、精神的頽廃が続いてしまいます。なぜなら、信仰のない心は、原子でいっぱいであっても、活力やエネルギーの観点からは無であるからです。

力強い宗教教育はトルコ人の魂と信仰を強め、トルコをこの精神的、道徳的頽廃から救うでしょう。トルコ国民の精神性、信仰はイスラームであります。トルコ国民の道徳もイスラーム道徳です。トルコ国民にとって、イスラーム以外の精神性、イスラーム道徳以外の道徳は決して考えられません。それゆえに、トルコ国民にイスラーム以外の信仰を模索することは、完全な意味で裏切りなのです。

高校に宗教科を設けるにあたってはさまざまな機会があります。法律上、どのような障壁もありません。もう恐ろしい時代が終わったことを、十分に理解しましょう。これよりも前に小学校、中学校に宗教科が導入されています。［高校の宗教科に関しても］この方向で進められるべきでしょう。高校へも［宗教科が］導入されるべきです。問題はこのことから成っています(28)。

ここで言及されている「恐ろしい時代」とは、宗教教育が廃止されていた一九三〇年代から四〇年代を指しているものと考えられ、この意見書では、そうした時代が批判されている。この意見書で注目すべきなのは、トルコ人の精神性や信仰、さらには道徳がイスラームであると断定されている点である。一九六二年の共和人民党政権期の教育諮問会議において、教育相はトルコ国民文化とイスラームの「近似」した関係が宗教教育で教授されるべきことを主張していた。これに対し、一九六五年に発表されたアテシオール議員の意見書では、内面の精神性や道徳の面でトルコ人とイスラームの結びつきが前提として提示され、高校の宗教教育の実施が要望されているのである。彼は、道徳に関して、イスラームに依拠した道徳以外の道徳は「決して考えられない」とまで述べ、かつて一九四〇年代に模索されていた「ライクな」道徳の構想を完全に否定する。公正党政権が機関紙を通じて、この議員の主張を国民に提示したことを考えると、政権内で、こうした見解が国民、少なくとも公正党支持者たちからは共感を得られると理解されていたと見ることができる。

アテシオール議員による高校への宗教科設置を要請する声が報道された後、『ソン・ハヴァーディス』紙では再び、高校生たちとその保護者による宗教科の拡大を求める動きが報じられた。そのなかには、高校生たちが一二メートルにも及ぶ嘆願書を書き、教育省へ送ったことや、議員へ宗教科の実施を求めるよう要請したことなどを扱う記事が含まれていた(29)。これらの記事では、制服を着た男子高校生たちの写真が掲載され、彼らの主張が切実なものであることが訴えられた。こうした報道の流れからは、公正党は、国民の反応をうかがうべく予め「高校生による要請」として高校への宗教科導入という事案を提示し、それへの目立った反対意見が出なかったことを受け、同党の議員による主張を機関紙に掲載させることに踏み切ったものと考えることができる。そして、その後にこうした見解が国民から支持されていることを裏づける証拠として、高校生たち自身が主体的に宗教教育の導入を望んでいることを示す内容の記事を続けて掲載させた可能性がある。

アテシオールは翌六月、高校へ宗教教育を導入するべく議員に署名を募った。二日間にわたって行われた署名活動の結果、複数の政党に所属する二〇〇名の議員から賛同を得て、彼らの署名入りの嘆願書を教育相に提出したという。(30) 嘆願書は一二の項目から構成されていた。以下にそのうちの六つの項目を抜粋する。

一．トルコにおいては長いあいだ、私たちの精神的な力を侵害する「左派の文化革命」が、完全な恐怖でもって続いています。青年層に恐ろしい道徳的、精神的崩壊が起こっています。この道徳的崩壊は、ただ力強い宗教教育によってのみ止めることができます。

二．トルコ国民はムスリムであり、ムスリムのままであり続けます。イスラームはトルコ国民の信仰であり、精神であります。トルコ人であることは、イスラームによって実現し、永遠となります。イスラームは科学と信仰の根幹であり、成熟と進歩の力、自由と文明の原則に満ちた偉大な宗教です。

三．ライクリキは無宗教や宗教の敵ではありません。しかしながら、ライクリキは私たち［の国］において、常に宗教の敵という形で実践されてきました。トルコではライクリキの名によって、恐ろしい罪が行われてきました。しかしながら、ヨーロッパとアメリカの最も民主的で最もライクな国々において、キリスト教の魂と信仰は、国民教育の基礎を形成しています。それらの国々においてはあらゆる段階の学校に教会があるように、生徒たちは非常に力強い宗教教育によって深いキリスト教の意識でもって教育されています。

四．世界中で、学校において宗教教育が授けられない、宗教教育が行われないのは、共産主義者の国々だけです。

五．トルコにおいて、「高校に宗教科を設ける」ために、どのような小さなものであれ、法的な障壁はありません。ライクリキにも決して反しません。［宗教科を高校に設けることは、教育］省の裁量と権限の範囲内です。そもそも、小学校と中学校においては宗教科が設けられています。それらの続きとして、高校にも宗教科が設けられるべきです。

二、公正党政権の成立と高校への宗教科の導入

［…］

一〇．トルコでは、社会主義と左派を隠れ蓑として、ソヴィエト社会主義者、神をも知らない共産主義者たちが、ためらうことなく共産主義運動を続けています。この赤きモスクワ主義者たちは、あらゆる機会に私たちの宗教、信仰、国民性、神聖なるものに対して、卑怯にも攻撃をしかけています。この赤い犬たちはただ信仰という武器によってのみ排除されるのです。(31)

宗教教育の導入が道徳や精神性の頽廃、共産主義の流入への対抗策となるという主張は、一九四〇年代に見られていたものであり、第二項にある「トルコ国民はムスリムであり、ムスリムのままであり続け」るという文言も、一九五六年にメンデレスが中学校への宗教教育の導入を発表する演説で用いた表現と同じものである。このように、一九六七年の宗教教育の実施に関する主張の内容はそれまでのものと大きな変化はなく、一九四〇年代から五〇年代に既に提示された内容がそのまま繰り返されているのを見ることができる。そして、依然として宗教教育がライクリキに反しないことが確認されることからも、この時代においても一定程度にライクリキの護持が重視されており、宗教教育の是非をめぐっては同じ議論が堂々めぐりしていたと言うことができよう。

それと同時に、この嘆願書には宗教教育をめぐるこれまでの議論とは異なる点も見られる。それは先の意見書にあったように、トルコ人とイスラームの関係の捉え方にある。この嘆願書では、イスラームがトルコ国民の「信仰」や「精神」であり、「トルコ人であること」は「イスラームによって実現し、永遠とな」ると、トルコ人であることとイスラームが密接に結びついていることが強調されている。この主張の内容は、イスラームの教えそのものの重要性や道徳教育上の意義を説くというよりは、イスラームをトルコ国民性と結びつけることで宗教教育の意義を説明し、高校への宗教科の導入を訴えるものとなっていると言える。

高校への宗教科導入を求めるこうした動きに加え、議会の予算委員会では、共和国初期より小規模な形で活動が続けられていたクルアーン教室を「宗教コース」へと改組することで、民間における宗教教育の充実を求める声も挙げられた[32]。こうした、宗教教育の拡充が議論されていた一九六七年六月五日には、第三次中東戦争が勃発し、六日間という短期間でエジプト、シリア、ヨルダンのアラブ諸国がイスラエルに大敗したという出来事があった。これを受け、トルコ国民のなかには、アラブ諸国の敗因を「無宗教およびイスラームからの乖離」の二つにあるとし、そうした理論から、「敗れたのはムスリムではない、社会主義者やナショナリストのアラブ人たちである」と主張する者もいたという[33]。こうしたムスリムとしての危機感が煽られるという出来事も、一九六七年に、宗教教育の拡大を積極的に後押しする機運を高める一端となったと見ることができる。

これまでのトルコの宗教教育政策からは、公正党政権も、宗教教育政策に積極的な姿勢を見せることが国民の支持を得ることにつながると理解していたものと考えられる。以上のことからは、公正党は、政権を獲得してから一年以上が経ち、国内の政情が安定し、さらに中東戦争が起こした緊張状態とそれによる宗教への回帰が高まった時期を見はからい、高校への宗教科導入を決定したと推察されるのである。

高校への宗教科導入

一九六七年八月二五日、教育相イルハーミ・エルテムは会見を開き、高校一、二年次への宗教科の導入に関する発表を行った。以下のエルテム教育相の発言からは、高校への宗教科導入は現段階においては審議中ではあるものの、その導入はほぼ決定しているという前提で話がなされていることがわかる。

> 私たちの憲法の第一九条に従えば、高校へ必修の宗教科を設けることはできません。この条文では、宗教教育は個人の希望、子どもに関しては保護者の希望に依拠するものであることが明示されています。ただし、宗教科が学ばれることは、ライクリキに反することではありません。高校に宗教科を設けるかどうかに関しては、教育審

議会において調査が進められています。結果は新教育年度の前に発表されます。小・中学校において保護者の希望に従い、生徒に宗教科が教えられているように、私の個人的な見解では、高校でも同じように宗教科を教えることができます[34]。

小・中学校において宗教科が行われているなか高校の宗教科がライクリキに反しないとあえて述べることで、エルテム教育相は、選択希望科目である宗教科の高校への設置がライクリキに反するという批判がなされることを未然に防ごうとしたものと思われる。中学校への宗教科導入をめぐる議論においてそうであったように、小学校、中学校の宗教科という前例を出すことによって、高校の宗教科がライクリキに反しないとされ、その根拠について改めて説明されることはなかった。

この発表では宗教科の目的についても明らかにされた。それによれば、高校の宗教科は、「私たちの子どもたちを、トルコ国民の子弟であることの名誉を理解し、トルコ人であることに誇りと責任を持ち、トルコ国民意識を備えた、現代文明を実現させる精神力と知識をもった人物に育てること」が目指されることとなった[35]。ここに挙げられたことはすべて、トルコ国民意識の涵養に関することであり、宗教知識や宗教と関連する精神性や道徳、信仰といったことは言及されていない。宗教教育の意義が国民や国家という事柄との関連のなかでのみ説明され、それ以上の理由が述べられなかった理由は、宗教教育の国民教育としての意味を強調することによって、宗教教育の教授学年を拡大することを正当化しようとする意図があったためであると考えられる。この時代には宗教科に対する目立った批判はなされなくなっていたが、公教育における宗教教育の実施が自明視され、教授される学年が拡大していくなかでも、教育相の発言に見られるように、依然として政府はライクリキと公教育における宗教教育の兼ね合いに配慮していた。それゆえに、先の高校への宗教科導入を求める意見書や嘆願書のなかでも、イスラームとトルコ国民の結びつきを強調することで、宗教教育の拡充の正当性が主張されたと考えられる。一九六〇年代になり、宗教教育をめぐってはライクリキ自体が議論の中心を占めることはなくなっていたとしても、トルコにおける宗教教育が議論される際にライクリキは依然として配慮を示されるべき事項と見なされていたことがわかる。

中学校の宗教科導入時に遅れが生じたのと同様に、高校への宗教科の導入もエルテム教育相の発表通りには進まなかった。高校用の宗教科教科書の作成は遅れ、翌一九六八年になり、ようやく出版されるようになった。このことからは、中学校の宗教科と同様、高校の宗教科に関しても予め話し合いが進められた上で計画的に導入が決定されたというよりは、先に挙げた国内の左右闘争や国外の不安定な情勢を受けて、政府が宗教教育拡充を決定したものと見ることができる。教科書が刊行されるまで、当初は教育省によってテーマ別に指定された図書を参考に、学習指導要領に則って教育がなされることが決定された[36]。

高校一、二年に宗教科が設けられた翌一九六八年には新しい学習指導要領が告示された。こうして、一九四八年の制定より継続されてきた小学校の学習指導要領が改訂され、宗教科の内容も変更されることになった。一九六八年の指導要領には、授業の構成、問答、問題解決などの方法論が盛り込まれ、教育学的な観点から教育方法の見直しが行われたのを見ることができる。一九六八年の小学校の宗教科学習指導要領には、「トルコ人がイスラーム教に対して行った貢献」という単元が新たに加えられた[37]。このような「トルコ人」に関連する内容が設けられたことからは、一九六〇年代において、イスラームとトルコ人の結びつき、イスラームの教育のなかでトルコ人の特徴を教えるという傾向が、小学校の要領へも反映されるようになったことが見てとれる。この指導要領は、宗教科が廃止される一九八二年まで使用された。

三、高校一、二年の宗教科学習指導要領と教材

以上で見てきた高校の宗教教育の導入をめぐる政治的な議論は、実際の宗教科の内容には、どのような影響を及ぼ

したのだろうか。高校の宗教科導入にあたっては、トルコ人とイスラームとの結びつきを強調する観点から宗教教育の意義が強調されたが、そうした主張は実際の教育へ反映されたのだろうか。そして、高校宗教科の内容は、小学校、中学校のそれと異なる性格をもつものとなったのだろうか。以下ではこうした問いに答えるべく、高校一、二年の宗教科の学習指導要領と教材の内容を取り上げる。

高校一、二年の宗教科の学習指導要領

一九六七年一〇月、国民教育相は高校の宗教科指導要領を発表した。『教育省広報誌』に掲載された宗教科に関する決定の第一項目は以下の通りである。

一九六七／六八教育年度の開始から、高校とそれに相当する学校、高校段階の職業学校の一、二年において、中学校一、二年においてそうであるように、トルコ共和国の憲法の「希望に基づく」という記述と、同じく憲法の「ライクリキ」原則に従う条件で、通常の授業時間外において週に一時間ずつ、宗教科の授業が学ばれること、この授業において付記の指導要領に従うことが、私たちの［国民教育］省によって適当と見なされた(38)。

この決定では、授業の担当の教師には「可能な場合、神学部、高等イスラーム学院の卒業者がなり、これに該当する者がいない場合は、中学校でそうであるように、現状のところこの件に関して関心を持つ近い分野の教員」がなることが決められた。高校の宗教科の解説では、科目の主な目的として、生徒に「一連の知識を与えることよりも、小・中学校で獲得した知識に依拠しながら、物質を越えた精神世界が存在すること、［そして］その存在には必要性があり、それが後に存在するようになった物質から構成されないことをよく理解させること、［生徒たちの］精神のなかに物質を超えた価値に対する関心と愛を呼び覚ますこと」という文言が挙げられた(39)。中学校の宗教科の要領でも、授業

ではイスラームの教義が詳細にわたって教えられることよりも、イスラームの基本的な教えを教授するものであることが規定されていたように、高校の宗教科においても知識を与えることより生徒の精神性を発達させることが目指されていた。このように、中学校、高校を通して、宗教科ではイスラームに関する深い知識を教授するというよりは、イスラームの基礎的な教えを基にした道徳教育、情操教育の側面が教育の目的として意識されていたことがわかる。さらに言えば、小学校の宗教科もイスラームに関する知識を教えるものというよりは、愛や道徳的なふるまいを重視する内容だったことを考えると、小学校から高校までを通して宗教科の目的は、イスラームの詳細な教義や歴史よりも、道徳や礼儀、精神性に関する内容を教えるものと想定されていたと言える。

科目の解説のなかには、「イスラーム教の、トルコ人の魂とトルコ国民の良心への適合や、私たち国民がこの宗教を心からの愛で受け入れていること、努力、成功、愛に基づく［そうした］事実について」教授されるという文言も挙げられた。こうした説明からは、高校の宗教科要領においては、それ以前の議論のなかで挙げられていたような、トルコ人の魂や良心がイスラームと適合しているという理解が盛り込まれたのを見ることができる。

学習指導要領で定められた高校の宗教科の単元は以下の通りである(40)。

高校一年

一．宗教学 Dinler Tarihi の概観

二．イスラーム教における信仰、儀礼、道徳の概観

三．イスラームの義務の概観

四．イスラーム教における道徳

五．トルコ人が歴史上

（一．）イスラーム教の拡大、保護、

（二）知識と芸術の活動の発展、
（三）科学の進歩、
（四）美術の深化へ果たした貢献

高校二年
一．最も偉大な人間で、最も偉大であり最後の預言者であるムハンマド様
二．普遍宗教としてのイスラーム教の特徴と性質
三．預言者ムハンマドがクルアーンで知らせ、ハディースで教え示し、周囲の人たちへ教化し、勧め、自身が実践した道徳信条
四．アッラーへの畏怖と道徳
五．イスラーム教における義務意識
六．宗教の個人に対する影響
七．イスラーム教の観点からの理性と宗教
八．イスラーム教の観点からの知識と宗教
九．イスラーム教の自由の理解
一〇．イスラーム教の社会秩序
一一．イスラーム教の国家理解
一二．イスラーム教の家庭秩序
一三．イスラーム教の真の帰依への理解
一四．迷信に対するイスラーム教

一五．イスラーム教における英雄性と自己犠牲の考え
一六．信仰と人格
一七．文明と美徳の宗教としてのイスラーム教の概観

このように、高校ではそれまでの教育内容に比べ、宗教やイスラームを俯瞰的に捉える視点や、イスラームの観点から社会や個人の生活などに関するさまざまな事象をどのように捉えるかを教授することが目指されていた。それと同時に、その教育内容は、イスラームの基礎、社会や個人に対するムスリムの義務、トルコ人のイスラームへの貢献などであり、扱われている主題自体は中学校のそれと大きくは変わらず、基本的には、中学校の宗教科の内容と同じものが繰り返されていたことがわかる。

高校一、二年の宗教科の教材

高校用の宗教科副教材は科目の設置翌年である一九六八年から出版されるようになった。ただし、『教育省広報誌』に掲載される一九六八年度教材一覧には高校の宗教科の副教材は掲載されておらず、これは、おそらく出版が学期の始まりより遅れたことによるものと考えられる。

小学校や中学校の教材と異なり、一九七六年までに出版された高校宗教科の教材は民間出版社からのみ出版され、それらはすべて、前半が一年生用、後半が二年生用となる合冊版だった。執筆者は、高校の宗教科教員や高等イスラーム学院の教員などであった(41)。以下では、高校教員を務めた後、国民教育省で働き、後の一九九〇年代には教育審議会議長を務めたオメル・オクタンによる教材を取り上げ、その具体的な記述を見ていきたい（目次は巻末資料③を参照(42)）。

高校の教材は小学校と中学校のそれとは異なり、内容の最初のページにはクルアーンの文言のバスマラが書かれて

いない。また、中学校の宗教科の教材に比べ、章の数が少なく、ひとつの章が長くなっている点が特徴的である。高校一年で「宗教学の概観」章、高校二年で「宗教の個人と社会における影響」章が設けられていることからは、学習指導要領にあったように、イスラームに関する詳しい情報を教授するものというよりは、より包括的にイスラームを捉える見方を養うこと、イスラームの教えを通して知性を発達させ、よい行いを促すことが狙われていると言えよう。高校一年では「イスラーム教における道徳」という章が掲げられており、そこでは、中学校の教材に見られたように、善行、公正さ、相互扶助といった道徳的と思われる性質や行為について説明されている。

以下では、一九六〇年代に導入された高校宗教科の内容が、それ以前の教材とどのように異なるのか、その内容を比較するべく、（a）国家への奉仕、（b）トルコ人とイスラームの関係に注目し、その記述を見ていきたい。

（a）国家への奉仕

小学校、中学校の宗教科でそうであったように、高校二年用の教材にも、祖国愛、そして殉教に関する記述が見られる。第六章「さまざまな事柄とイスラーム教」のなかの、第九節「イスラーム教における勇敢さと犠牲の精神」では、アッラーを信じる者は現世で生きた後、アッラーの元に帰ることを知っているために死を恐れないと説明される。こうした信仰者にとって祖国は「少なくとも貞操や純潔、自由ほどに」聖なるものであり、預言者ムハンマドが祖国愛は信仰からなると言っていたこと、祖国のために戦うことは信仰者にとって最も重要な義務であると続く[43]。

祖国のために戦うことについては、預言者ムハンマドの言葉に加え、以下のようにクルアーンの引用も用いて説明される。

敵と戦うことはアッラーの命令である。このため、私たちは、私たちの信仰、貞操、自由、祖国に手をつけようとしてくる敵と戦うことを「アッラーの道において戦うこと」と言うのである。私たちの神は以下のように命令している。「ああ、信仰する者よ！　武器を取り、「戦争の準備をし」、隊を成して、皆で一斉に進みなさい。現世の生活を「対価として」来世に売る者よ、アッラーの道において戦いなさい。アッラーの道において戦い殺される者へ、また勝った者へも、大きな報いを与えよう。」（女性章／七一、七四節）この［クルアーンの］章からもわかるように、アッラーの道において戦うために、常に準備していなければならない。戦争においては死ぬか、勝たなければならない。[44]

このように、信仰、貞操、自由、祖国が侵害されそうになったときに戦うことが、アッラーの道において、すなわちムスリムとして神のために戦うことと定義されている。この文章では、アッラーの道において戦えば、戦死したとしても、また生き残ったとしても、いずれにせよ「報い」が与えられると、読者が戦地に赴くようにその意義が説明されている。

こうした記述の後には、戦って死んだ者を「死者と思ってはならない」、「アッラーの道において戦い、死ぬ者は殉教者、この戦いで勝って帰還した者は聖戦士と言われる」と、中学校の教材で挙げられていた文言と同じ内容が繰り返されている。さらに、アッラーは、殉教者と聖戦士には、そうでない信徒が受ける報いに加え、「すべての罪を許す」こと、アッラーから見て、殉教した者は信徒のなかで「最も高い段階」に至ることなど、小学校の教科書に見られたのと同じ内容を含む文章も挙げられ、幾重にもわたって国土や信仰のために戦うことにいかに益があるかが説明されている。[45]このように、読み手、すなわち子どもたちに戦場へ赴く意義を示すにあたっては、高校の教材では小学校、中学校の教材のなかで見られたものとほとんど同じ記述が繰り返されていた。

他方、高校宗教科教材の記述のなかには、小学校、中学校のそれとは方向性が異なる記述も見ることができる。殉教に関する最後の記述には、以下のようにある。

イスラーム教におけるこの殉教者と聖戦士に関する信仰は、トルコ人の天性の兵士としての能力、勇気、勇敢さと合わさり、［トルコ民族は］他のイスラームの民族とは異なる［特別な］民族となった。(46)

この文章では、イスラームの戦争に関する命令、義務において、他の民族に比べてトルコ人が優れていることが明確な形で記され、さらに、イスラームの信仰とトルコ人の「天性」の能力が「合わさ」ったと叙述されている。中学校の宗教科教材の記述がイスラームの信仰や文化を理由としてトルコ人の優位性を強調するものだったのに対し、高校の教材では、イスラームとトルコ人という二つの存在の、それぞれの優れた性質が合わさったことで、トルコ人が特別な存在となったことが説かれているのである。

これまで見てきたように、宗教科の教材では、国土や国民のために戦うことがイスラームの命じる殉教だとして、その重要性が小学校から高校まで繰り返し教授されることが目指されていた。高校二年の教材では、トルコ人の兵士としての優れた性質と、敵との戦いを奨励するイスラームの教えが結びついていることが説明されており、このことからは、読者に国家への奉仕を強調する内容が繰り返されるとともに、トルコ人とイスラームの関係がより密接なものとして描かれるようになっていったのを見ることができる。

(b) トルコ人とイスラーム

以上で指摘した内容は、国家への奉仕を主題とした記述以外にも見られるのだろうか。高校一年の教材には、学習指導要領に沿うように、「トルコ人の歴史上におけるイスラーム教への貢献」という章が設けられている。この章は、第一節「イスラーム教の拡大におけるトルコ人の貢献」、第二節「イスラーム教の維持におけるトルコ人の貢献」、第三節「トルコ人の学術活動の発展への貢献」、第四節「トルコ人の科学の発展への貢献」、第五節「芸術の分野におけるトルコ人の貢献」、読み物（スアト・ケマル・イェトキン著『イスラーム芸術の歴史』の抜粋）から構成されている。

節題から明らかなように、この章では、イスラームの拡大と維持、科学や芸術の分野におけるトルコ人の貢献が扱われている。

高校二年の国家への奉仕に関する記述でも見られたように、この章でも、トルコ人がイスラームの拡大に「他のムスリムの国家と比べられないぐらい」貢献したと、他のムスリムの民族よりもトルコ人が優れてイスラームに奉仕したことが説明されている。この教材では、トルコ人たちは八世紀以降ムスリムになり始め、イスラームを「心から自分たちのものとしていき、生きた形で実践した」こと、そうした生活を数世紀ものあいだ続けたゆえに、「イスラーム国家の指導者で、模範となった」とされる。さらに、トルコ人はイスラームの教えを広めることを聖なる理想として掲げ、征服先では、「イスラーム教の道徳、公正の規則、思想と良心の自由に与える価値を常に心に留め」ていたため、征服先のキリスト教徒の民衆からは、敵ではなく、友のように迎えられたという。(47) キリスト教徒による十字軍もまた、「トルコ人の類を見ない戦争の才能、戦術、熱い信仰、勇敢さ」を前に太刀打ちできなかったと描写される。(48)こうした戦いに関するトルコ人の貢献に加え、節題にあるように、「イスラーム科学の発展におけるトルコ知識人の役割は大きい」、「書道芸術の発展を促し、最もすばらしい手本を示したのは、トルコ人の書道家たちであった」といったように、科学と芸術の分野においてもトルコ人が他のムスリムに比べて優れていることが説明されていた。(49)

このようなトルコ人の優位さを強調する記述に加え、高校宗教科の教材では、先に見た国家への奉仕以外の事柄に関しても、トルコ人とイスラームの融合を説く記述が見られる。「イスラームの信仰とトルコ人の風情が混ざり合い、特別な様式を有することになったトルコ建築は、歴史を通じて時代によって変化し、成熟していく特徴を持っている(50)」といった、トルコ人の特徴とイスラームの信仰という別のものが混ざり合った結果として、より優れたトルコ文化が作り上げられていったことを説明する記述も見ることができる。

このように、高校の教材においても、一九五〇年代に執筆された中学校のそれと同じように、トルコ人がいかにイスラームに貢献してきたか、ムスリムのなかでいかに優れているかが描かれていた。こうした点とともに、一九六〇年代に出版された高校の教材ではトルコ人からイスラームへの奉仕という一方向の関係性に加え、両者の相互的な関係性を説く記述も見られるようになっていた。イスラームとトルコ人の性質や文化が「合わさ」ったという記述は、トルコ人にとってのイスラームの意義を強調する狙いによるものと考えられ、一九五〇年代に比べ、宗教科教材において両者の関係が、より近しいものとされるようになったと言える。

小結

一九六〇年クーデタ後の軍事政権下では、憲法改正や二院政の導入など大きな変革が行われたかのように見えたが、一九六〇年代のトルコの政治は一九五〇年代のそれから大きく異なるものとはならなかった。一九六一年、はやくも民主党の後継政党である公正党が誕生し、民政移管後の同年内には共和人民党と連立政権を成立させ、その後、一九六五年には単独政権を獲得するに至る。一九六一年憲法においては選択希望制のなかでの宗教教育が保障され、この時代になり、一九四〇年代の共和人民党政権期、そして一九五〇年代の民主党政権期に導入された小・中学校の宗教科の是非はもはや問われることはなくなり、一九六七年の高校への宗教科導入は政治家や知識人のあいだで議論を起こすこともなく実現された。

とはいえ、依然として国家による宗教的事柄への関与は賛否を呼びうる話題であり、宗教教育の拡大を正当化するべく予め用いられたのは、トルコ人にとってのイスラームの重要性を説く主張であった。そして、こうした主張は高校宗教科の指導要領へ盛り込まれることになり、宗教科教材では、イスラームとトルコ人の文化の融合を説く叙述が見られるようになった。一九五〇年代に中学校の教材でトルコ人とイスラームの関係が扱われた際は、あくまで諸民族のなかでのトルコ人の優位性を説くためにイスラームへの貢献が取り上げられただけであり、トルコ人にとってのイスラームの必要性が必ずしも主張されたわけではなかった。これに対し、一九六〇年代には、イスラームを受容したことがトルコ人のさらなる発展につながったとの主張がなされていた。

　国民教育として想定されたイスラームの描き方はすなわち、普遍宗教としてのイスラームのあり方を軽視するものと言えなくもない。しかしながら、トルコ共和国においては、政治家たち、そして国民教育省や宗務庁といった行政機関がトルコ国民のための宗教教育をつくっており、宗教的な権威はすなわち国家にあったため、こうした教育のあり方が問われることはなく、以降の時代へと継承されていく。

注

（1） Gavin D. Brockett, *How Happy to Call Oneself a Turk: Provincial Newspapers and the Negotiation of a Muslim National Identity* (Austin: University of Texas Press, 2011).

（2） Orhan Koloğlu, *Osmanlı'dan Günümüze Türkiye'de Basın* (İstanbul: İletişim Yayınları, 1992), 69.

（3） 一九六〇年になされたデモについては以下を参照。Demirel, *Türkiye'nin Uzun On Yılı*, 331-370.

（4） 一九六〇年軍事クーデタの主体や、クーデタ発生のより実際的な背景については以下を参照。岩坂将充「トルコにおける政軍関係の再検討——一九六〇年クーデタにおける将校団の『団体としての利益』」『日本中東学会年報』第二〇巻第二号、二〇〇五年、二九五—三二一頁。

（5） *T. C. Resmî Gazete*, no. 10859 (July 20, 1961), 4642.

（6） 一九二四年憲法の良心、宗教の自由に関する条文は、粕谷元訳「〔全訳〕一九二四年のトルコ共和国憲法」粕谷元編『トルコにおける議会制の展開——オスマン帝国からトルコ共和国へ』東洋文庫、二〇〇七年、一八五頁を参照。

（7） ウミト・ジズレ・サカッルオールは、一九六〇年軍事クーデタ後の軍事政権による宗教への態度は、彼らの「政治的、道徳的な正当性」を守るためだけではなく、「イスラームを利用した反動の高まり」を抑えるためのものでもあったと指摘している。Sakallıoğlu, "Parameters and Strategies," 239-240.

（8） Zürcher, *Turkey*, 246.

（9） Selman Saç, "Ilımlı Mücadeleden Radikal Önlemlere: 27 Mayıs 1960," in *Türkiye'nin 1960'lı Yılları*, ed. Mete Kaan Kaynar (İstanbul: İletişim Yayınları, 2017), 94-95; Aybars Yanık and Tanıl Bora, "Altmışlı Yıllarda Türkiye'nin Siyasî Düşünce Hayatı," in *Türkiye'nin 1960'lı Yılları*, 275-300.

(10) Mete Kaan Kaynar, "Altmışlar Türkiye'sine Ellili Yıllardan Bakmak," in *Türkiye'nin 1950'li Yılları*, ed. Mete Kaan Kaynar (İstanbul: İletişim Yayınları, 2016), 667.

(11) *Yedinci Milli Eğitim Şûrası 5-15 Şubat 1962* ([Ankara:] T. C. Milli Eğitim Bakanlığı, 1962), 94.

(12) *Yedinci Milli Eğitim Şûrası*, 95.

(13) *Yedinci Milli Eğitim Şûrası*, 163-164, 208-209.

(14) Zürcher, *Turkey*, 250-252.

(15) デミレルについては以下の研究を参照。Yeşim Arat, "Süleyman Demirel: National Will and Beyond," in *Political Leaders and Democracy in Turkey*, ed. Metin Heper and Sabri Sayari (Lanham: Lexington Books, 2002), 87-105; Zeyneb Çağlıyan İçener, "Presidents, the State and "Democracy" in Turkey: The Ideas and Praxis of Süleyman Demirel" (PhD diss., Bilkent University, 2010).

(16) 民主党とヌルジュ運動の関係については以下を参照。Demirel, *Türkiye'nin Uzun On*, 115-116, 134, 140; Azak, *Islam and Secularism*, 119-125. 公正党とヌルジュ運動の関係については以下を参照。Kurtuluş Kayalı, *Ordu ve Siyaset: 27 Mayıs – 12 Mart* (İstanbul: İletişim Yayınları, 1994), 140-141; Azak, *Islam and Secularism*, 134-137.

(17) 幸加木文「現代トルコにおけるフェトゥッラー・ギュレンの思想および運動の志向性とその変容」博士論文、東京外国語大学、二〇一三年、七頁。この運動は、ギュレン運動と呼ばれる。

(18) アリ・チャルクオールとエルスィン・カラユジュオールは、スカーフの着用をめぐっては一九六〇年代半ばより議論されるようになったと指摘しており、人々の関心を引きつけた出来事として、一九六八年にアンカラ大学神学部においてスカーフを着用した学生が講師より授業を退席させられた事件を挙げている。スカーフ着用はイスラームの教義上、女性の義務と解釈されている一方で、トルコ共和国においてはスカーフの着用自体は禁止されたわけではなかったが、公共の場における宗教的標章の表出を制限してきたという経緯があった。そのため、女性の活動範囲が拡大した一九九〇年代から二〇〇〇年代にかけて、大学や議会などにおけるスカーフの着用が、ライクリキおよびアタテュルクの革命に反する政治的な主張であると捉えられ、大きな議論の的となった。Ali Çarkoğlu and Elsin Karayıcıoğlu, *The Rising Tide of Conservatism in Turkey* (New York: Palgrave Macmillan, 2009), 99-100. トルコにおけるスカーフ着用をめぐっては以下の研究も参照。Nilüfer Göle, *The Forbidden Modern: Civ-*

ilization and Veiling (Ann Arbor: The University of Michigan Press, 1996); Şebnem Cansun, "The Headscarf Question in Turkey: The Examples of the AKP and the CHP," *International Journal of Social Science* 6, no. 8 (2013): 123–142; Berna Turam, "Turkish Women Divided by Politics," *International Feminist Journal of Politics* 10, no. 4 (2008): 475–494.

(19) "Şeriat Devleti Kurmak İsteyen Gizli Dernek Ele Geçirildi," *Ulus* (April 12, 1967); "Din Devleti Kurmak İsteyenler Firarda," *Ulus* (June 29, 1967); "Din Devleti Kurmak İsteyenler Tehdit Mektupları Gönderiyor," *Ulus* (July 19, 1967); "Din Devleti Kurmak İsteyenler Mahkemede," *Ulus* (August 6, 1967).

(20) Vecihi Timuroğlu, "Laiklik İlkesine Yapılan Saldırılar," *Ulus* (April 19, 1967).

(21) İrfan Neziroğlu and Tuncer Yılmaz eds., *Hükümetler, Programları ve Genel Kurul Görüşmeleri*, cilt 4 ([Ankara:] Türkiye Büyük Millet Meclisi Başkanlığı Yayınları, 2013), 2180–2181.

(22) 宗教科の授業は制度上進級に影響を持つ科目であったが、後述するようにその実施状況は各学校によって異なっていた。"Öğrenciler Liselere Din Dersi Konulmasını İstiyorlar," *Son Havadis* (May 14, 1967).

(23) 一九六〇年代の共和人民党については以下を参照。Rafet Uçkan, "Altmışlı Yıllarda Cumhuriyet Halk Partisi ve Ortanın Solu," in *Türkiye'nin 1960'lı Yılları*, 453–472.

(24) 一九五二年に思想クラブ Fikir Kulübü がアンカラ大学に設立され、それが全国的に拡大していき、一九六五年に連盟の形をとるようになった。Levent Odabaşı, "Fikir Kulüplerinden Devrimci Gençliğe," in *Türkiye'nin 1960'lı Yılları*, 341–358.

(25) Ceren Kenar and Doğan Gürpınar, "Cold War in the Pulpit: The Presidency of Religious Affairs and Sermons during the Time of Anarchy and Communist Threat," in *Turkey in the Cold War: Ideology and Culture*, ed. Cangül Örnek and Çağdaş Üngör (Houndmills: Palgrave Macmillan, 2013), 24.

(26) 一九六六年一二月、トルコ学生連合が高校への宗教科の設置を主張していたが、この時点で必修化の要請をしていたかは不明である。"Orta Dereceli Okullara Din Dersi Konmalı," *Son Havadis* (December 4, 1966).

(27) "Bir A.P. Milletvekili Liselere Din Dersleri Konmasını İstedi..," *Son Havadis* (May 19, 1967).

(28) "Bir A.P. Milletvekili Liselere."

(29) "Liseliler Din Dersi için Parlâmento Üyelerine Başvurdu," *Son Havadis* (May 24, 1967); "'Türk Milletinin Bekası Din Dersleri ile Kaim Olacaktır': Liselere Din Dersleri Konması için 12 Metrelik Bir Dilekçe Hazırlandı," *Son Havadis* (May 27, 1967).

(30) "Liselere Din Dersleri Konması için 200 Meb'us İmza Verdi," *Son Havadis* (May 30, 1967).

(31) Tekin Erer, "Liselerde Din Dersi!..," *Son Havadis* (June 27, 1967).

(32) 宗教コースの議論に関する詳細は不明であり、実現には至っていない。"Kur'an Kurslarının Din Kursları Hâline Getirilmesi İstendi," *Son Havadis* (June 2, 1967).

(33) Gencer Özcan, "Altmışlı Yıllarda 'Dış' Politika," in *Türkiye'nin 1960'lı Yılları*, 243-244.

(34) "Liselerde de Din Dersi Okutulacak," *Adalet* (August 26, 1967).

(35) "Liselerde de Din Dersi Okutulacak."

(36) *Tebliğler Dergisi*, no. 1507 (June 21, 1968): 289.

(37) 新しく設定された小学校四、五年の宗教科の学習指導要領の目的には、「イスラーム教が、ただ来世のためだけではなく、『まるでまったく死ぬことがないかのように』現世のためにも働くことを命じ、結束、共同、活気、秩序のなかで幸福に生きることを推奨する宗教であることを理解し、体得させる」といった、現世を充実させることを説く内容なども盛り込まれた。Doğan, "1980'e kadar Türkiye'de Din," 620.

(38) *Tebliğler Dergisi*, no. 1475 (October 23, 1967): 371.

(39) *Tebliğler Dergisi*, no. 1475, 371-372.

(40) 単元には番号がふられていないが、ここでは便宜上、番号をつけた。*Tebliğler Dergisi*, no. 1475, 372.

(41) 中学校宗教科の教材と同様、高校宗教科の教材にも、表紙などに著者の氏名とともに、肩書きや所属が書かれている場合がある。ここでは以下の教材を参照した。Süheylâ Cankat, *Ortaokullar için Din Bilgisi 1* (Ankara: Ayyıldız Matbaası, 1971); Ahmet Gürtaş and Mustafa Uzunpostalcı, *Liseler için Din Bilgisi 1* (İstanbul: İrfan Yayınevi, 1974).

(42) Ömer Okutan, *Lise ve Dengi Okullar için Din Bilgisi I-II* (Ankara: Sevinç Matbaası, 1968).

(43) Okutan, *Lise ve Dengi Okullar*, 124.

(44) Okutan, *Lise ve Dengi Okullar*, 124.

(45) Okutan, *Lise ve Dengi Okullar*, 124-125.

(46) Okutan, *Lise ve Dengi Okullar*, 125.

(47) Okutan, *Lise ve Dengi Okullar*, 51-52.

(48) Okutan, *Lise ve Dengi Okullar*, 53.

(49) Okutan, *Lise ve Dengi Okullar*, 54, 56.

(50) Okutan, *Lise ve Dengi Okullar*, 57.

第6章　道徳と宗教(1)

一九四〇年代以降のトルコの公教育では、公民科、後に社会科のなかで教授される非宗教的な道徳「トルコ人の道徳信条」と、宗教科のなかに盛り込まれた宗教を軸とした道徳の、二つの対照的な道徳教育が並存していた。その後、教本『トルコ人の道徳信条』の使用は段階的に縮小され、一九七四年には完全に廃止される。そして同年、同教本の使用停止と入れ替わりに、国民道徳を教育する目的で道徳科が必修科目として設置される。この科目は当初、宗教に関する内容を含みつつも、それが前面に表れているものではなかったのに対し、二年後の一九七六年には政権交代に伴い、道徳科の指導要領の改訂が行われ、宗教に関する内容が増加することになった。同年には、中学校三年と高校三年にも宗教科が設置され、この年に制定された学習指導要領ではそれまでのものに比べ、より一層トルコ人とイスラームの結びつきが強調された。

本章は道徳科設置の経緯と指導要領・科目の内容の変遷、そして宗教科の教授学年の拡大とその教育内容を明らかにすることで、一九七〇年代のトルコの教育政策をめぐっては、道徳と宗教の関係が主要なテーマとなり、最終的にそれらがトルコ性と結びつくことで、イスラームがトルコ国民の道徳、さらにはトルコ国民の文化として扱われるようになる過程を論じる。以下では、第一節で、政治的な背景に注目しながら一九七四年の道徳科設置に至る経緯と、その後の一九七五年から七六年にかけて行われた道徳科指導要領への変更点を明らかにする。第二節では、一九七六年に行われた宗教科の教授学年の拡大を扱い、新たに宗教科が設置された中学校と高校の各三年次に注目して、学習指導要領および教科書の内容を分析する。第三節では、同じく一九七六年に注目し、この年に作成・出版された道徳科の教科書の内容を見ていく。

一、道徳科の設置過程

一九七〇年代のトルコの政治を語る際には、「暴力」、「暗い時代」といった表現が用いられる[2]。こうした表現が示す通り、一九七〇年代に、政治運動の一端はテロを伴うものとして組織化され、それは例えば、一九七八年の極右によるアレヴィーの大量殺害といった事件につながった。一九七〇年代にはクルド独立運動が組織化され、この運動は後の一九八〇年代以降、暴力を伴う形でその活動を本格化させていく[3]。こうした、政治運動の暴力化、あるいはその芽生えが見られる不穏な情勢の背景には、国内の不安定な政治状況があった。一九七〇年代の一〇年のあいだには、およそ一〇回にわたり政権が交代するという、トルコの政治史上、未曾有の事態が起こった。こうした状況は、結果としてトルコ社会の保守化につながり、道徳やイスラームに基づく価値観をアピールする政治家の声はますます大きなものとなっていく。そうした声を具現化するための対象とされたのが、他でもない学校における道徳教育であり、それは、一九七四年に小・中学校、高校への道徳科の導入につながることとなった。

連立政権の成立と、道徳教育をめぐる議論

一九六九年、総選挙の結果、与党の座を維持することに成功したデミレル率いる公正党政権は、イデオロギーの不明瞭さから党内をまとめることができず、翌年には多数の党員が離れることになった。デミレルの指導力の低下、そしてこの時期に見られ始めた国内の左右勢力の暴力・衝突事件の激化を受け、軍部はこうした状態に歯止めをかけるべく、一九七一年、大統領および上下院議長に書簡を提出した。軍部によるこうした圧力を受け、デミレル首相は公

正党内閣を総辞職させた。この介入により、一九七〇年に設立されたばかりであった国民秩序党 Milli Nizam Partisi も、ライクリキに反する行動を理由に解散させられた(4)。

その後、約一年間の挙国一致内閣ののち、ほぼ二年のあいだ暫定内閣が続いた。こうして政治上、指導的な存在を欠いた状況が続いた後、一九七四年一月、ビュレント・エジェヴィト（Bülent Ecevit, 一九二五―二〇〇六年）率いる共和人民党が、政治的に正反対の思想を掲げる国民秩序党の後継政党、国民救済党 Milli Selamet Partisi と連立を組み、政権を成立させた。国民救済党を率いていたのは、イスラームの社会表出を主張するネジメッティン・エルバカン（Necmettin Erbakan, 一九二六―二〇一一年）であり、当時の新聞記事は彼が道徳科の設置を望んだことを報じている(5)。

国民救済党の理念は、一九七五年にエルバカンが執筆した『国民の視座（ミッリー・ギョルシュ）*Milli Görüş*』に表明されている。澤江史子によれば、エルバカンは国民の視座を、社会主義と資本主義に対置される第三の道として提示し、その内容は、トルコが「イスラームの価値規範に依拠することで西洋化によって実現できる以上の発展を遂げること」を説くものであった(6)。ただし、軍部による干渉や解党命令を防ぐため、シャリーアの復活を唱えたり、トルコの既存の政治体制やライクリキを明確に批判したりすることは避けられ、代わりに、美徳や公正、道徳といった言葉を用いてあるべき社会のあり方を論じるものだったという。教育に関しては、トルコの学校教育における宗教教育の不足が指摘され、「道徳、精神性、美徳を根幹に据え、改めて［トルコの教育が］つくられる」と、党の基本理念に沿う形で道徳教育の重要性が強調された(7)。そしてそれは、党のあり方からして、イスラームの重視につながるものとして想定されていたことが明らかである。

道徳科の設置は政権成立のために調印された連立議定書に明記され(8)、所信表明演説のなかでも以下のように言及されていた。

私たちの子どもたちに、私たちの慣習と伝統、国民性に適合した道徳規則が教えられる目的で、初等・中等教育において必修の道徳科が設置される。この授業を教える教師は、必要な特質をもつよう特別に注意される。(9)

この文言からは、トルコ国民に合致した道徳が存在するという前提のもと、それに合わせた形で道徳科が教授されるよう目指されたことがわかる。ただし、この時点では、政府からの道徳科についての発表は以上の文言に限られており、これだけでは具体的にどのような内容の科目となるのか、どのような性格をもつものとされるのかは不明である。これはおそらく、この時点では共和人民党と国民救済党の力関係が定まっておらず、道徳教育がどのようなものになるのか不透明であったために、あえてこうして曖昧に表現されたと見ることができる。

所信表明演説の発表を受け、これまでのトルコの道徳、宗教教育をめぐる議論から予想されるように、言論界で注目を集めたのはトルコ人の国民性に適合した道徳が宗教的なものであるかどうかという点だった。国民救済党の機関紙『ミッリー・ガゼテ』は、道徳科について積極的に記事を掲載し、その重要性を説きつつ、道徳科が宗教的な内容で行われるべきことを主張した。一九七四年四月に掲載されたある記事によれば、国民救済党は選挙の前から道徳教育の導入を求めており、それを連立政権成立の基本条件のひとつとして捉えていたという。(10)同じ記事によれば、道徳科設置の発表を受け、当時、道徳科に関して、「国民道徳科の『国民』という言葉は削除される」、「フランスで使用されている道徳の授業が翻訳され、生徒に教授される」といった噂が流れていたという。(11)この記事では、これに続けて、今日のトルコにおいては、タンズィマート以来の西洋文化の流入が続いており、婚約者が家に上がる際に靴を脱いだことを理由に「名誉」が傷つけられたとして婚約を破棄する女性たちがいるという話が挙げられ、人々の慣習が「変化」していると説明される。トルコにおいては家の中では靴を脱ぐ方が一般的であり、新式の生活を取り入れる傾向を西洋かぶれとして暗に批判しているものと思われる。さらにこの記事では、新しい生活様式の導入が進むなかで、トルコの思想分野が弱体化するとともに、伝統や慣習が混乱していると説く。(12)こうしてこの記事は、道徳科ではトルコ人の伝統、慣習に基づいた「国民道徳」が教授されるべきであり、それは国外の文化に由来したものではないと示唆しているのである。

六月以降、『ミッリー・ガゼテ』は、道徳科についてより明確な主張を行うようになる。これは、共和人民党出身の国民教育相ムスタファ・ウステュンダーが共産主義運動に関与した疑いで、国民秩序党、公正党を含む四党の議員の申し出により、彼に対して不信任決議案が提出されたことを好機と見なしたことによると考えられる[13]。教育相が共産主義運動を支援しているという情報は人々の不安を引き起こすものであり、特に村落部の教育機関が共産主義の温床になっていると国民の懸念を煽るような記事を掲載する新聞もあった[14]。結果として、不信任決議は二〇二票対二三一票の僅差で否決されたが[15]、その後も一部の新聞紙上では教育相に対する不信が表明された[16]。

こうしたなか、『ミッリー・ガゼテ』は、複数回にわたって道徳科がイスラームの教義に基づいたものとなるべきだと主張した。例えば、ある記事では、道徳科は「宗教科とともに」、すなわち、宗教科に適合させた形で教えられなければならないとし、道徳科と宗教科が、これまで教授されていなかった小学校一年生から三年生にも教授されるべきだという見解が述べられた[17]。同紙の他の記事でも、「イスラームに則った生活がもたらす道徳規則は、私たちの法、慣習、伝統、さらには日々の生活のすべての方向に影響を与えており、どのような力もそれらを排除することはできない」とし、カントやパスカルらも「道徳的な義務の源は宗教である」こと、アメリカのある心理学者も「宗教と道徳は同じである」と支持しているなどと、欧米の学者の説を引用することで、道徳科は「イスラーム教道徳の実践の観点から行われるべき」と明確な主張が行われた[18]。『国民の視座』の内容や機関紙のこのような見解から考えて、また、以下で見ていくように他紙の記事からも、国民救済党は道徳教育と宗教教育の融合を視野に入れつつ、宗教教育の拡充のために道徳科を導入しようとしたものと考えられる。

『ミッリー・ガゼテ』によれば、道徳科の設置に反対する人々は「道徳科を恐れ」ており、そうした人々は「道徳の敵」だという。

私たちの学校に道徳科が設置されることを恐れる人々には、何かやましいところがあるに違いない。清く生きること、人間らしく生きること、道徳的な社会になることに懸念を抱くような、どのような事情があるだろうか？美徳、イスラーム道徳を学ぶ世代は、道徳をないがしろにしながら生活する人々に反対すると、焦っているのだろうか？(19)

このように、『ミッリー・ガゼテ』は、道徳科の設置に反対する人々が不道徳的であり、彼らは子どもたちが道徳科を受講することで彼らに反発する新しい世代が誕生することを懸念し、道徳科を恐れていると述べる。こうした、道徳科へ賛成するかどうかをそのまま、その人が道徳的であるかどうかに結びつけ、道徳科の導入の是非を問う議論の仕方は、道徳科の導入に賛成せざるをえない方向へ世論を誘導しようとする試みと見ることができる。

一方で、『ジュムフリイェト』紙や『ミッリイェト』紙は、道徳科は宗教と関係させられないものとして教育されるべきだと主張した。『ジュムフリイェト』紙によれば、国民救済党は宗教科の必修化を求めているが、それは憲法の第一九条によって叶わないため、必修の道徳科を設け、それを徐々に宗教教育へと変えていこうとしているという。そして、同党が、道徳科は高等イスラーム学院や導師・説教師養成高校の卒業生によって教授されることを求めたのに反対し、「宗教的な特徴をもつアラブの伝統」ではなく、「一般的で普遍的な道徳」が教授されるべきだと示唆している。(20)ここではイスラームを「アラブの伝統」と言い換えることで、イスラームに基づく道徳が自分たちトルコ人の伝統に基づく国民道徳ではないことを強調していると考えられる。この記事の執筆者であるヴェリデデオールによれば、ムスリムの女性がスカーフを被ることはアラブの伝統によるものであり、これを信じる人々によれば、ミニスカートを履いたり、水着を着たりする女性は「不道徳的」だと認識されるという。そして、こうした理解に基づいた道徳科を設けることは、女子生徒たちに例えばスカーフの着用を促すものであり、さらにスカーフを着用する生徒は、そうでない生徒にスカーフを着用するよう圧力をかける可能性があると主張する。さらに彼は、憲法第一九条を引用し、宗教心を政治的な利益のために利用するべきでないことを強調しながら、道徳教育の名を借りた宗教教育の拡充は国家を混乱させるものであるとして国民救済党の政策の方向性に反対した[21]。以上の記事では、道徳教育が非宗教的なものとして教えられるべきだと明言はしていないものの、「普遍的」という言葉を用いてそれと対比される宗教的な道徳教育に反対している。

一方、以下の『ミッリイェト』紙の記事では、ライクリキが道徳教育の原則とされるべきだという見解が示されている。

> 道徳は、源を宗教に依拠したとしてもなお、その機能の点では現世的であり、社会的である。道徳は、その本質ゆえに、社会的な関係を秩序立てる規則の総体である。そうであるならば、私たちの学校で学ばれる道徳規則も、まずは私たちの社会が作り出した規則でなければならない。道徳教育において主な原則は、ライクリキ、集団主義[22]、ナショナリズム、人道主義でなければならない[23]。

この記事では、道徳の源を宗教に依拠させる主張を認めた上で、人が宗教の命令を実際に行うのは現世の社会であることから、道徳教育がトルコの国是であるライクリキや社会に適合したものとして行われるべきことが説かれている。そして、「私たちの社会が作り出した規則」にナショナリズムを含めることで、道徳教育が有するべき国民性を強調しながらも、そこにイスラームを含めないことで、宗教に基づく道徳教育の実現に反対している。

以上で見てきた新聞記事から明らかなように、道徳科の設置は政治的な関心の対象とされており、そこで主な争点になったのは、道徳を宗教に依拠して教えるか、非宗教的なものとして教えるかという点だった。

道徳科の開始――一九七四年学習指導要領

こうした議論が起こるなか、政権成立から半年と経たないうちに、生徒数の増加に伴う混乱を収め、また学校教育制度を再編する目的で、第九回国民教育諮問会議が開催され、そこで必修科目としての道徳科の導入が決定された。[24]

この決定を受け、一九七四年より、これまで非宗教的な道徳教育を担っていた『トルコ人の道徳信条』使用停止と入れ替えに、道徳科が設置された。道徳科は、小学校四年生から高校二年生まで週一時間ずつ教えられることになった。問題となっていた担当教師はというと、小学校では担任から、あるいは「可能であれば、学校の管理職者たちyöneticiler」によって、中学校と高校では、「哲学、初等教員養成学校職業科、社会科、宗教科、歴史、トルコ語、文学の教師、そして管理職者たちを優先させ」ることが決定された。[25] このように、宗教科の教師よりも哲学科や社会科の教師が先に挙げられており、前者より後者を担当教員として優先することが想定されていた。

一九七四年道徳科学習指導要領には、科目の目的と解説、教授されるべき単元が提示されており、一九七四年当初の要領によれば、所信表明演説にあったように、道徳科は、「私たちの子どもたちに、私たちの慣習や伝統と、私たちの国民性に適合する道徳の規則を教える」ものと規定された。指導要領には、具体的な目的として一六の項目が挙げられている。以下では目的のうち一から六を抜粋する。

目的：

一．生徒たちに、歴史を通じて独立して存在し、権利と自由のために闘ったトルコ国民のすべての個人を、運命、誇り、悲しみをともにする分かちがたき総体として、国民の精神と理想において、つねに国民の一体性の精神のなかで賛美し、トルコ社会の福祉と幸福を増進し、トルコ国民を近代文明の建設的、創造的で際だった一員とすることを見通す信念を分かち合うために必要な環境を用意すること

二．本来の保証を、［すなわち］市民の心と意志に存在する信念を形成する、そして、自由、公正、美徳を愛

する若者の油断のない監督に委ねられた私たちの憲法や人権、自由、国民の相互扶助、社会正義、個人と社会の安心と繁栄を実現し、保証することを可能にする民主的な法治国家をあらゆる法的、社会的基礎とともに作り上げ、守るために必要な理解を獲得させるように促すこと

三．私たちの慣習や伝統、国民性に適した道徳規範を学ぶことの助けとなること

四．トルコ社会の道徳的、精神的価値を獲得させるために必要な環境を用意すること

五．社会生活を注意深く観察する習慣を獲得し、こうして社会的価値を理解し、人間関係を理解する手助けをすること

六．自由と民主的な信条に依拠した私たちの社会生活に存在する思想、信仰の自由を理解するための条件と環境を用意すること(26)

このように、これまでに公教育内で行われてきた宗教教育、道徳教育と同様、国民としての行動規範を教育する性格が道徳科には付与されていた。他に挙げられた目的は、家族や人間関係、社会生活に関するものなどである。要領には、宗教という言葉は挙げられなかったが、目的の第六項にあるように、「思想、信仰の自由」について学ぶことが目的のひとつに掲げられた。

指導要領ではこれらの目的の「解説」として、八つの項目が挙げられている。解説の第一項と第二項は以下の通りである。

一．道徳科の実施においては常に「実践」となる主題が出発点とされなければならない。この観点から基礎教育、中等教育学校における道徳教育は授業内外すべての行動と関係する広範な実践に加えて、道徳科においては抽象的な規範を学ばせるよりは、過去および現在の生活における「適切な」例が示されるべきである。

周知のように、経験された価値がなければ、子どもたちは暗記や模倣に向かう。このため、価値が経験され、理解されたものであるようにしなければならない。それゆえに、法律の遵守、良い市民感情、自由、平等のような概念は、文明的な勇気や義務への結びつきの模範のなかで、また社会生活における役割とともに子どもに与えられることで意味を獲得する。同時に、国民文学、世界文学の古典的で偉大な模範、叙事詩、伝説、説話、おとぎ話、物語が適した形で引用されるべきであり、また生徒にこれらを自身の経験の積み重ねのなかで評価させ、実践的な結果を引き出させるための機会を用意するべきである。

疑いようもなく子どもの出す結果、なされる評価が、態度、そして実際の生活へ還元されることが必要であるからして、これらも「私たちの慣習、伝統、国民性」と対立しないよう、それどころか、これらを強化する形でなされること、「国民的価値」に則して行われることに必要な繊細さが示されねばならない。

二．生徒を、まず同輩と真剣な事柄を議論し、その後に歩み寄りに至る道を試みるように育てなければならない。相手の言葉が終わるまで聞くこと、終わった後に話し始め、答え、議論には憤怒や誇張、不快感を混じらせず、理論的な判断［をすること］に慣れさせ、彼らに対して、必要なだけ導き手であらねばならない(27)。

第一項に見られるように、道徳科の解説には国民という言葉がくりかえし使用されており、このことは道徳科が国民教育の一環として教授されるべきだと考えられていたことを示している。それと同時に、解説では、第二項にあるように、理念や思想的な内容とは関係なく、具体的なふるまい、態度についての規定もなされている。解説では、トルコ国民の人格と感情を形づくる主たる特徴のひとつとして「宗教心への寛容」も挙げられ、そうした「トルコ国民の特徴や性質」が道徳科に反映されると規定された。このように、指導要領において、さまざまな美徳は普遍的なものとしてというよりは、トルコ国民の道徳として提示されていた。

『ミッリー・ガゼテ』で発表された主張に反し、宗教科と同じく、道徳科も小学校四年生以上の生徒を対象としており、小学校一年生から三年生は対象とされなかった。これまで見てきたように、宗教科と道徳科の学年の制限について政治家や知識人たちのあいだではほぼ議論されることなく、四年生以上を対象とすることが前提とされていた。道徳科の解説の第三項では、「特に、小学校時代の［子どもたち］、それどころかある段階までは中学校時代の子どもたちが、日常生活において言われる、くりかえされる事柄をすぐに信じてしまうことはよく知られた事実であり、そのために、単純なできごとでもって［ものごとを］信じてしまう可能性がある」ため、子どもを、「まやかしの、見せかけのものごと」から遠ざけるよう注意がなされている。(28) この項目からは、おそらくは、トルコの知識人や政治家たちのあいだでは、子どもは外部からの影響を受けやすく、考えずに鵜呑みにしてしまうため、特に小学校四年生未満の子どもに宗教や道徳を学校で教授することは好ましいことではなく、自我が発達し、物事を考えられるような年齢になってから教授するべきだと考えられていたことがうかがえる。

教授されるべき単元として挙げられたのは、人間、家庭、社会、労働、幸福、責任、哲学と道徳の関係などであった。宗教的な内容としては、小学校四年で「私たちの宗教」という項、中学三年で「人がそのなかで生きる社会組織——宗教と道徳」という章、高校一年で「道徳と宗教」、「道徳的、宗教的観点からの『善』と『悪』」、高校二年で「宗教と道徳（宗教の道徳的な命令）」という節が挙げられている。(29) このように、具体的・抽象的な道徳規則、哲学や労働、責任、家族や国家といった他のテーマに比べ、宗教的内容は特に重視されていたわけではなく、複数ある主題のうちのひとつとされていた。以上のことからは、設置当初の道徳科は必ずしも宗教的な内容を排除したわけではなかったものの、宗教を基礎とした道徳理解ではなく、国民教育的な側面に依拠した、非宗教的な道徳に重点が置かれていたと理解できる。

以上の決定を受け、道徳科の開始にあたって『ミッリー・ガゼテ』は、道徳科の教師に関する規定に反対意見を示した。そのなかでは、イスラームが人間に道徳的な行動を促す制度であること、クルアーンの基本的な主題は道徳以外にないことが述べられた後、以下のように続けられる。

この真実をよく知り、私たちの宗教を堕落させることでトルコ国民をその内部から崩壊させようと望む敵の秘密組織は、私たちの学校において行われる道徳科が神学部、高等イスラーム学院、そして導師・説教師養成学校の卒業生によって教えられることを防ぐ試みを行っている最中である。この者たちは、道徳科が宗教知識人によってではなく、哲学、社会学、心理学、トルコ語、文学、社会科の教師によって教えられることが適当であると主張している。［…］

［…］一見すると、これは妥当であるように思われる。しかしながら、ここで挙げられている人々のなかで、国民道徳を――歴史に精通した歴史家たちを除いて――知る者がいるだろうか？ イスラーム哲学を学ばない哲学者、イスラーム社会学を学ばない社会学者、果ては西洋式の子どもの教育を学んだ教育学者がこの授業をどのように行うか、考えものである。

道徳は国際的なものではなく、国民的なものである。私たちの道徳はイスラームに関わるもの İslâmi であり、イスラーム道徳である。継承されてきた私たちの慣習である。イスラーム道徳を知らない者たちがトルコの若者たちにどの道徳を教えるのか、非常に考えものである。西洋の道徳は、キリスト教を根幹とし、その上に構築されたものである。西洋の思想家たちは、その根幹のもとに道徳規則を発展させていったのである。イスラームを西洋の目、キリスト教徒の目で見る哲学者たち、社会学者たち、教育学者たちの行う授業には全く利益がないどころか、危険な状態までに達する悪への道へより一層、［トルコを］進ませることになる。そのため、この科目を適切な者たちに委ねなければならない。高等イスラーム学院、神学部、導師・説教師養成高校の卒業者によって、この科目は教えられなければならない(30)。

このように、『ミッリー・ガゼテ』は、イスラームこそがトルコ人の慣習であるとして、トルコ人の国民性に適合した道徳がイスラームであると主張し、イスラームに依拠した道徳が教授されないのならば、道徳科が悪影響を及ぼすものになるとまで述べている。この記事が示すように、一九三〇年代末から四〇年代前半に見られた道徳の頽廃をめぐる議論では宗教という言葉を用いないよう注意がなされていたのに対し、一九五〇年代から六〇年代における宗教教育の拡大を経て、一九七〇年代には、道徳と宗教を同一のものとする見方を述べることが可能となっていた。前述の記事では、一九五〇年代の中学校への宗教科の導入をめぐる議論で見られたように、宗教教育の拡充を否定する側こそがトルコに対する陰謀を企てているという主張がなされている。

こうして、一九七四年九月には道徳科の指導要領が公表され、宗教的側面を強調しない形で道徳科が開始された。しかしながら、翌年には道徳科の指導要領は、『ミッリー・ガゼテ』、すなわち国民救済党が主張した方向へと変化していく。

道徳科指導要領の改訂

一九七四年一一月、エジェヴィト政権が連立の不一致により成立から一〇ヶ月で総辞職すると、翌一九七五年、早くも道徳科の指導要領に変更が加えられた。連立の解消は、単独で政権を獲得するためにエジェヴィト自らが行った政略であったが、結果としてエジェヴィトの思惑通りにはいかず、デミレルが公正党、国民救済党、民族主義者行動党、共和信頼党の四党を集め、政権を成立させた[31]。そして、政権成立から約半年後の一九七五年九月、国民教育省は、道徳科指導要領の改訂を発表した[32]。科目の目的は一九七四年設置時とほぼ同じであるものの[33]、その解説には部分的に、しかしながら重要な変更がなされた。最も目立つ変更点として、第一項の第一文を挙げることができる。

イスラーム道徳理解においても示されるように、「実践哲学、すなわち実践道徳の相互に連関しあう利益と発展の狙いが、ただ抽象的な科学とならないこと、そして、何よりも実践でもって完成されること、振る舞いをよいものにするという意味をもつこと、すなわち科学という木が実践の実をみのらせることがなければ、「道徳科は」尊厳の枠外に」留まってしまうという考えに注意して、道徳科の実施においては常に「実践」となる事柄が出発点とされなければならない[34]。

この引用のうち、冒頭から「注意して」までの部分は、一九七五年の要領でつけ加えられたものである。解説部の変更と同時に、高校一年生向けの教育内容として、一九七四年の指導要領ではひとつの節として設けられていた「道徳と宗教」が、一九七五年のものでは同じ名称のまま章に格上げされている。増加したとはいえ、章構成の面で宗教に関わる内容の割合は依然として限られていたものの、より重要な変更は中学校および高校の担当教師に関する規定に見られた。一九七五年要領では、道徳科の担当教師の規定が「神学部、イスラーム学部[35]、高等イスラーム学院を卒業した教員」へと大幅に変更され[36]、科目設置以前に示された一部の人々の懸念がまさに現実のこととなったのを見ることができる。

管見の限り、小学校と中学校に関しては一九七五年指導要領以降、一九八二年の廃止までその内容に変更はなされていないようであるが、公正党のデミレル率いる連立政権のもとで、高校に関しては一九七六年に再び変更がなされ、高校三年へも道徳科が設けられるようになった。この変更は高校指導要領全体の改訂に伴ったものであり、道徳科の目的と解説は、イスラームが強調されるようになった一九七五年要領のものが継続された。

教育におけるイスラームのプレゼンスを高める変更は道徳教育にとどまらなかった。コポーによれば、歴史科においては、一九七六年に出版された教科書には、イスラームをトルコ国民性の重要な要素として説明する記述が盛り込まれたという[37]。それでは、こうした動きは宗教教育科目には見られたのだろうか。

二、中学校三年、高校三年の宗教科学習指導要領と教材

一九七五年から七六年にかけ、デミレル政権のもとで公教育における宗教教育の拡充が積極的に進められた。具体的には、一九七六年には、中学校三年および高校三年、すなわちそれぞれの学校の最終学年においても宗教科が設けられたり、導師・説教師養成学校へ女子生徒を受け入れるようになったりするなどの施策がとられた[38]。こうした宗教教育の拡大の動きがあるなかで、教育内容に何らかの変化は見られたのだろうか。一九七六年に拡大された宗教教育の中身が具体的にどのようなものだったのかを検討するべく、以下では、まず一九七〇年代の宗教科の実施状況を概観し、政治家にとっての宗教科の意味を確認する。続いて、一九七六年に新しく設けられた中学校三年と高校三年の宗教科に注目して、学習指導要領と教材の内容を見ていきたい。

宗教科の実情

一九七〇年代前半、首都アンカラに所在する一九の高校で宗教科の実施状況を調査したベイザ・ビルギンは、高校によって宗教科の実施の様子がさまざまであったことを報告している。調査校のうち八校では、宗教科が学習指導要領の規定通りに課内で実施され、そのうちの一校では生徒の一〇〇%が宗教科を受講・継続しており、五校では七五%以上、二校では五〇%以下の出席率だったという[39]。残る一一校は課外として授業を行っており、生徒の出席率は、そのうちの五校で六〇～六五%、六校で一五～三五%だった。宗教科を課外として行う理由として、インタビューに答えた校長たちは、宗教科のために授業の時間数を増やすのは困難であること、生徒が宗教科を受講しなくとも問題はないと考えたためであることなどを挙げたという。複数の校長から、受講科目の平均点を上げるために宗教科を受講する生徒がいること、宗教科では学年が上がっても同じ内容ばかりが教授されるために、生徒はこの授業に飽きて

いることなどが報告された。また、宗教科は選択希望科目であるために、宗教科を受講しない生徒にとってその時間は自由時間となるため、彼らはその授業のあいだ廊下などで騒ぎ、授業を受講している生徒の迷惑になっていることなどが伝えられたという[40]。これまで確認してきたように、宗教科では、教材で扱われているテーマ自体は学年が変わっても大きく変わることはなく、こうした事情からは、宗教科を課外で行う各高校の校長による発言は理解しうるものであったと言えよう。

ビルギンの調査からは、宗教科は必ずしも国民教育省の定めた規定通りに行われていなかったことが明らかである。ただし、そうした状況自体は、宗教科の開始から一九七〇年代に至るまで政治家のあいだではほとんど問題にされず、教授学年の拡大という外形のみが政治上の課題とされていた。このことからは、宗教教育は、政治家たちにとって、国民へのアピール材料となるほどに重要な事柄とされていた一方で、その実施状況には関心が払われてこなかったことがうかがえる。

中学校三年と高校三年の宗教科学習指導要領

以上のような宗教科の実施状況はそのままに、一九七六年、中学校三年と高校三年、すなわち当時の中学校・高校の最終学年に、新たに宗教科が設けられることとなった。教材の内容を見ていく前に、まずは本項で学習指導要領を見ていきたい。

これまでの宗教科教授学年の拡大とは異なり、一九七六年の中学校および高校の三年への宗教科の導入は政治的な議論を経ることなく、中学校、高校の一九七六年学習指導要領の改訂に伴う形で実現された。そして、科目の目的や解説はこれまでの各学年や教育機関毎ではなく、中学校と高校の全学年を通してまとめて設定された。

一九七六年学習指導要領に掲載された、中学校と高校の宗教科の目的は次の通りである。

私たちの憲法の第一九条に依拠して国民教育基本法の第一二条に記されているように、「宗教教育はただ個人の希望、未成年者の場合は法定代理人の希望に依拠して与えられる」という信条に基づき、私たちの中学校および中等教育の学校において宗教教育を学ぶ生徒たち［へ］は、

一．イスラーム教の信仰、儀礼、道徳の基礎（教理問答）を教え、彼らがこれらの基礎を感じ、実践するための機会と基礎を用意すること、

二．祖国の防衛や国民に関する事柄に関して、トルコ－イスラームの精神が、歴史を通じて、発達させ、成熟させてきた勇敢な心と求められる国民的な人格を与えること、

三．自身の内的世界を整理すること、社会において科学、文明世界との関係を調整することに関し、「それらを実現できるよう」宗教的な側面から手助けすること、

四．宗教的な事柄において家族、周囲の人々、学校以外のさまざまな場所から得ることができるような、原始的な信仰や考えから離れた、宗教的な事柄において科学に適合した、敬意のある見解と態度を獲得させること、

五．模範となる人間として預言者ムハンマド様の素晴らしい道徳、生き方、さまざまな事柄に関する教え、見解、考えを獲得させること、

六．私たちの国民的アイデンティティに依拠した宗教、国民意識を与えること[41]。

国民教育基本法は、一九七三年に施行された法律であり、これによってそれまで五年制だった初等教育（小学校に該当）が、それまで中等教育とされていた三年制の中学校を含めた八年制となり、基礎教育と改称された[42]。この引用にあるように、国民教育法の第一二条では、ライクリキを理由に「宗教教育はただ個人の希望、未成年者の場合は法定代理人の希望に依拠して与えられる」とされていた[43]。

以上の目的を見る限りにおいては、一九七六年において中学校、高校の宗教科では、イスラームの教え自体を教授

するだけではなく、イスラームを通して、個人の内面を豊かにしたり、社会における科学の発展などを目指したりする姿勢を養うことが目的とされていたことがわかる。これまで見てきたように、宗教教育をめぐっては、一九五〇年代よりトルコ人とイスラームの関連性を説く見解が挙げられてきたが、宗教科の目的の第二、六項からは、一九七〇年代において、そうした発想がより強固なものとなされたのを見ることができる。

以下では、一九七六年学習指導要領によって規定された中学校三年と高校三年の単元を見ていきたい。

中学校三年(44)

一．イスラーム教の基礎信条——道徳
二．啓示宗教のなかのイスラーム
三．イスラーム教と科学
四．イスラーム教とトルコ人

高校三年(45)

一．宗教学の概観
二．宗教と個人の関係
三．宗教と社会の関係
四．イスラーム教における科学の地位

指導要領の目的にあったように、中学校三年では「イスラーム教とトルコ人」という単元が設けられており、一九五〇年代から一九六〇年代の教科書に見られた内容が継承されていることがわかる。同時に、これまでの要領では、トルコ人のイスラームへの「貢献」や「奉仕」にテーマが絞られていたのに対し、中学校三年の「イスラーム教とトルコ人」という単元名からは、トルコ人とイスラームの関係性自体が主題となっており、一九七六年要領ではトルコ人とイスラームのあり方をめぐる視点がより相互的なものになっていることがうかがえる。中学校三年と高校三年に共通するのは、イスラームと科学の関係が取り上げられていることであり、ここでは科学の重要性に加え、イスラームがそれに反するものではないことが強調されていると見ることができる。さらに、中学校三年の「啓示宗教のなかのイスラーム」と高校三年の「宗教学への概観」のように、イスラームを他の宗教と並列するものと捉え、そうした視点から宗教を捉える見方を学ぶ形がとられていることも確認できる。

宗教的権威の変化——中学校三年と高校三年の宗教科教科書

これまで見てきたように、中学校一、二年と高校一、二年生用の宗教科の教材は教科書ではなく、それより権威が劣る副教材として出版されていたが、一九七六年より、教科書として認可された教材が出版されるようになった。そして、その執筆を任されたのは、アンカラ大学神学部の教員だった。

アンカラ大学に神学部が開設されたのは、初等教育における宗教教育が復活したのと同じ共和人民党政権下の一九四九年のことであり、それは一九三三年にダールルフヌーンの神学部が閉鎖されてから一六年の後に、トルコ共和国の高等教育における宗教教育の復活を告げるものだった。しかしながら、神学部の教員たちは、宗教科の教材執筆には長いあいだ関わっていなかった(46)。その後、二七年の時を経てようやく、アンカラ大学神学部の教員が執筆した中学校と高校の宗教科教材は、それまでの副教材という形ではなく、教科書として出版されることになった。このことからは、アンカラ大学神学部は設置から長い年月を経た上で、宗教教育の専門機関としての地位を確立したと言うことができる。

中学校一～三年生用の宗教科教材の執筆を任せられたのは、ハディースとクルアーン解釈学を専門とする神学部教授のタラート・コチイイト、イスマイル・ジェッラフオール、同学部助手のムジュテバ・ウウルの三名であった(47)。高校一〜三年生用の教科書の執筆者も三名であり、当時、准教授であった第一執筆者のスレイマン・アテシは、アンカラ大学神学部および同大学院でイスラーム法学を学んだ博士であり、一九七六年に宗務庁長官に就任していた。他二名の執筆者であるオルハン・カルムシュとスレイマン・ハイリ・ボライはそれぞれアンカラ大学神学部でクルアーン解釈学と哲学を専門として学び、博士号を取得していた(48)。

中学校三年の教科書は、学習指導要領で規定されたように、道徳やイスラーム以外の宗教について、そしてイスラームと科学といった章が設けられている（中学校三年と高校三年の教科書の目次は巻末資料④を参照）。全一〇章のうち最後の三章はトルコ人に関する内容となっており、指導要領の単元名通り、第八章は「イスラーム教とトルコ人」、第九章は「宗教建築へのトルコ人の貢献」、第一〇章は「トルコ人によってつくられた慈善組織、ワクフ」とされた。

高校三年の教材も指導要領通り、宗教と個人、社会、知性や科学といったそれぞれの関係に関する章が各々挙げられている。その他には、「宗教と現世の分離、国家と民主主義」という章や「イスラームと文明」といった章も見られる。これらの章は、宗教と社会や科学の関係といった、指導要領の単元で設けられた主題を執筆者がより細分化して取り扱ったものと理解することができる。高校三年の要領にはトルコ人に関する単元は挙げられていなかったものの、この教材には、全八章中一章が「トルコ人のイスラーム文明への貢献」と、トルコ人とイスラームに関する章が盛り込まれている。

教科書の内容

これまで見てきたように、一九五〇年代から六〇年代にかけて作成・出版された宗教科教材には、トルコ人とイスラームの関係に関する記述が設けられていた。一九七六年に出版された中学校三年と高校三年の教科書にもトルコ人に関する記述が設けられていたが、以下では、それらの記述がどのようなものだったのか、それまでの内容から変化しているのかどうか見ていきたい。なかでも、一九七〇年代の宗教教育をめぐる主題の特徴と思われるトルコ人とイスラームの関係に関する内容に焦点を当て、宗教科教科書の分析を試みる。

中学校三年の教科書でトルコ人に関連して最初に設けられている章「イスラーム教とトルコ人」では、まずトルコ人がイスラームに改宗した歴史的経緯が説明されている。これによれば、トルコ人はかつてシャーマニズムを信仰していたが、それはトルコ人の性質には決して適合しなかったという[49]。

彼ら「トルコ人」の性質に最も適合する宗教はイスラーム教だった。イスラーム教の道徳原則はまるで、トルコ人の性質を表すために作られたかのようだった。トルコ人は生まれながらに戦士の民族だった。イスラーム教は国土のために闘うことを命じていた。トルコ人は嘘や二枚舌などを知らない民族だった。イスラームにおいてこれらはすべてハラームとされていた。トルコ人は清潔好きであった。イスラームでは清潔であることを儀礼の条件としていた。トルコ人は現実主義者であり、幻想を追いかけるよりも仕事を行うことを好む民族だった。イスラーム教は働くことを命じており、怠惰でいることを禁止していた。このように、トルコ人がムスリムになった第一の、そして最も重要な理由は、イスラーム教が彼らの性質に適合した宗教の形をしていたからであった。彼らはイスラーム教に入ることで、彼ら自身の性格に適した宗教を選んだことになったのだった[50]。

このように、中学校三年の宗教科教科書では、トルコ人の性質がイスラームの教えと適合していること、すなわち両者の性質が同じであることが説かれている。同様の記述は高校三年の教科書においても見られる。そこでは、トルコ人がイスラームを「自分の魂と性質に適し」たと見なしたために、その信仰を受容したと説明され、「トルコ人はイスラームとともに高まり、神のためにすべてを犠牲にして、法、芸術、イスラーム神秘主義において民族的な特徴を示した」という記述が見られる[51]。

二、中学校三年、高校三年の宗教科学習指導要領と教材

一九七六年の中学校三年と高校三年の教科書では、一九六〇年代に執筆された教材に比べて、よりトルコ人とイスラームの関係が密接なものとして描かれるようになっていた。中学校三年の教科書には、「彼ら［トルコ人］は自身たちの宗教に、他の民族よりも強く結びついた」[52]という記述も見られ、トルコ人が他の民族のムスリムと比べ、イスラームの教えに最も適合した存在であることを強調する記述も見られる。こうした記述からは、一九七〇年代の教科書においては、イスラームはトルコ人にとっての選択可能な宗教である以上に、トルコ人であることと分かち難く結びついた文化として提示されるようになったことがうかがえる。

これまで見てきたように、一九五〇年代以降、宗教科の教材にはトルコ人に関する記述が盛り込まれるようになり、それは諸民族のムスリムのなかでのトルコ人の優位性を説くものだった。さらに一九六〇年代には、トルコ人の性質や文化とイスラームが合わさったことを述べ、トルコ人にとってのイスラームの重要性を強調する記述が含まれるようになった。トルコ人とイスラームの性質を別物と捉えるこうした見方に対し、一九七〇年代の教科書では、両者の性質には共通性や類似性がもともと存在したがゆえに、イスラームはトルコ人に適した宗教であるとの見方が展開されている。イスラームは民族の別なく教えを説いているのに対し、一九五〇年代以降の宗教科で教授することが目指されたイスラームは、普遍的な宗教としてではなくトルコ国民のためのイスラームであり、年を追う毎にこうした主張は強まっていた。

こうしたイスラームの捉え方と関連する思想は、オスマン帝国末期に遡ることができる[53]。第1章で言及したように、オスマン帝国末期、ギョカルプを代表とする一部の知識人たちは帝国の西洋化・欧化主義を目指しながら、トルコ国民性の形成にイスラームが重要な要素となることを主張していた。アタテュルクはこうした思想を考慮せずに世俗化政策を推し進めたが、その後、知識人たちによって彼らの思想的な営みは見直され、それは一九七〇年の民族主義者の知識人たちによる「知識人の炉辺」の結成に結びついた。イスタンブル大学文学部の教員を中心に結成された知識人の炉辺は、「トルコ人の炉辺」というギョカルプらオスマン帝国末期の知識人グループの系譜を引いていた[54]。知識人の炉辺の中心人物であったイブラヒム・カフェスオール（Ibrahim Kafesoğlu, 一九一一―一九八四年）は、一九七〇年にトルコ・イスラーム総合論を提唱し、アタテュルク以来の世俗性に依拠したトルコ国民性に代わり、トルコ人の国民性とイスラームには親和性があり、両者が本質的に不可分であることを説いていた。以上で見てきたように、一九七六年の宗教科の教材では、トルコ人の性質とイスラームの性質の共通性が強調されており、これは、当時草創期にあったトルコ・イスラーム総合論に合致していると見ることができる。また、ここにはこうした潮流を受けて提唱されたであろうエルバカンによる「国民の視座」、すなわちトルコ国民の指針をイスラームに据えて考える思想も反映されていたと考えられる。

一九八二年に設置された宗教文化・道徳科の教科書を分析したカプランは、同科目の教科書ではイスラームが「トルコ人の文化的本質」として描かれていると論じている。彼によれば、宗教文化・道徳科の教科書には、国家を守ることがトルコ人の「生来の気質」であり、「イスラームもまた祖国のために闘うことを常に命じ」ており、キリスト教など他の宗教は「トルコ人の戦争に対する精神に適合しなかった」とする記述があるという[55]。カプランは、世俗性を前提とするトルコ国民意識からトルコ性とイスラームの親和性へという転換を、一九八〇年クーデタ以降、さらに言えば一九八六年の教育改革後に出版された教科書に注目して論じているが、トルコ・イスラーム総合論の特徴は宗教科の教科書にも見ることができる。すなわち、クーデタという目立った政変以前に、宗教教育政策の性格は実質的には変化の兆しが見られており、一九七〇年代にはすでに、トルコ性とイスラームの親和性を説く思想潮流は宗教教育の内容に反映されていたのである。

それでは、同じ時期に教授されていた道徳科には、こうした内容は反映されていたのだろうか。以下で、一九七六年の道徳科学習指導要領と教科書の内容を見ていきたい。

三、一九七六年道徳科教科書

これまで見てきたように、道徳科において争点となったのは、道徳教育のなかに宗教を含めるかどうか、含めるとしたら、どの程度、どのように含めるかという点であった。そこで以下では、一九七六年刊の国民教育省出版局の教科書を取り上げて、道徳と宗教に関する内容について見ていきたい。

道徳科教科書

先に挙げたように、道徳科は一九七四年に導入されたのち、翌一九七五年に公正党のデミレルが率いる連立政権が成立すると、より多く宗教を扱うように教育内容が変更された。そして、一九七六年の同政権のもと、高校全体の指導要領が改訂され、高校の道徳科の内容もそれに伴って変更されたという経緯があった。

本節で対象とする教材は一九七六年に国民教育省出版局によって出版され、エロル・ギュンギョル（Erol Güngör, 一九三八―一九八三年）、エミン・ウシュク、アフメト・テキン、ヤシャル・エロルの四名により執筆されたものである。(56) 当時イスタンブル大学准教授であったエロル・ギュンギョルは、一九七〇年代から八〇年代に活躍した社会心理学者で、ナショナリストとして知られる著名な著述家である。(57) タリーカのシャイフの孫で、イスラームに造詣が深いと同時に、一九七五年に出版された『トルコ文化とナショナリズム』という著書に見られるように、イスラームと近代化やナショナリズムに関する議論を行っている。(58) エミン・ウシュクは導師・説教師養成学校で教職を務めた後、高等イスラーム学院で学び、教鞭を執っていた。アフメト・テキンは公法、クルアーン解釈学、ハディースの専門家であり、もう一人の著者であるヤシャル・エロルとともに、一九七一年にハディースの翻訳を出版している。後三者を見る限り、当時の国民教育省は道徳科の教科書執筆に宗教的な知識の必要性を見ていたことが明らかである。

この教材は全一六〇ページ、全一八章で構成され、社会生活、経済生活、宗教、公正、法律、国民生活、民主主義、戦争、機械文明とそれぞれの道徳との関係が章毎に扱われている（目次は巻末資料⑤を参照）。加えて、慣習や伝統、家庭、結婚といったテーマも章題となっていることからは、一九七五年指導要領の解説のなかで「実践」という言葉が強調されていたように、実際の生活に関わる事柄が取り上げられていることがわかる。

以下では、道徳科の教科書において、宗教と道徳の関係はどのように描かれていたのか、また、同年に出版された宗教科や歴史科の教材に見られた特徴が道徳科にも見られたのかを確認するべく、（a）道徳と宗教、（b）トルコ人とイスラームに関する記述に注目する。

（a）道徳と宗教

高校三年の道徳科の教科書には、その名も「宗教と道徳」章が挙げられており、この章では道徳と宗教との関係や、両者の狙いが同一であることなどについての記述が見られる。そこでは、宗教が「道徳と同程度、あるいはそれ以上」に社会管理の機能が強いことが客観的な事実として説明されている箇所も見られ[59]、宗教の優位性が示唆されていると言える。加えて、この章ではイスラームに限らない複数の宗教が想定され、「すべての宗教は道徳に関する命令と禁止を設けており、どのような宗教も道徳に関する義務を行うことに対して無関心ではない」と両者のあり方を説明する記述も見られる。そのなかでは、社会学者のエミール・デュルケムや哲学者のセレスタン・ブグレ、心理学者のヴィルヘルム・ヴントといったヨーロッパの知識人たちによる宗教と道徳の関係性に関する見解も挙げられ、宗教と道徳は密接に関係するという主張が、ヨーロッパの知性を援用する形で説得力をもって説明されている。この教材には以上のように、宗教を普遍的なものとして捉える記述がある一方、基本的にイスラームを強調する説明がより多く見られる。例えば、イスラームの義務である一日五回の礼拝や断食が取り上げられ、こうした宗教的行為は責任感や忍耐などを教えるものであり、「人間の意志を強くする狙いをもつ」と述べられている[60]。

宗教と道徳の関係については、「社会生活における宗教と道徳の統合」という節で以下のように説明される。

神を信じる者の義務は、ただ儀礼に留まらない。神を愛する者は、彼の創造したものも愛さなければならない。ユヌスが、「私たちは創られた者を愛します、創った者よりも」と言ったように、神への愛は、神の僕をも愛すること、あらゆる人間に良くふるまうこと、端的に言えば、道徳的になることを必要とする。人間になされる奉仕が最も上位の道徳的価値に到達することは、このような偉大な愛と、ただ神の御心のために行われることによってのみ可能となる。(61)

この文章では、信仰心をもつ人間が道徳的にならなければならないことが明確に示されている。ここで挙げられているユヌスとは一三、一四世紀の著名なトルコ系イスラーム神秘主義者ユヌス・エムレであり、メヴラーナー・ジェラーレッディーン・ルーミーのような他のトルコ系神秘主義者とともに、この教材内で複数回言及されている。(62)また、トルコ系神秘主義者に関する同様の記述は、高校一年生と二年生の国民教育省出版局の教科書においても見られる。(63)

ギュンギョルらによるこの教科書では、宗教と道徳の密接な関係性についての記述は見られるものの、宗教と道徳を同じものであると生徒に信じさせるような書き方はなされていない。その代わりに例えば、「道徳が宗教と統合したことは民衆の考えからも見ることができる。民衆は、敬虔な人間が同時に道徳的であると思いたがる。道徳的でなければ、敬虔ではありえないと信じる」、「[民衆からは] 不道徳も信仰心の弱さに由来していると信じられている」(64)といった記述が盛り込まれているのを見ることができる。この教科書では、こうした考えについての評価はなされていないが、「民衆」の考えから距離を取ったこうした書き方からは、これまでの道徳教育や宗教教育をめぐる議論で示されてきたような、自明の前提として宗教と道徳を同一視する議論を避けようとする慎重な姿勢が表れていると言える。

(b) トルコ人とイスラーム

ギュンギョルらによる道徳科の教材では、宗教に特化した前述の章以外でも宗教に関する記述が複数箇所にわたって見られる。そこでは、先に挙げたように、イスラームの命令や預言者ムハンマド、またユヌス・エムレやルーミーのような神秘主義者たちの言葉が引用され、道徳的な行動をとることの根拠が説明されている(65)。以上の神秘主義者の出自が示しているように、こうした宗教的な内容はしばしばトルコ性との関連のなかで説明される。例えば、家庭や家族を扱った「家族の炉辺」章には以下のような記述がある。

トルコ人がイスラームを受け入れた後、家族の炉辺はさらに神聖さを獲得することになった。母親、父親への敬意、きょうだいへの愛は、伝統と宗教の命令となった。世帯の持ち主となることは、伝統の命令であると同時に、アッラーの命令であるとも信じられた(66)。

この文章では、トルコ人にとって、トルコ人の伝統とイスラームの命令が同一のものとされたことが説明されており、トルコ性との関連のなかでイスラームの教えが正当性を持つものとなったことが記述されている。

家族に関する章に加え、「国民生活と道徳」章でも同様の記述が見られる。例えば、同章のなかの「国家」節ではトルコ人の国家の特徴のひとつとして公正が挙げられ、以下のように説明されている。

社会奉仕とともに、公正もトルコ国家の最も際だった特徴のひとつである。裁判では貧者と君主が平等に扱われ、何者も特権を有していなかった。イスラーム教の公正についての命令を最もよく実践していたのは、まずもってトルコ人だった。[トルコ人は] 国家のすべての義務を果たしたためか、それ [国家] に対して大きなつながりが生まれ、アッラーの道において死ぬことと国家の道において死ぬことが同一と見なされた。［…］私たちの歴史を通じて、しばしば国家権威を代表する者たちに対してなされた反乱に関して、「それを行う」最も重要な理由は「不公正であること」だった。オスマン帝国において法を代表するシェイヒュルイスラームには君主を廃位する力さえあり、このような力、つまり政治的権威に対する法的手段による完全な管理はどの外国においても見られたことではない(67)。

この記述では「トルコ国家」、すなわちオスマン帝国の司法制度が他国と比べ、公正の観点から優れていたことが強調され、そうした性格がイスラームの原則に結びつけて描かれている。このように、必ずしも宗教とは直接的に関係のない章においても、トルコ人、トルコ国家の特徴とされる性格とイスラームの教えが同一であることが強調されている。

こうしたトルコ性とイスラームの同一視は、以下のようにも表現されている。

トルコ国民の個々人は、歴史上彼らがつくってきた国家機構を通じて、つねに国家と一体化してきた。国家は、国民的生活の頂きにおいて形作られた。私たち国民にとって愛国心とは、宗教への愛のように力強く、根深く、神聖である。毎日五回の礼拝のあと、「アッラーよ、国家に、国民に消滅をもたらさないで下さい！」と、祈りがなされる。宗教と国家は、神がその僕に与えた最も偉大な二つの恵みである(68)。

この文章では宗教と国家が並列され、両者が同等の神聖性を有するものとして描かれている。ここでの礼拝のあとの祈りはトルコにおいてはよく知られる祈りであり、「イスラーム主義とトルコ・ナショナリズムの融合」を示す表現として知られる(69)。このように、この道徳科の教科書においては、トルコ共和国やトルコ人とイスラームの調和を示す記述が繰り返しなされている。宗教と国家の不可分性を意味する「宗教と国家 cin ü devlet」という表現はオスマン帝国期より用いられてきたものとして知られているが[70]、以上の引用でも同じ表現が用いられているのを見ることができる。

以上、見てきたように、宗教科や歴史科と同様、一九七六年に出版された道徳科教科書においてもトルコ人とイスラームの性質の結びつきが説かれ、トルコ人にとってイスラームの存在が欠かせないものであることが示唆されていた。

一九七八年以降に道徳科へなされた変更

教科書執筆者や学習指導要領の変化からは、一九七六年には、教育の分野において宗教的な内容を拡充する動きが見られ、宗教科や道徳科の教科書にトルコ性とイスラームの不可分性を強調する内容が盛り込まれたことが明らかになった。

しかしながら、この改訂の二年後、一九七八年に再び高校のみに関して道徳科の指導要領が改訂された。これまでと同様、その背景には新たな政権の発足があった。一九七八年一月にエジェヴィトが単独で政権を獲得すると、その四ヶ月後の五月、デミレル政権のもとで制定された高校の道徳科指導要領が停止され、さらに一九七七／七八年度の残りの期間に関して、高校における道徳科の授業免除および試験の停止が決定されたのだった[71]。この背景には、エジェヴィト政権において、当初は道徳科の廃止が検討されていたという事情があった。こうした動きに対し国民救済党関係者は、共和人民党政権による道徳科廃止の試みは当時起きていた学生運動や共産主義運動の高まり、クルド人の独立運動の組織化といった社会において生じていた「アナーキー［状態］を継続させること」だと非難した[72]。こうした批判を受け、共和人民党政府は妥協策として、道徳科の廃止ではなく、一九七六年学習指導要領の停止という結論を出したものと考えられる。一九七六年の高校道徳科指導要領の停止は、表向きには、行政裁判所において同指導要領と、この要領のもとに執筆された高校一～三年生用のある道徳科教科書をめぐる訴訟に伴ってなされたこととされた。問題とされた教科書とは、先に考察の対象としたエロル・ギュンギョルらによる道徳科教科書であった。裁判の経緯や教科書のどのような記述が問題とされたのかなどの詳細は不明であり、この決定の時点では判決は下されていなかったが、同じ執筆陣による中学一～三年生用の教科書の使用や、同じく一九七六年に出版された宗教科教科書、イブラヒム・カフェスオールが執筆した歴史科教科書などの使用も不認可とされた(73)。一九七六年以前に出版された副教材は不認可の対象とならず、そのまま使用が許可されたことからは、共和人民党政権期にあたる一九七八年のこの決定には、公正党政権期に出された一九七六年指導要領に基づく教材を排除する狙いがあったことが明らかである。

前記の発表から五ヶ月後の一九七八年一〇月、改めて一九七四年指導要領に立ち返って道徳科が実施されることが決定された(74)。一九七八年のこの指導要領では新たに、「アタテュルクの言葉に見る道徳的価値」という内容が設けられた。また、一九七六年の指導要領で四節構成の章へと格上げされた高校一年の「宗教と道徳」章が一九七八年の指導要領では削除されている。それに代わり、一九七八年要領では高校三年に「宗教と道徳」章が新たに設けられたが、それは二節構成へと分量が減らされている(75)。このような、共和国の革命、すなわちここでは世俗化改革の象徴的な存在としてのアタテュルクに関する記述の登場や宗教に関連する項目の減少は、共和人民党のエジェヴィトによる公正党や国民救済党への対抗策として捉えることができる。

これに対し、翌一九七九年に成立したデミレル率いる公正党政権期においては、一九八〇年九月に、小学校の道徳科および宗教科の教師には導師・説教師養成高校卒業生が優先され、それ以外の教師が道徳科、宗教科を教える際には国民教育省が開催する教室に参加し、そこで実施される試験に合格することを担当の要件とすることが決定された(76)。

以上見てきたように、科目の設置の一年後から、政権の変化によりその内容にも変更が加えられ続けたためか、道徳科の実施状況は安定していたとは言いがたく(77)、国民教育省は複数回にわたり、規定以外の教師が道徳科を教えることのないよう注意をしなければならなかった。小学校と中学校の道徳科指導要領に限っては、どの項目を選択・重視するか、また扱わないかは、教師側の裁量次第で決めてよいことが記されており[78]、それゆえに誰がこの科目を担当するかは重要な問題であった。一般的に、トルコの学習指導要領の拘束力は強く、そのことは、前に述べたように教育省出版局による教科書と民間出版社による教科書の差違が少ないことにも示されている。しかしながら、道徳科に限っては教師側の選択に委ねられる部分が多く、道徳科の特異さが表れていると言える。道徳をどのように教えるか、何に依拠させるかといった問いをめぐっては混乱が続き、結果としてそれは、一九八〇年代に入り、道徳と宗教をひとつの科目のなかで教えるという形に結実する。すなわち、それこそが必修科目である宗教文化・道徳科の導入であり、一九七〇年代に見られた道徳科をめぐる議論や内容の変更の過程は、イスラームをトルコ人の道徳とする理解が公的なものとされていくという結果に至る道筋となったのだった。

小結

本章では、一九七四年の道徳科の導入とその後の学習指導要領の変遷、一九七六年の宗教科の教授学年の拡大について検討し、一九七六年の指導要領のもとで執筆された宗教科と道徳科それぞれの科目の教科書を分析した。それにより、道徳科の実施にあたっては宗教性の観点から議論がなされたこと、当初は、宗教性が抑えられた内容であったのに対し、政権交代によって一九七六年には道徳科と宗教科の両方に、トルコ性とイスラームの関係をめぐりその内容に変更が加えられたことを明らかにした。

当時の首相デミレルは、おそらくは反発を回避するべく教育内容の変更を声高に主張せずに行ったためか、これまでは一九七六年のこの変化は研究上、看過される傾向にあった。しかしながら、本章で確認できたように、一九八〇年クーデタ以降につながる教育政策の方向性は一九七六年の時点で見られていたのだった。

一九七四年における教本『トルコ人の道徳信条』の使用停止と道徳科の開始は、トルコの公教育内での道徳教育の大きな転換を示している。一九四四年より使用されていた『トルコ人の道徳信条』で描かれる道徳が宗教に全く依拠していないのに対し、道徳科では、道徳を宗教と結びつけて捉える記述が盛り込まれていた。このように、一九七四年の道徳科の導入は、教育政策の次元で世俗性に依拠したトルコ国民像が後景に退くとともに、トルコ国民性とイスラームを結びつける理解が前景へと押し出される契機となった。こうしてトルコ国民にとってのイスラームの意義が高められた結果、一九七六年、イスラームがトルコ国民の性質やあり方そのものと親和性を持ち、融合していると捉える見方が、宗教科および道徳科へ盛り込まれるようになった。この年に制定された要領は、わずか二年しか継続されなかったものの、こうした発想が、一九八二年にイスラーム教育科目が宗教文化・道徳科という名称で小・中学校、高校へと導入されることにつながったのである。

注

(1) 本章で扱う道徳科についてより詳しくは、上野愛実「一九七〇年代のトルコにおける道徳教育——宗教性の観点から」『東洋学報』第九九巻第二号、二〇一七年、二七—五一頁を参照。

(2) Zürcher, *Turkey*, 263-264；新井『トルコ近現代史』二七八頁；Mete Kaan Kaynar, “Ön Söz,” in *Türkiye’nin 1970’li Yılları*, ed. Mete Kaan Kaynar (İstanbul: İletişim Yayınları, 2020), 17. この点に関し、特に一九七〇年代後半の状況については以下を参照。Benjamin Gourisse, *Political Violence in Turkey, 1975-1980: The State at Stake* (London: I. B. Tauris, 2023).

(3) Cengiz Gunes, *The Kurdish National Movement in Turkey: From Protest to Resistance* (London: Routledge, 2012), 91-92.

(4) Zürcher, *Turkey*, 258-263；新井『トルコ近現代史』二六九—二七一頁。

(5) “MSP Ankara İl Kongresine Erbakan, MSP’li Bakanlar ile İl Başkanları Katıldı: ‘Çocuklarımıza Okullarda Millî Ahlâk Öğreteceğiz,’” *Millî Gazete* (May 6, 1974).

(6) 澤江史子『現代トルコの民主政治とイスラーム』ナカニシヤ出版、二〇〇五年、七五—七八頁。

(7) Necmettin Erbakan, *Millî Görüş* (İstanbul: Dergah Yayınları, 1975), 90-97.

(8) İrfan Neziroğlu and Tuncer Yılmaz eds., *Koalisyon Hükümetleri, Koalisyon Protokolleri, Hükümet Programları ve Genel*

Kurul Görüşmeleri*, cilt 1 ([Ankara:] Türkiye Büyük Millet Meclisi Başkanlığı Yayınları, 2015), 589.

(9) Neziroğlu and Yılmaz eds., *Koalisyon Hükümetleri*, 605.

(10) Mustafa Kelebek, "Millî Ahlâk Dersleri üzerine," *Millî Gazete* (April 5, 1974).

(11) Kelebek, "Millî Ahlâk."

(12) Kelebek, "Millî Ahlâk."

(13) "Üstündağ için Meclis Araştırması Yapılacak," *Bugün* (June 7, 1974).

(14) "Milliyetçi Öğretmenleri Tasfiye Eden Eğitim Bakanı Komünist midir?" *Adalet* (June 11, 1974); "Eğitim Bakanı Çekilmelidir: Komünist Yuvaları Diriltilemez," *Adalet* (June 12, 1974); Ali Uygur, "Üstündağ Çekilmelidir," *Adalet* (June 16, 1974).

(15) "Üstündağ Hakkındaki Gensoru Reddedildi," *Cumhuriyet* (June 19, 1974).

(16) "Toplantıya Üstündağ Yön Vereceği için Milliyetçi Öğretmenler Eğ. Şurasına Katılmıyor," *Adalet* (June 23, 1974).

(17) Tutan Çorumlu, "Ahlâk Dersleri," *Millî Gazete* (June 2, 1974).

(18) M. Zeki Canan, "Ahlak Dersleri," *Millî Gazete* (July 22, 1974).

(19) Veyis Ersöz, "Ahlâk Derslerinden Korkanlar," *Millî Gazete* (June 21, 1974).

(20) Hıfzı Veldet Velidedeoğlu, "Eğitimde Asıl Tehlike," *Cumhuriyet* (June 9, 1974).

(21) Velidedeoğlu, "Eğitimde Asıl Tehlike."

(22) 原語は toplumsallık. 個人主義 bireysellik の対義語として用いられている。

(23) Halil Tekin, "Nasıl Bir Ahlâk Dersi?" *Milliyet* (March 8, 1974).

(24) *Dokuzuncu Millî Eğitim Şûrası 24 Haziran–4 Temmuz 1974* (İstanbul: Millî Eğitim Basımevi, 1975), 376–377.

(25) *Tebliğler Dergisi*, no. 1803 (September 2, 1974), 333.

(26) *Tebliğler Dergisi*, no. 1798 (July 22, 1974), 301.

(27) *Tebliğler Dergisi*, no. 1798, 301–302.

(28) *Tebliğler Dergisi*, no. 1798, 301–302.

(29) *Tebliğler Dergisi*, no. 1798, 302–308.

(30) Hüseyin Hasdemir, "Ahlâk Dersleri Kimler tarafından Okutulmalıdır?" *Millî Gazete* (September 18, 1974).

(31) 新井『トルコ近現代史』二七五―二七六頁。

(32) *Tebliğler Dergisi*, no. 1853 (September 8, 1975), 393.

(33) 科目の目的で異なる箇所は、一九七四年版の目的の七番目「今日まで続く、常に議論されてきたテーマである道徳の理解を知ることに関して助けとなること」が、一九七五年版だと、道徳の前に「世界と」という言葉が書き加えられている点のみである。*Tebliğler Dergisi*, no. 1853, 393–394.

(34) *Tebliğler Dergisi*, no. 1853, 394.

(35) 原語は İslâmi İlimler Fakültesi。一九七一年にエルズルムに所在する国立アタテュルク大学に設置された、イスラームに関する学問を専門とする学部。一九八二年、エルズルム高等イスラーム学院と併せて神学部へ改組された。Halis Ayhan, "İlâhiyat Fakültesi," in *Türkiye Diyanet Vakfı İslâm Ansiklopedisi* 13 (Ankara: Türkiye Diyanet Vakfı, 1996), 70–72.

(36) 該当者がいない場合は、哲学、初等教員養成学校職業科、社会科、歴史、トルコ語、文学の教師がこの科目を担当することも規定された。*Tebliğler Dergisi*, no. 1856 (September 29, 1975), 426–427.

(37) Copeaux, *Tarih Ders Kitaplarında*, 150–158.

(38) Iren Ozgur, *Islamic Schools in Modern Turkey: Faith, Politics, and Education* (Cambridge: Cambridge University Press, 2015), 47.

(39) Beyza Bilgin, "Liselerde Din Bilgisi Eğitiminin Bugünkü Durumu," in *50. Yıl* (Ankara: Ankara Üniversitesi Basımevi, 1973), 278–279. この調査について、詳細はビルギンの著書も参照。Beyza Bilgin, *Türkiye'de Din Eğitimi ve Liselerde Din Dersleri* (Ankara: Emel Matbaacılık, 1980).

(40) Bilgin, "Liselerde Din Bilgisi," 279–284. ただし、ビルギンの論考を読む限り、彼女は宗教科が選択希望制であるという状況に不満を持ち、宗教教育科目の必修化を望んでおり、そうした意図のもとに調査結果を解釈している場合があることにも注意が必要である。

(41) *Tebliğler Dergisi*, no. 1900 (September 27, 1976): 338.

(42) *Tebliğler Dergisi*, no. 1753 (July 23, 1973): 308–311; Cicioğlu, *Türkiye Cumhuriyeti'nde İlk*, 27, 77, 131.

(43) *T. C. Resmî Gazete*, no. 14574 (June 24, 1973), 2.

(44) *Tebliğler Dergisi*, no. 1900, 339.

（45） *Tebliğler Dergisi*, no. 1900, 340.

（46） 例外として、ユスフ・ズィヤ・ヨリュカン（Yusuf Ziya Yörükan, 一八八七—一九五四年）が挙げられる。彼はオスマン帝国末期に生まれ、一九五四年、すなわち中学校へ宗教科が設けられる前に死去していた。ヨリュカンによる『クルアーンの章』は、中学校二年の宗教科の副教材として指定されていた。*Tebliğler Dergisi*, no. 980: 189.

（47） Talât Koçyiğit, İsmail Cerrahoğlu, and Mücteba Uğur, *Orta 1 Din Bilgisi*（İstanbul: Millî Eğitim Basımevi, 1976）; Talât Koçyiğit, İsmail Cerrahoğlu, and Mücteba Uğur, *Orta 2 Din Bilgisi*（İstanbul: Millî Eğitim Basımevi, 1977）; Talât Koçyiğit, İsmail Cerrahoğlu, and Mücteba Uğur, *Ortaokul 3 Din Bilgisi*（[Ankara:] Millî Eğitim Basımevi, 1976）. 執筆陣については、Recep Bilgin, "Talat Koçyiğit'in Hayatı, Eserleri ve Türkiye'deki Hadis Çalışmalarına Katkısı," *Kahramanmaraş Sütçü İmam Üniversitesi Sosyal Bilimler Dergisi* 12, no. 2（2005）: 167–194; Harun Savut and Ayşenur Özbakkal, "Prof. Dr. İsmail Cerrahoğlu'nun Hayatı ve Eserleri," *Bülent Ecevit Üniversitesi İlahiyat Fakültesi Dergisi* 4, no. 2（2017）: 157–176; Bünyamin Erul, "Uğur, Mücteba," in *Türkiye Diyanet Vakfı İslâm Ansiklopedisi* 42（Ankara: Türkiye Diyanet Vakfı, 2012）, 50–51.

（48） Süleyman Ateş, Orhan Karmış, and Süleyman Hayri Bolay, *Lise 1 Din Bilgisi*（Ankara: Millî Eğitim Basımevi, 1976）; Ateş, Karmış, and Bolay, *Liseler için Din Bilgisi 2. Sınıf*; Süleyman Ateş, Orhan Karmış, and Süleyman Hayri Bolay, *Lise 3 Din Bilgisi*（[Ankara:] Millî Eğitim Basımevi, 1976）.

（49） Koçyiğit, Cerrahoğlu, and Uğur, *Ortaokul 3 Din Bilgisi*, 80–82.

（50） Koçyiğit, Cerrahoğlu, and Uğur, *Ortaokul 3 Din Bilgisi*, 82.

（51） Ateş, Karmış, and Bolay, *Lise 3 Din Bilgisi*, 126.

（52） Koçyiğit, Cerrahoğlu, and Uğur, *Ortaokul 3 Din Bilgisi*, 88.

（53） Gokhan Cetinkaya, "Rethinking Nationalism and Islam: Some Preliminary Notes on the Roots of Turkish Islamic Synthesis in Modern Turkish Political Thought," *The Muslim World* 89, no. 3-4（1999）: 350–376.

（54） トルコ・イスラーム総合論についてはイブラヒム・カフェスオールの著書と大島の論考を参照。知識人の炉辺についても、同グループの長（一九八五年当時）スレイマン・ヤルチュン（Süleyman Yalçın）によるカフェスオールの著書の前書き（IX–XIII頁）を参照。İbrahim Kafesoğlu, *Türk-İslâm Sentezi*（İstanbul: Aydınlar Ocağı Yayını, 1985）; 大島「トルコ『八〇年体制』における民族主義」一—二〇頁。

(55) Kaplan, "Din-u Devlet," 120.

(56) Erol Güngör et al., *Ahlâk Lise 3* ([İstanbul]: Devlet Kitapları, 1976). 出版地の記載はなく、この教科書の著作権が国民教育省にあることが明記されている。

(57) Erol Güngör, *Türk Kültürü ve Milliyetçilik* (İstanbul: İrfan Matbaası, 1975).

(58) Murat Yılmaz, "Erol Güngör," in *Milliyetçilik*, 650–657; Gökhan Güler, *Erol Güngör: Hayatı, Eserleri ve Düşünceleri* (Ankara: Türk Akademisi Sosyal ve Kültürel Araştırmalar Merkezi Vakfı, 2012).

(59) Güngör et al., *Ahlâk Lise 3*, 42.

(60) Güngör et al., *Ahlâk Lise 3*, 39–41.

(61) Güngör et al., *Ahlâk Lise 3*, 42.

(62) Güngör et al., *Ahlâk Lise 3*, 15, 17, 19, 41.

(63) Erol Güngör et al., *Ahlâk Lise 1* (İstanbul: Millî Eğitim Basımevi, 1976), 13, 39, 44; Erol Güngör et al., *Ahlâk Lise 2* (İstanbul: Millî Eğitim Basımevi, 1977), 40, 42, 61–63, 120–121.

(64) Güngör et al., *Ahlâk Lise 3*, 43.

(65) Güngör et al., *Ahlâk Lise 3*, 15–16, 18.

(66) Güngör et al., *Ahlâk Lise 3*, 100.

(67) Güngör et al., *Ahlâk Lise 3*, 123.

(68) Güngör et al., *Ahlâk Lise 3*, 126.

(69) Birol Akgün and Şaban H. Çalış, "Tanrı Dağı Kadar Türk, Hira Dağı Kadar Müslüman: Türk Milliyetçiliğinin Terkibinde İslâmcı Doz," in *Milliyetçilik*, 595.

(70) Virginia H. Aksan, "Ottoman Political Writing, 1768–1808," *International Journal of Middle East Studies* 25, no. 1 (1993): 54; Kaplan, "Din-u Devlet," 113–127.

(71) *Tebliğler Dergisi*, no. 1989 (June 12, 1978), 305.

(72) "MSP Gençlik Teşkilatı Başkan Yardımcısı Adil Barsbay: 'Ahlak Derslerinin Kaldırılması Demek Anarşinin Devam Etmesi Demektir,'" *Millî Gazete* (May 15, 1978).

（73）*Tebliğler Dergisi*, no. 1989, 305.

（74）*Tebliğler Dergisi*, no. 2003（October 16, 1978）, 455-456.

（75）*Tebliğler Dergisi*, no. 1900, 336; no. 2003, 456.

（76）この決定は一九八〇年九月二九日発行の『教育省広報誌』に掲載されているが、デミレル内閣の教育相オルハン・ジェマル・エルソイの署名が付されているため、九月一二日のクーデタ以前になされたものだと考えられる。*Tebliğler Dergisi*, no. 2071（September 29, 1980）, 205-206.

（77）*Tebliğler Dergisi*, no. 1862（December 1, 1975）, 461-462; no. 1912（December 20, 1976）, 483.

（78）*Tebliğler Dergisi*, no. 1798, 302, 304; no. 1853, 395, 398.

終　章

一九八〇年九月、世界的な経済危機がトルコを襲い、国内では左右闘争や民族主義運動の激化により多数の死者が出るほどに社会の混乱が極まるなか、軍部はこれを鎮めるべくクーデタを起こした。クーデタを率いた参謀総長ケナン・エヴレン（Kenan Evren, 一九一七―二〇一五年）を大統領とする軍事政権は、国民統合を目的としてトルコ・イスラーム総合論を国家イデオロギーとして採用し、公教育の分野ではこれを教育内容へ取り入れ、さらに国父であるアタテュルクに関する教育内容の強化に努めた(1)。一方、宗教教育に関しては、トルコ・イスラーム総合論を取り入れるとともに、選択希望制の宗教科と必修の道徳科を統合し、その受講を義務づけた。

一九八二年にケナン・エヴレンは、国民に向けて行った演説のなかで、宗教教育の必修化について以下のように説明した。

子どもを政府の学校に通わせず、秘密裏の反逆の野心を実現するためのクルアーン教室を開く無知蒙昧な人々に預けている母親、父親に呼びかけます。［…］これからは、小学校、中学校、高校において、宗教の授業が必修化されることになりました。こうしてあなた方の子どもたちは、宗教の知識をこれらの学校で得ることができるのです(2)。

この演説には、軍事政権が、宗教反動への恐怖を喚起することで宗教の国家管理を正当化するとともに、国家の提供する宗教教育のみを是とするという、これまでの諸政権が行ってきた宗教教育政策を踏襲したことが表れている。アタテュルクの遺志を受け継いでいるはずの軍事政権が宗教教育科目を必修化にしたことからは、国家が積極的に宗教を管理するという形での政教関係が、政治的なイデオロギーを問わず規定路線とされた転換を見ることができる。さらに、このことは、イスラーム教育科目の必修制が科目の導入と同じ一九八二年に改定された憲法に明記されたことによって決定的なものとなった。普通教育、すなわち全国民が受ける初等・中等教育のなかでイスラーム教育科目の必修化を義務づけるという選択からは、この年に、国家がイスラームの権威としての役割を全うする方向へと完全に舵を切ったことが示されている。

こうして小学校四年生から高校最終学年の三年生（当時）[3]まで宗教文化・道徳科が必修科目として教授されることになった。この科目は宗教科と同様、スンナ派イスラームの信仰を前提とした宗派教育を行うものとなった[4]。宗教・道徳科ではなく、宗教文化・道徳科という名称の選択には、実際には宗派教育であるのに対し、宗教そのものではなく宗教に根ざした文化を教える科目として同科目が定義され、宗教教育の必修化をあくまで文化の教育として位置づける姿勢が表れている。そしてそれは、一九五〇年代から始まり、一九七〇年代後半に達成された、イスラームをトルコ国民性と統合させ、国民文化に包含するという政治的意図の結実であると見ることができよう。イスラームはトルコ人の国民性と切り離せない文化であるという発想は、一九八二年の宗教文化・道徳科の必修化によって、トルコ共和国の公的見解とされたのだった。

宗教教育科目の必修化をめぐるこれまでの研究では、クーデタ後、軍事政権が各分野において新たな方針を模索するなか、当時アンカラ大学神学部の学部長であったヒュセイン・アタイが宗教教育の必修化を求め、軍部に文書を送ったことが、必修化の道を開いたと見られている。アタイは、エヴレンを含む軍関係者や教育相と面会し、宗教教育の現状の不足点、すなわち選択希望制に起因する規律や統一性のなさを強調することによって、当時、国民統合の強化を目指していたエヴレンらを説得し、結果として、必修化が決定されたという(5)。アタイの試みは当時の神学部関係者から全面的な賛同を得たわけではなく、そのために、宗教教育の必修化は、彼個人の尽力と、エヴレンら軍事政権幹部の決定によるところが大きいと考えられてきた。

　クーデタやその後の軍事政権が、宗教文化・道徳科の導入に至る直接のきっかけをつくったことは確かであると思われる。ただし、宗教教育科目の必修化は、こうした短期的な政治変動の結果からのみ理解すべき問題ではなく、一九四〇年代から一九七〇年代のあいだの政治家たちの、各時代における政治、社会情勢に応じた政策と国民形成、そして国是であるライクリキとそれらの兼ね合いをめぐる試行錯誤という背景を受けて実現したものとして理解すべき事象である。そして、この紆余曲折の過程は、まさにトルコの政教関係の転換を示すものだった。

　本書では、宗教教育が必修化されるに至るまでの経緯を、二〇世紀中葉における公教育内での宗教教育の再開にまで遡って見てきた。ムスタファ・ケマル・アタテュルクはトルコ共和国を建国すると、宗教に関わる分野において抜本的な改革を行った。青年トルコ世代たる彼やその周辺の政治家たちは、科学とナショナリズムの融合を説く新しい「宗教」、すなわちケマリズムのもと、政治や社会から宗教とその担い手の影響力を排除することが、トルコ共和国の近代化に不可欠であると理解していた。その一環として、建国当初は小学校、中学校、大学で行われていた宗教教育を一九三〇年代末までにすべて廃止した。そして、共和人民党の綱領に盛り込まれていたライクリキを一九三七年に国是とすることで、共和国の世俗化改革を正当化する根拠とした。

　しかしながら、一九三八年にアタテュルクが死去すると、徐々に、彼の急進的な政策に対する反発が表面化していく。宗教について議論することは憚られていたため、当初、それは道徳の頽廃を喧伝するという形をとることになり、さらに、一九四〇年代半ばからは宗教教育の必要性が訴えられるようになった。共和人民党政権にとって国民の要望に応え、宗教教育を再開するためには大きな課題があった。すなわち、アタテュルクの世俗化政策を否定せずに、いかに宗教教育を導入するかという問題である。共和人民党政権内でそれは当初、公教育の外部で宗教教育を行うという構想に結びついたが、その後、ライクリキの解釈を読み替えることで公教育の内部において宗教教育を再開する方向に移行していく。その背後には、複数政党制の導入に伴い、宗教的実践を望む国民の支持獲得のために宗教を政治利用する必要性が高まったという事情があった。こうして、一九四〇年代当初は、国家と宗教の分離を堅持する方向性が政権内部で優勢だったのに対し、一九四八年以降、国家による宗教の管理と促進を目指す方向性がこれを上回っていく。

一九四九年に小学校に選択希望科目として宗教科が設けられると、それは一九五六年に中学校へ、一九六七年には高校へも導入されることになる。こうして、宗教教育を重視する姿勢を示すことによって国民の支持獲得を目指す手法は、政権交代や軍事クーデタにもかかわらず継承されていくが、それを説明するための論理は時代に応じて変化していった。一九五〇年代、アタテュルクとともに革命の時代を生きた政治家たちが姿を消していくなかで、ライクリキの政教分離の側面に代わり用いられるようになったのが良心の自由という概念だった。民主党政権は良心の自由を、トルコ国民がムスリムとして信仰を持ち続けることという意味に転換させ、国家がそれを保障するという論理のもと、公教育のなかで積極的に宗教教育を拡充させていった。一九六〇年代、クーデタ後の新政権下において、そうした宗教教育は継承、拡大されていき、この時代にそれは、宗教教育に国民教育としての意義を見出すことによって可能とされた。こうした手法は、さらに一九七〇年代に入り、イスラームとトルコ国民性を結びつけ、両者を分かちがたく統合されたものとして捉える理解へとつながった。

宗教科の教育内容はイスラームの基礎的な教義を教えるものであったのと同時に、イスラームの観点から道徳的な行動や殉教といった信仰実践を国家への奉仕と結びつけて論じるものでもあった。そして、この傾向は一九七〇年代において、イスラームの教えとトルコ国民の性質を同じものだとする言説により強化されていった。こうした性格は一九七四年に設置された道徳科にも見られ、道徳科ではイスラームを根拠とした道徳が説かれると同時に、イスラームとトルコ国民性との親和性が強調された。このような転換は、世俗性に依拠したトルコ国民像を実現するための政策の代わりに、トルコ人の国民性とイスラームを結びつける理解が教育政策の既定路線となったことを示している。そして、イスラームをトルコ国民の文化と見なす動きのなかで、イスラームを単に宗教としてだけでなく、文化としても扱う姿勢が共和国政府によって取り入れられていったのである。

今日のトルコを見ると、国家が国民の信仰を管理し、それを積極的に支えるという状況は自明であり、こうした状況は建国初期以来、続いてきたもののように思われる。しかしながら、トルコの政教関係のなかでは、宗教の排除や国家と宗教の分離が目指されていた時代は確かにあったのであり、現在の政教関係の様相は一九四〇年代から七〇年代を通じて、時間をかけて形成されていったものなのである。そして、こうした政教関係の転換の契機となり、またその関係を発展させていったのが、他でもない宗教教育、そして道徳教育に関する政策だった。

一九八二年、宗教教育科目が選択希望科目から必修科目となったこと、また宗教マイノリティを取りまく時代状況の変化により、アレヴィーをはじめ、一部の国民は宗教文化・道徳科が必修科目であることに反対の意を示している。二〇〇二年から二〇二四年現在まで与党の座を維持する公正発展党政権は、イスラーム内の少数派やこれまで認められてこなかった信仰を国家が許容するイスラームの範囲に組み込むという手段を通じて、こうした反対意見を封じようとしている(6)。二〇一二年からは、中学校、高校において、これまでの必修制の宗教教育科目に加え、選択制の宗教教育科目が導入されるなど、公教育における宗教教育はさらに拡大しており、こうした勢いは留まるところを知らないかのように見受けられる(7)。公正発展党は、その党イデオロギーから共和人民党と対比される傾向にあるが、同党のこうした宗教教育政策は、アタテュルク亡き後の共和人民党政権による政策転換の試みの延長上に位置づけられるものであり、今日の宗教教育のあり方は、軍事政権を含むその後の諸政権がその政策を継承し、発展させていった結果だと見ることができるのである。

注

（1）Mehmet Serhat Yılmaz, "Türkiye Cumhuriyeti İnkılâp Tarihi ve Atatürkçülük Dersi Konularının İlköğretimde Öğretimi," in *Türk Eğitim Sisteminde Atatürkçülük ve Türkiye Cumhuriyeti Tarih Öğretimi 10-11 Kasım 2005*, ed. Yasemin Doğaner (Ankara: Hacettepe Üniversitesi Atatürk İlkeleri ve İnkılâp Tarihi Enstitüsü, 2006), 24-29.

（2）Kenan Evren, *Devlet Başkanı Orgeneral Kenan Evren'in 12 Eylül 1980'den Sonra Yaptığı Konuşmalar* (*12 Eylül 1980-17 Ocak 1981*) (Ankara: Başbakanlık Basımevi, 1981), 343. 訳は、澤江『現代トルコ』一〇二―一〇三頁を参考にした。

（3）二〇一二／一三年度からは高校は四年制（中学校および小学校も各四年制）になった。

（4）二〇〇〇年代以降、カナダのケベックやスイス、また日本においても、「倫理・宗教文化」科目の設置や宗教文化教育の模索が行われているが、当時のトルコの宗教文化・道徳科はそれらの教育内容とは異なるものである。井上順孝「国際的視点からみた宗教文化教育」『國學院大學研究開発推進機構日本文化研究所年報』第八号、二〇一五年、三三―四五頁；伊達聖伸「論争のなかの『倫理・宗教文化』教育――近年の議論の動向と公共空間における『宗教』の位置」『ケベック研究』第一〇号、二〇一八年、一九―三二頁；田中マリア、細戸一佳、ミカエル・デルヴロワ「『スイスＰＥＲ』における『倫理と宗教文化』教育の現状と課題」『倫理道徳教育研究』第三号、二〇二〇年、一―一五頁。トルコの宗教文化・道徳科の内容について、特に多文化教育の観点から検討したものとして以下を参照。宮崎元裕「トルコにおける多元的宗教教育の状況とその可能性――イギリスとの比較を通して」『京都女子大学発達教育学部紀要』第一一号、二〇一五年、三一―四〇頁。

（5）Beyza Bilgin, "1980 Sonrası Türkiye'de Din Kültürü Ahlâk Bilgisi Dersinin Zorunlu Oluşu ve Program Anlayışları," in *Din Öğretiminde Yeni Yöntem Arayışları Uluslararası Sempozyum Bildiri ve Tartışmalar, 28-30 Mart 2001* (Ankara: Milli Eğitim Bakanlığı Din Öğretimi Müdürlüğü, 2003), 671-693; Mehmet Günaydın, "Din Kültürü ve Ahlâk Öğretiminin İlköğretim ve Liselerde Zorunlu Ders Olmasına Prof. Dr. Hüseyin Atay'ın Katkıları," *Dinbilimleri Akademik Araştırma Dergisi* 9, no. 4 (2009): 287-304; Ayhan, *Türkiye'de Din Eğitimi*, 277.

（6）Buket Türkmen, "A Transformed Kemalist Islam or a New Islamic Civic Morality?: A Study of 'Religious Culture and Morality' Textbooks in the Turkish High School Curricula," *Comparative Studies of South Asia, Africa and the Middle East* 29, no. 3 (2009): 392-393; Buket Türkmen, "Kemalist İslâm'ın Dönüşümü mü Yoksa Yeni Sünni Yurttaş Ahlâkı mı?: 'Din Kültürü ve Ahlâk Bilgisi' Ders Kitapları üzerine Bir İnceleme," *Toplum ve Bilim* 120 (2011): 65-66; Manami Ueno, "Sufism and Sufi Orders in Compulsory Religious Education in Turkey," *Turkish Studies* 19, no. 3 (2018): 381–399.

（7） Eroler, *Dindar Nesil Yetiştirmek*, 153–162.

あとがき

本書は、二〇二〇年二月に東京大学大学院総合文化研究科から博士号を授与された学位論文「トルコ共和国における宗教教育政策（一九四〇年代～一九七〇年代）――宗教教育の再開から必修化まで」を大幅に加筆・修正したものである。論文審査の主査として、ご指導を賜った秋葉淳先生をはじめ、副査を引き受けて下さった、山口輝臣先生、伊達聖伸先生、早稲田大学の桜井啓子先生、日本大学の粕谷元先生には、改めてお礼を申し上げます。

なお、本書の一部は以下の学術論文および史料紹介の内容を基にしている。

「一九七〇年代のトルコにおける道徳教育――宗教性の観点から」『東洋学報』第九九巻第二号、二〇一七年、二七―五一頁。

「アタテュルク後の宗教教育政策――ライクリキの転換点」小笠原弘幸編『トルコ共和国 国民の創成とその変容――アタテュルクとエルドアンのはざまで』九州大学出版会、二〇一九年、一二七―一五〇頁。

「〈史料紹介〉宗教に依拠しない道徳――一九四三年刊『トルコ人の道徳信条』の解説と全訳」『大阪市立大学東洋史論叢』第二二巻、二〇二二年、九二―一〇九頁。

本書の刊行にいたるまでには、多くの方々のご指導・ご協力をいただいた。すべての方のお名前を挙げることはできないが、この場を借りて深くお礼を申し上げたい。

東京外国語大学外国語学部（当時）では、新井政美先生、林佳世子先生、菅原睦先生から、トルコ語やトルコ共和国の現状、そして、その背後にある歴史について学んだ。当時はそのありがたさをわかっていなかったが、振り返ってみれば学部生の頃から先生方のような鷹揚とした、素晴らしい研究者に接することができたのは筆者にとって望外の幸運であった。また、同大学在学中は宗教学のゼミにおいて、八木久美子先生に大変お世話になった。先生のおかげで宗教を研究するおもしろさ、同時に自身の研究対象に拘泥せず、視野を広くもつことの重要性を教わった。

京都大学大学院アジア・アフリカ地域研究研究科に進学してからは、帯谷知可先生、そして田辺明生先生にご指導を賜った。先生方のお力添えがなければ、博士課程を修了することはできず、研究を続けることもできなかった。結果として異なる大学院に博士論文を提出することとなったが、筆者が自由に研究を行えるようご支援いただいたこと、本書に含まれない学術論文を含めて退学後も研究のご指導をいただいたことに心より感謝申し上げる。本当にどうもありがとうございました。

大阪市立大学（当時、現大阪公立大学）の草生久嗣先生は、二〇一八年より二〇二一年まで都市文化研究センターの受入教員になって下さった。博士論文の執筆中、そしてその後にかけても面倒を見ていただき、先生のおかげで大変心強く、落ち着いて研究に取り組むことができた。

九州大学の小笠原弘幸先生、そして津田塾大学の藤波伸嘉先生には博士論文を読んでいただいた。厳しくも温かいご指導を賜ったことに厚くお礼を申し上げます。

平和中島財団には、二〇一二年から二〇一四年にかけて、日本人奨学生としてトルコ留学の機会を与えて下さったことに改めて感謝を申し上げたい。本留学に際しては、マルマラ大学神学部のネジデト・トスン Necdet Tosun 先生が受入教員となって下さった。先生のご指導により自身の問題関心を問い直し、この期間に本書の執筆につながる着想を得ることができた。

学部在学中の交換留学時には、アンカラ大学の故サーリフ・アクデミル Salih Akdemir 先生に大変お世話になった。サーリフ先生よりご紹介いただいた、同大学神学部のレジャイ・ドアン Recai Doğan 先生は、日本学術振興会海外特別研究員の受入を快諾して下さった。二〇二〇年に予定していた渡航はままならず、先生にはいろいろご迷惑をおかけした。

二〇二二年より勤務している岩手県立大学の教職員の方々、特に高等教育推進センターの同僚の方々にも、日頃のご配慮に改めてお礼を申し上げる。

以上のように、非常に恵まれた環境のなか、錚々たる方々よりご指導を賜ってきたにもかかわらず、筆者の力量不足のために本書は不十分で拙いものにとどまってしまった。これまでお世話になった方々に対しては申し訳なく、反省するより仕方がないが、単著を出版するという機会をいただき、これから少しでもよい研究ができればという思いを新たにしている。

出版社のご紹介をいただいた伊達聖伸先生、そして、本書の刊行を承諾して下さった勁草書房には心から感謝申し上げる。特に編集部の関戸詳子さんには大変お世話になった。ここにお礼申し上げます。

最後に、私事ながら家族にお礼を伝えたい。まずは、つねに私を尊重し、見守ってくれている両親に。そして、いつも私を支え、励まし、応援してくれている夫に。彼がいなければ本書を書き上げることはできなかったし、今の自分もなかった。日頃の感謝を込めて、そしてこれからも、ともに歩んでいければと願って本書を夫に捧げる。

二〇二四年九月

上野　愛実

＊本書は、岩手県立大学全学研究支援費（学術図書出版）の助成を受けて出版された。本研究の成果は著者自らの見解に基づくものであり、所属機関の見解等を反映するものではない。
＊本研究は、日本学術振興会科学研究費助成事業16J05120、22K20053の助成を受けたものである。

巻末資料（教科書目次[1]）

①小学校4、5年生用の宗教科教科書の目次

小学校4年[2]（一九四九年）

1. ビスミッラーヒッラフマーニッラヒーム——『慈悲あまねく、慈悲深きアッラーの御名において始めます』
2. 私はムスリムです
3. 私はお母さん、お父さんが大好きです
4. 私は先生が大好きです
5. 私は私の祖国、国民が大好きです
6. 年長者に敬意を持ち、年少者を愛します
7. 最も大きな愛——私は、私をつくったアッラーが大好きです
8. アッラーは誰を愛するか
9. アッラーは誰を愛さないか
10. ムスリムであることは最初の信仰の基礎です
11. 預言者と預言者であること
12. ムハンマド様——誕生と子ども時代
13. ムハンマド様——青年期と預言者になる前の生活
14. ムハンマド様が預言者となったこと
15. 私たちの預言者の戦い
16. マッカの征服

17. 私たちの預言者の最後の巡礼と死
18. 類を見ない人間の例（1）
19. 類を見ない人間の例（2）
20. 私たちの預言者は子どもが大好きでした
21. イスラームにおける道徳
22. イスラームにおける権利と義務
23. 母と父に対する私たちの義務
24. 子どもたちに対する母と父の義務
25. きょうだい、友人、隣人であることの権利と義務
26. 私たちの国民、祖国、すべての人に対する私たちの義務

小学校5年[3]（一九四九年）

1. ビスミッラーヒッラフマーニッラヒーム――『慈悲あまねく、慈悲深きアッラーの御名において始めます』（スレイマン・チェレビの詩）
2. 信仰
3. アッラーへの信仰
4. 請願
5. イスラームと同胞
6. 天使への信仰
7. アッラーの本への信仰
8. 預言者への信仰

9. 偉大な預言者のうちのいくらかの人々
10. 最初のムスリムたち
11. 私たちの預言者のマディーナへの遷都（移住）
12. 私たちの預言者の死
13. 死と殉教
14. 審判の日への信仰
15. 天国
16. 地獄
17. 天命への信仰
18. イスラームにおける労働の重要性
19. アッラーに対する私たちの義務
20. 知らなければならない事柄
21. イスラームの義務
22. 集団での礼拝
23. バイラム礼拝
24. 葬送礼拝
25. 断食
26. 断食をだめにするもの
27. 巡礼
28. アザーンのトルコ語

②中学校1、2年生用の宗教科教材の目次

中学校1年(4)（一九五七年）

1. アッラーの愛
2. 私たちの預言者
3. 私たちの預言者の生涯とイスラームの創始
4. イスラームの義務――信仰告白
5. イスラームの義務――礼拝と礼拝の準備
6. イスラームの義務――礼拝はどのように行われるか？
7. イスラームの義務――断食
8. イスラームの義務――喜捨
9. イスラームの義務――巡礼
10. イスラーム教における儀礼
11. イスラーム教において知識に与えられる地位と知識人たち
12. イスラーム道徳――家族
13. イスラーム道徳――国民、国家、祖国愛と防衛
14. イスラーム道徳――他者の権利へ敬意を表すこと
15. イスラーム道徳――善行と扶助
16. イスラーム道徳――社会的交流の作法

中学校2年(5)（一九五九年）

1. イスラームにおけるアッラーへの信心

2. 天使への信仰
3. 啓典への信仰
4. 諸預言者への信仰
5. イスラームにおける来世への信仰
6. 天命への信仰
7. イスラームに関する用語
8. トルコ人のイスラーム教への貢献
9. 宗教建築へのトルコ人の貢献
10. トルコ人のつくった慈善組織
11. 今日において存在する諸宗教
12. イスラーム道徳——私たちの健康と生活
13. イスラーム道徳——職業生活においてどのようにならなければならないか
14. イスラーム道徳——会話の際に何に気をつけなければならないか
15. イスラームにおける道徳の基礎（1）
16. イスラームにおける道徳の基礎（2）

③高校1、2年生用の宗教科教材の目次

高校1年[6]（一九六八年）

1. 宗教学／諸宗教史 Dinler Tarihi の概観
2. イスラームにおける信仰
3. イスラーム教における儀礼

4．イスラーム教における道徳
5．トルコ人の歴史上におけるイスラーム教への貢献

高校2年(7)（一九六八年）
1．ムハンマド様
2．クルアーン
3．イスラーム教
4．イスラーム教における義務の精神
5．宗教の個人と社会における影響
6．さまざまな事柄とイスラーム教

④中学校3年、高校3年生用の宗教科教科書の目次

中学校3年(8)（一九七六年）
1．人間性と道徳
2．道徳の基本的な源
3．義務となる行為
4．ハラームとなる行為
5．諸宗教とその種類
6．啓示宗教のなかのイスラーム教
7．イスラーム教と科学
8．イスラーム教とトルコ人

9. 宗教建築へのトルコ人の貢献
10. トルコ人によってつくられた慈善組織、ワクフ

高校3年(9)(一九七六年)
1. イスラームの考えにおける創造
2. 宗教と個人の関係
3. 宗教と社会の関係
4. 宗教と現世の分離、国家と民主主義
5. 宗教、知性、科学、思想
6. イスラームにおける教育
7. イスラームと文明
8. トルコ人のイスラーム文明への貢献

⑤道徳科教科書の目次

高校3年(10)(一九七六年)
1. 道徳の哲学的基礎
2. 歴史上における人間の概観
3. 善に向かうこと
4. 社会生活と道徳
5. 経済生活と道徳
6. 宗教と道徳

7. 慣習、伝統と道徳
8. 公正と道徳
9. 理想的な公正の解釈
10. 法と道徳
11. 責任
12. 強制力
13. 家族の炉辺
14. 結婚
15. 国民生活と道徳
16. 民主主義と道徳
17. 戦争と道徳
18. 機械文明と道徳

注

（1）教科書の目次には番号がふられていないことがあるが、ここでは便宜上、番号をつけた。
（2）*Din Dersleri Birinci Kitap*（Ankara: Milli Eğitim Basımevi, 1949）.
（3）*Din Dersleri İkinci Kitap*（İstanbul: Milli Eğitim Basımevi, 1949）.
（4）Halit Aksan and Saffet Rona, *Orta Okullarda Din Dersleri 1*（İstanbul: Ders Kitapları Türk Ltd. Şti., 1957）.
（5）Saffet Rona and Halit Aksan, *Ortaokullarda Din Dersleri 2*（İstanbul: Ders Kitapları Türk Ltd. Şti., 1959）.
（6）Ömer Okutan, *Lise ve Dengi Okullar için Din Bilgisi I-II*（Ankara: Sevinç Matbaası, 1968）.
（7）Okutan, *Lise ve Dengi Okullar*.
（8）Talât Koçyiğit, İsmail Cerrahoğlu, and Mücteba Uğur, *Ortaokul 3 Din Bilgisi*（[Ankara:] Milli Eğitim Basımevi, 1976）.

(9) Süleyman Ateş, Orhan Karmış, and Süleyman Hayri Bolay, *Lise 3 Din Bilgisi* ([Ankara:] Milli Eğitim Basımevi, 1976).

(10) Erol Güngör, Emin Işık, Ahmet Tekin, and Yaşar Erol, *Ahlâk Lise 3* ([İstanbul]: Devlet Kitapları, 1976).

索　引

あ　行

アアオール、アフメト　59
アクセキ、アフメト・ハムディ　113, 114, 120, 124, 161-163, 180
アタテュルク、ムスタファ・ケマル　2, 4, 5, 7, 8, 10, 11, 17, 19, 21, 22, 28-36, 38, 39, 41, 42, 45, 46, 51-56, 59, 60, 67-69, 80, 82, 84, 85, 95, 98-100, 103, 114, 121, 129, 130, 133-136, 147, 149, 155, 156, 158, 159, 173, 183, 210, 236, 237, 244, 253-257
アタライ、ベスィム　55, 56, 87
アテシオール、メフメト　193, 194
アンカラ大学神学部　107, 149, 159, 160, 162, 210, 233, 234, 254, 255
イノニュ、イスメト　54-57, 59, 68, 69, 96, 121, 184, 187, 190
イレリ、テヴフィク　134, 135, 139
ウラマー　22-25, 30, 31, 43, 82, 113, 163
ウルゲン、イスマイル・ハック　137, 138, 144, 175, 176
エヴレン、ケナン　253-255
エジェヴィト、ビュレント　217, 227, 243, 244
エセン、ビュレント・ヌーリ　128, 132-144
エリム、ニハト　69, 104, 141
エルソイ、メフメト・アーキフ　76, 78, 80, 117
エルバカン、ネジメッティン　217, 237

か　行

カリフ　25, 26, 28, 30, 32, 45, 90, 151, 162, 191
クビライ事件　34, 35, 99
クルアーン　24, 33, 38, 39, 52, 53, 74-76, 78, 79, 81, 116, 124, 153, 157, 159, 162, 164, 165, 167, 170, 197, 202-205, 225, 233, 234, 238, 249, 253
ギュレン、フェトゥッラー　190, 210
ギュルカン、アフメト　154-157
ギュンギョル、エロル　238, 240, 241, 244
教育審議会　15, 109-113, 123, 124, 162, 163, 179
共和人民党　11, 12, 15, 32, 34-36, 40, 41, 51, 54, 55, 59, 62, 68, 69, 71-73, 82-85, 90, 95-97, 101-105, 107, 108, 112, 120, 121, 127-131, 140, 145-151, 157, 173, 183, 184, 187, 188, 191, 192, 194, 208, 211, 217-219, 233, 243, 244, 255, 257
ギョカルプ、ズィヤ　28, 30, 44, 69, 236
クサキュレキ、ネジプ・ファーズル　64-66, 72, 86, 89, 135, 163
公正党　15, 183, 184, 187, 190-194, 197, 208, 210, 216, 219, 227, 228, 238, 244
公正発展党　1, 10, 257
高等イスラーム学院　160, 161, 189, 200, 203, 220, 226, 228, 238, 248
国民救済党　15, 217-221, 227, 243, 244
（国民）教育諮問会議　16, 56-59, 63, 64, 70, 87, 128, 132, 135, 139-142, 144, 145, 164, 175, 184, 187-189, 222
（国民）教育省　7, 13-15, 20, 40, 57, 58, 66, 69, 71, 73-76, 78, 80-84, 102, 105, 107, 110-113, 137, 142, 143, 149, 151, 159, 160, 162, 179, 194, 199, 203, 209, 227, 230, 238, 244, 250
『（国民）教育省広報誌』　13, 14, 20, 89, 108, 125, 160, 180, 200, 251
国民秩序党　217, 219
国民の視座（ミッリー・ギョルシュ）　217, 219, 237

さ　行

サカ、ハサン　83, 96, 98
サファ、ペヤミ　72, 139, 140
シェイヒュルイスラーム　22-24, 27, 30, 31, 162, 242
シャリーア、イスラーム法　22, 23, 27, 30,

31, 34, 80, 100, 118, 151, 157, 191, 217
宗教塾、宗教知識塾　11, 51, 68, 73-77, 83, 85, 96, 102, 104, 107, 108, 110, 121, 141
宗務庁、宗務局　1, 7, 16, 21, 31, 33, 40, 41, 52, 53, 75, 81-83, 86, 92, 93, 98, 100, 109-111, 113, 125, 143, 158, 159, 161-163, 189, 209, 234
神秘主義、神秘主義者　64, 81, 82, 235, 240, 241
進歩主義者共和党　32
スィレル、シェムセッティン　73, 83, 85, 101, 102

た 行

タシュクラン、テゼル　59, 60, 63
タリーカ／神秘主義教団　32, 35, 63, 67, 81, 82, 84, 89, 93, 97, 108, 129, 130, 238
ダールルフヌーン　37, 40, 49, 59, 64, 112, 113, 154, 162, 233
タンズィマート　24-26, 65, 218
タンルオヴェル、ハムドゥッラー・スプヒ　69, 71, 91, 98-100, 103, 104
知識人の炉辺　236, 249
デミレル、スレイマン　190, 210, 216, 227-229, 238, 243-245, 251
導師・説教師養成学校／コース／高校　37, 40, 41, 74, 97, 103, 104, 107, 108, 123, 131, 134, 145, 147, 160, 161, 191, 220, 226, 229, 238, 244
統一進歩協会、統一派　27, 28, 34, 35, 156
トプチュ、ヌーレッティン　53
トルコ・イスラーム総合論　10, 19, 237, 249, 253
『トルコ人の道徳信条』　15, 59-61, 63, 64, 79, 80, 88, 215, 222, 245, 246
トルコ人の炉辺　35, 47, 69, 236

な 行

ナクシュバンディー教団　32, 35, 43, 64, 89, 130
ヌルジュ運動、ヌルジュルク　67, 89, 190, 210

は 行

ハディース　24, 81, 165, 166, 202, 233, 238
バルラス、ジェミル・サイト　99, 100, 103
パルス、ムヒッティン・バハ　69, 71, 91
バヤル、ジェラル　102, 103, 128, 147, 150
バユル、ユスフ・ヒクメト　151-155, 157
バングオール、タフスィン　100, 102, 104, 108, 114, 124
ビルギン、ベイザ　229, 230, 248
ペケル、レジェプ　70, 96

ま 行

民主党　12, 15, 69, 90, 96, 102-104, 127-131, 135, 140, 144-148, 150-152, 154, 157, 158, 160, 161, 173, 177, 179, 183-185, 187, 191, 208, 210, 256
民族主義者行動党　227
『ムスリム子弟の本』　15, 77, 79-83, 93, 110, 162
メンデレス、アドナン　128, 131, 135, 145-151, 154, 160, 161, 172, 173, 183-185, 187, 190, 196

や 行

ユジェル、ハサン・アーリ　53, 57, 87, 132, 142
（預言者）ムハンマド　24, 39, 77, 78, 116, 118, 202, 204, 231, 241, 265, 270

ら 行

ライクリキ／ラーイクリキ　5, 6, 12, 17, 18, 30, 33, 36, 40-42, 47, 56, 58, 59, 68, 71, 80, 84, 85, 95, 97-106, 108, 120, 121, 128, 129, 132, 134-138, 141-151, 154, 155, 157, 158, 173, 183, 191, 195-200, 210, 217, 221, 231, 255, 256

文献目録

史料

新聞

Adalet

Bugün

Cumhuriyet

Dünya

Millî Gazete

Milliyet

Resmi Ceride

Son Havadis

Son Telgraf

T. C. Resmî Gazete

Ulus

Vakit

Vatan

Yeni Sabah

Zafer

その他定期刊行物

Büyük Doğu

Devlet Şûrası Kararlar Dergisi

Hareket

Sebilürreşad

T. B. M. M. Tutanak Dergisi

T. B. M. M. Zabıt Ceridesi

T. C. Maarif Bakanlığı Tebliğler Dergisi

T. C. Maarif Vekilliği Tebliğler Dergisi

T. C. Millî Eğitim Bakanlığı Tebliğler Dergisi

教材

宗教科

Aksan, Halit and Saffet Rona. *Orta Okullarda Din Dersleri 1*. İstanbul: Ders Kitapları Türk Ltd. Şti., 1957.

Ateş, Süleyman, Orhan Karmış, and Süleyman Hayri Bolay. *Lise 1 Din Bilgisi*. Ankara: Millî Eğitim Basımevi, 1976.

———*Lise 3 Din Bilgisi*. [Ankara:] Millî Eğitim Basımevi, 1976.

———*Liseler için Din Bilgisi 2. Sınıf*. İstanbul: Millî Eğitim Basımevi, 1977.

Cankat, Süheylâ. *Ortaokullar için Din Bilgisi 1*. Ankara: Ayyıldız Matbaası, 1971.

Din Dersleri 1. İstanbul: Millî Eğitim Basımevi, 1962.

Din Dersleri 1. İstanbul: Millî Eğitim Basımevi, 1969.
Din Dersleri 1. İstanbul: Millî Eğitim Basımevi, 1972.
Din Dersleri 1. İstanbul: Millî Eğitim Basımevi, 1980.
Din Dersleri Birinci Kitap. Ankara: Millî Eğitim Basımevi, 1949.
Din Dersleri İkinci Kitap. İstanbul: Millî Eğitim Basımevi, 1949.
Güney, Dursun. *Din Dersleri Ortaokul 1*. İstanbul: Atlas Yayınevi, 1967.
Gürtaş, Ahmet and Mustafa Uzunpostalcı. *Liseler için Din Bilgisi 1*. İstanbul: İrfan Yayınevi, 1974.
Koçyiğit, Talât, İsmail Cerrahoğlu, and Mücteba Uğur. *Orta 1 Din Bilgisi*. İstanbul: Millî Eğitim Basımevi, 1976.
———*Orta 2 Din Bilgisi*. İstanbul: Millî Eğitim Basımevi, 1977.
———*Ortaokul 3 Din Bilgisi*. [Ankara:] Millî Eğitim Basımevi, 1976.
Okutan, Ahmet. *Din Dersleri Sınıf 2*. İstanbul: Arif Bolat Kitabevi, 1959.
Okutan, Ömer. *Lise ve Dengi Okullar için Din Bilgisi I-II*. Ankara: Sevinç Matbaası, 1968.
Rona, Saffet and Halit Aksan. *Orta Okullarda Din Dersleri 2*. İstanbul: Ders Kitapları Türk Ltd, Şti., 1959.
Sözeri, Mustafa Sabri. *Din Dersleri 1. Kitap 1. Kısım*. İstanbul: Şehir Matbaası, 1957.

道徳科

Güngör, Erol, Emin Işık, Ahmet Tekin, and Yaşar Erol. *Ahlâk Lise 1*. İstanbul: Millî Eğitim Basımevi, 1976.
———*Ahlâk Lise 2*. İstanbul: Millî Eğitim Basımevi, 1977.
———*Ahlâk Lise 3*. [İstanbul]: Devlet Kitapları, 1976.

その他教材

Akseki, Ahmet Hamdi. *Askere Din Kitabı*, 3rd ed. Ankara: Diyanet İşleri Başkanlığı Yayınları, 1977.
Aksekli, Ahmed Hamdi. *Askere Din Dersleri*. [İstanbul]: Evkaf-ı İslamiye Matbaâsı, 1925.
Artam, Nurettin and Nurettin Sevin. *Müslüman Çocuğunun Kitabı*. İstanbul: Millî Eğitim Basımevi, 1948.
Taşkıran, Tezer. *Türk Ahlâkının İlkeleri*. İstanbul: Maarif Matbaası, 1943.

教育諮問会議議事録

Beşinci Millî Eğitim Şûrası 5-14 Şubat 1953. Ankara: Maarif Vekaleti, 1954.
Birinci Maarif Şûrası 17-29 Temmuz 1939. Ankara: T. C. Maarif Vekilliği, 1942.
Dokuzuncu Millî Eğitim Şûrası 24 Haziran – 4 Temmuz 1974. İstanbul: Millî Eğitim Basımevi, 1975.
İkinci Maarif Şûrası 15-21 Şubat 1943. [Ankara:] T. C. Maarif Vekilliği, 1943.
Üçüncü Millî Eğitim Şûrası 2-10 Aralık 1946. Ankara: T. C. Millî Eğitim Bakanlığı, 1947.
Yedinci Millî Eğitim Şûrası 5-15 Şubat 1962. [Ankara:] T. C. Millî Eğitim Bakanlığı, 1962.

統計

İstatistik Göstergeler 1923–2009. Ankara: Türkiye İstatistik Kurumu, 2010.

The Global Religious Landscape: A Report on the Size and Distribution of the World's Major Religious Groups as of 2010. Washington: Pew Research Center, 2012.

Türkiye İstatistik Kurumu. *Türkiye İstatistik Yıllığı 2013*. Ankara: Türkiye İstatistik Kurumu Matbaası, 2013.

単行本、その他

Banguoğlu, Tahsin. *Kendimize Geleceğiz*. İstanbul: Derya Dağıtım Yayınları, 1984.

C. H. F. Nizamnamesi ve Programı. Ankara: T. B. M. M. Matbaası, 1931.

C. H. P. Yedinci Büyük Kurultayı.

Cumhuriyet Halk Fırkası Nizamnamesi. Ankara: Türkiye Büyük Millet Meclisi Matbaası, 1927.

Demokrat Parti Programı 1946.

Dilipak, Abdurrahman. *Bu Din Benim Dinim Değil*. İstanbul: İşaret-Ferşat Ortak Yayınları, 1991.

Düstur: Üçüncü Tertib, vol. 7. Ankara: Türk Ocakları Merkez Heyeti Matbaası, 1928.

Erbakan, Necmettin. *Millî Görüş*. İstanbul: Dergah Yayınları, 1975.

Erim, Nihat. *Günlükler 1925–1979*, 2 vols, Edited by Ahmet Demirel. İstanbul: Yapı Kredi Yayınları, 2005.

Esen, Nuri Bülent. "Vicdan Hürriyeti ve Laiklik." In *Türkiye'de İnsan Hakları Semineri*, 10–29. Ankara: Ankara Üniversitesi Hukuk Fakültesi Kamu Hukuku ve Siyasal Bilim Enstitüsü Yayınları, 1970.

Evren, Kenan. *Devlet Başkanı Orgeneral Kenan Evren'in 12 Eylül 1980'den Sonra Yaptığı Konuşmalar (12 Eylül 1980–17 Ocak 1981)*. Ankara: Başbakanlık Basımevi, 1981.

Güngör, Erol. *Türk Kültürü ve Milliyetçilik*. İstanbul: İrfan Matbaası, 1975.

Kafesoğlu, İbrahim. *Türk-İslâm Sentezi*. İstanbul: Aydınlar Ocağı Yayını, 1985.

Neziroğlu, İrfan and Tuncer Yılmaz eds. *Hükümetler, Programları ve Genel Kurul Görüşmeleri*. Cilt 4. [Ankara:] Türkiye Büyük Millet Meclisi Başkanlığı Yayınları, 2013.

———*Koalisyon Hükümetleri, Koalisyon Protokolleri, Hükümet Programları ve Genel Kurul Görüşmeleri*. Cilt 1. [Ankara:] Türkiye Büyük Millet Meclisi Başkanlığı Yayınları, 2015.

Taşkıran, Tezer. *Cumhuriyetin 50. Yılında Türk Kadınının Hakları*. Ankara: Başbakanlık Basımevi, 1973.

Türkiye Cumhuriyeti Maarif Vekaleti. *Liselerin İkinci Devre Müfredat Programı 1340*. İstanbul: Matbaa-i Amire, 1340 (1924).

辞書・事典

Encyclopaedia of Islam. Second Edition, vol. 2, edited by B. Lewis, Ch. Pellat and J. Schacht. Leiden: E. J. Brill, 1965, repr. 1983.

Işık, İhsan. *Resimli ve Metin Örnekli Türkiye Edebiyatçılar ve Kültür Adamları Ansiklopedisi*, 11 vols. Ankara: Elvan Yayınları, 2006.

Şükûn, Kâmil. *Büyük Biyografi Ansiklopedisi Günümüz Türkiyesinde Kim Kimdir*. İstanbul: Profesyonel, 2002.

Tanzimat'tan Bugüne Edebiyatçılar Ansiklopedisi, 2 vols. İstanbul: Yapı Kredi Yayınları, 2001.
Türkçe Sözlük, 1st ed. Ankara: Türk Dil Kurumu Yayınları, 1945.
Türkçe Sözlük, 2nd ed. Ankara: Türk Dil Kurumu Yayınları, 1955.
Türkçe Sözlük, 3rd ed. Ankara: Türk Dil Kurumu Yayınları, 1959.
Türkçe Sözlük, 4th ed. Ankara: Türk Dil Kurumu Yayınları, 1966.
Türkçe Sözlük, 5th ed. Ankara: Türk Dil Kurumu Yayınları, 1969.
Türkçe Sözlük, 6th ed. Ankara: Türk Dil Kurumu Yayınları, 1974.
Türkçe Sözlük, 7th ed., 2 vols. Ankara: Türk Dil Kurumu Yayınları, 1983.
Türkçe Sözlük, 8th ed., 2 vols. Ankara: Türk Dil Kurumu Yayınları, 1988.
Türkçe Sözlük, 9th ed., 2 vols. Ankara: Türk Dil Kurumu Yayınları, 1998.
Türkçe Sözlük, 10th ed. Ankara: Türk Dil Kurumu Yayınları, 2005.
Türkiye Diyanet Vakfı İslâm Ansiklopedisi, 44 vols. Ankara: Türkiye Diyanet Vakfı, 1988-2013.
井上順孝編『現代宗教事典』弘文堂、2005 年。
日本比較教育学会『比較教育学事典』東信堂、2012 年。

研究文献

Ahmad, Feroz. *Turkey: The Quest for Identity*. London: Oneworld, 2014.

Akagündüz, Seval Yinilmez. "Türkiye'de Ahlak Eğitimi üzerine Bir İnceleme." PhD diss., Ankara University, 2016.

———"Cumhuriyet'in İlk Yıllarından Günümüze Ders Kitaplarında Ahlak Eğitimi." *Cumhuriyet Tarihi Araştırmaları Dergisi* 26 (2017): 149-180.

Akgün, Birol and Şaban H. Çalış. "Tanrı Dağı Kadar Türk, Hira Dağı Kadar Müslüman: Türk Milliyetçiliğinin Terkibinde İslâmcı Doz." In *Milliyetçilik*, edited by Tanıl Bora, 584-600. İstanbul: İletişim Yayınları, 2002.

Akın, Yiğit. "Reconsidering State, Party, and Society in Early Republican Turkey: Politics of Petitioning." *International Journal of Middle East Studies* 39, no. 3 (2007): 435-457.

Akiba, Jun. "Sharī'a Judges in the Ottoman Nizāmiye Courts, 1864-1908." *Osmanlı Araştırmaları* 51 (2018): 209-237.

Aksan, H. Virginia. "Ottoman Political Writing, 1768-1808." *International Journal of Middle East Studies* 25, no. 1 (1993): 53-69.

Akyıldız, Ali. *Tanzimat Dönemi Osmanlı Merkez Teşkilâtında Reform (1836-1856)*. İstanbul: Eren Yayıncılık, 1993.

Altaş, Nurullah. "Türkiye'de Örgün Öğretimde Dinin Yeri: 1924-1980 Arası Din Öğretimi Anlayışı üzerine Bir Değerlendirme." *Maarif* 2, no.1 (2002): 219-229.

Altunya, Niyazi. *Gazi Eğitim Enstitüsü: Gazi Orta Öğretmen Okulu ve Eğitim Enstitüsü, 1926-1980*. Ankara: Gazi Üniversitesi Rektörlüğü, 2006.

Arat, Yeşim. "Süleyman Demirel: National Will and Beyond." In *Political Leaders and Democracy in Turkey*, edited by Metin Heper and Sabri Sayari, 87-105. Lanham: Lexington Books, 2002.

Aslan, Erdal. "Türkiye Cumhuriyeti'nin İlkokullarda İzlediği İlk Öğretim Programı: '1924 İlk Mektepler Müfredat Programı'." *İlköğretim Online* 10, no. 2 (2011): 717-734.

Atalay, Onur. *Türk'e Tapmak: Seküler Din ve İki Savaş Arası Kemalizm*. İstanbul: İletişim

Yayınları, 2018.
Ayhan, Halis. *Türkiye'de Din Eğitimi*. İstanbul: Değerler Eğitimi Merkezi Yayınları, 2004.
Azak, Umut. *Islam and Secularism in Turkey: Kemalism, Religion, and the Nation State*. London: I. B. Tauris, 2010.
———"Secularists as the Saviors of Islam: Rearticulation of Secularism and the Freedom of Conscience in Turkey (1950)." In *Secular State and Religious Society: Two Forces in Play in Turkey*, edited by Berna Turam, 59-78. New York: Palgrave Macmillan, 2012.
Başgil, Ali Fuad. *Din ve Lâiklik: Din Nedir? Din Hürriyeti ve Lâiklik Ne Demektir?* İstanbul: Fakülteler Matbaası, 1954.
Bayrakcı, Mustafa. "Ders Kitapları Konusu ve İlköğretimde Ücretsiz Ders Kitabı Dağıtımı Projesi." *Millî Eğitim Dergisi* 165 (2005): 7-22.
Bayraktar, M. Faruk. "Kur'an Kurslarındaki Eğitim-Öğretim üzerine Bazı Tesbit ve Teklifleri." *Din Öğretimi Dergisi* 36 (1992): 86-92.
———"Kur'an Kurslarının Sorunları ve Geleceği ile İlgili Bazı Düşünceler." In *Yaygın Din Eğitiminin Sorunları Sempozyumu 28-29 Mayıs 2002*, 199-214. Kayseri: İBAV, 2003.
Bein, Amit. *Ottoman Ulema, Turkish Republic: Agents of Change and Guardians of Tradition*. Stanford: Stanford University Press, 2011.
Berkes, Niyazi. *The Development of Secularism in Turkey*. Montreal: McGill University Press, 1964.
Bilgiç, Tuba Ünlü and Bestami S. Bilgiç. "'Raising a Moral Generation': The Republican People's Party and Religious Instruction in Turkey, 1946-1949." *Middle Eastern Studies* 53, no. 3 (2017): 349-362.
Bilgin, Beyza. "Liselerde Din Bilgisi Eğitiminin Bugünkü Durumu." In *50. Yıl*, 273-289. Ankara: Ankara Üniversitesi Basımevi, 1973.
———*Türkiye'de Din Eğitimi ve Liselerde Din Dersleri*. Ankara: Emel Matbaacılık, 1980.
———"1980 Sonrası Türkiye'de Din Kültürü Ahlâk Bilgisi Dersinin Zorunlu Oluşu ve Program Anlayışları." In *Din Öğretiminde Yeni Yöntem Arayışları Uluslararası Sempozyum Bildiri ve Tartışmalar, 28-30 Mart 2001*, 671-693. Ankara: Millî Eğitim Bakanlığı Din Öğretimi Müdürlüğü, 2003.
Bilgin, Recep. "Talat Koçyiğit'in Hayatı, Eserleri ve Türkiye'deki Hadis Çalışmalarına Katkısı." *Kahramanmaraş Sütçü İmam Üniversitesi Sosyal Bilimler Dergisi* 12, no. 2 (2005): 167-194.
Bora, Tanıl. "Analar, Bacılar, Orospular: Türk Milliyetçi-Muhafazakâr Söyleminde Kadın." In *Şerif Mardin'e Armağan*, edited by Ahmet Öncü and Orhan Tekelioğlu, 241-281. İstanbul: İletişim Yayınları, 2005.
Bozkurt, Celil. "Milli Mücadele Döneminde Muhittin Baha Pars." *Ankara Üniversitesi Türk İnkılâp Tarihi Enstitüsü Atatürk Yolu Dergisi* 56 (2015): 11-32.
Brockett, Gavin D. "Provincial Newspapers as a Historical Source: Büyük Cihad and the Great Struggle for the Muslim Turkish Nation (1951-53)." *International Journal of Middle East Studies* 41, no. 3 (2009): 437-455.
———*How Happy to Call Oneself a Turk: Provincial Newspapers and the Negotiation of a Muslim National Identity*. Austin: University of Texas Press, 2011.
Bruinessen, Martin van. *Agha, Shaikh and State: The Social and Political Structures of Kurdis-*

tan. London: Zed Books, 1992.

Budak, Lütfi and Çiğdem Budak. "Osmanlı İmparatorluğu'ndan Türkiye Cumhuriyeti'ne İlkokul Programları 1870-1936." *Uluslararası Türkçe Edebiyat Kültür Eğitim Dergisi* 3, no. 1 (2014): 377-393.

Cagaptay, Soner. *Islam, Secularism and Nationalism in Modern Turkey: Who is a Turk?* London: Routledge, 2006.

Cansun, Şebnem. "The Headscarf Question in Turkey: The Examples of the AKP and the CHP." *International Journal of Social Science* 6, no. 8 (2013): 123-142.

Cetinkaya, Gokhan. "Rethinking Nationalism and Islam: Some Preliminary Notes on the Roots of Turkish Islamic Synthesis in Modern Turkish Political Thought." *The Muslim World* 89, no. 3-4 (1999): 350-376.

Ceylan, Hasan Hüseyin. *Cumhuriyet Dönemi Din Devlet İlişkileri 3*. Ankara: Rehber Yayıncılık, 1991.

Cicioğlu, Hasan. *Türkiye Cumhuriyeti'nde İlk ve Ortaöğretim (Tarihi Gelişimi)*. Ankara: Ankara Üniversitesi Basımevi, 1982.

Cihan, Ahmet. *Reform Çağında Osmanlı İlmiyye Sınıfı*. İstanbul: Birey, 2004.

Copeaux, Etienne. *Tarih Ders Kitaplarında (1931-1993) Türk Tarih Tezinden Türk-İslam Sentezine*, translated by Ali Berktay. İstanbul: Tarih Vakıf Yurt Yayınları, 1998.

Çapa, Mesut. "Milli Eğitim Bakanlığı'nın Yetki ve Uygulamaları Çerçevesinde Ders Kitapları (1950-1960)." *Ankara Üniversitesi Türk İnkılâp Tarihi Enstitüsü Atatürk Yolu Dergisi* 54 (2014): 59-70.

Çarkoğlu, Ali and Elsin Karayıcıoğlu. *The Rising Tide of Conservatism in Turkey*. New York: Palgrave Macmillan, 2009.

Çetin, Mehmet. "Türk Edebiyatında Fırtınalı Bir Zirve." In *Doğumunun 100. Yılında Necip Fazıl Kısakürek*, edited by Mehmet Nuri Şahin and Mehmet Çetin, 8-49. Ankara: T. C. Kültür ve Turizm Bakanlığı Güzel Sanatlar Genel Müdürlüğü, 2004.

Dâver, Bülent. *Türkiye Cumhuriyetinde Lâyiklik*. İstanbul: Ankara Üniversitesi Siyasal Bilgiler Fakültesi Yayınları, 1955.

Davison, Andrew. *Secularism and Revivalism in Turkey: A Hermeneutic Reconsideration*. New Haven: Yale University Press, 1998.

———"Turkey, a "Secular" State?: The Challenge of Description." *The South Atlantic Quarterly* 102, no. 2/3 (2003): 333-350.

Demirel, Tanel. *Türkiye'nin Uzun On Yılı: Demokrat Parti İktidarı ve 27 Mayıs Darbesi*. İstanbul: İstanbul Bilgi Üniversitesi Yayınları, 2011.

Deringil, Selim. "Legitimacy Structures in the Ottoman State: The Reign of Abdulhamid II (1876-1909)." *International Journal of Middle East Studies* 23, no. 3 (1991): 345-359.

———*The Well-Protected Domains: Ideology and the Legitimation of Power in the Ottoman Empire 1876-1909*. London: I. B. Tauris, 1998.

Dilek, Hızır. "Cumhuriyet Döneminde Kesintisiz Eğitim: 1924 İlkokul, Ortaokul ve Lise Müfredat Programları." *Sosyal Bilimler Dergisi* 6, no. 12 (2016): 1-15.

Doğan, Recai. "1980'e kadar Türkiye'de Din Öğretimi Program Anlayışları (1924-1980)." In *Din Öğretiminde Yeni Yöntem Arayışları Uluslararası Sempozyum Bildiri ve Tartışmalar 28-*

30 Mart 2001, 611–645. Ankara: MEB Din Öğretimi Genel Müdürlüğü, 2003.
Dressler, Markus. *Writing Religion: The Making of Turkish Alevi Islam*. Oxford: Oxford University Press, 2013.
———"Rereading Ziya Gökalp: Secularism and Reform of the Islamic State in the Late Young Turk Period." *International Journal of Middle East Studies* 47, no. 3 (2015): 511–531.
Durmaz, Nihat. "Mehmet Emin Erişirgil'in Hayatı ve Felsefesi." Master's thesis, Ankara University, 2012.
Ekmekçioğlu, Lerna. *Recovering Armenia: The Limits of Belonging in Post-Genocide Turkey*. Stanford: Stanford University Press, 2016.
Erdoğan, İrfan. "Talim ve Terbiye Kurulu: Türk Milli Eğitim Sisteminin Yasama Organı." In *Prof. Dr. Yahya Akyüz'e Armağan: Türk Eğitim Tarihi Araştırmaları, Eğitim ve Kültür Yazıları*, edited by Cemil Öztürk and İlhami Fındıkçı, 659–662. Ankara: Pegem Akademi, 2011.
Eroler, Elif Gençkal. *"Dindar Nesil Yetiştirmek": Türkiye'nin Eğitim Politikalarında Ulus ve Vatandaş İnşası (2002–2016)*. İstanbul: İletişim Yayınları, 2019.
Esen, Kıvanç. "Tek Parti Dönemi Cami Kapatma/Satma Uygulamaları." *Tarih ve Toplum Yeni Yaklaşımlar* 13 (2011): 91–158.
Evered, Emine Ö. and Kyle T. Evered. "A Geopolitics of Drinking: Debating the Place of Alcohol in Early Republican Turkey." *Political Geography* 50 (2016): 48–60.
Fortna, Benjamin C. "Islamic Morality in Late Ottoman 'Secular' Schools." *International Journal of Middle East Studies* 32, no. 3 (2000): 369–393.
Frey, Frederick W. "Education: Turkey." In *Political Modernization in Japan and Turkey*, edited by Robert E. Ward and Dankwart A. Rustow, 205–235. Princeton: Princeton University Press, 1964.
Göle, Nilüfer. *The Forbidden Modern: Civilization and Veiling*. Ann Arbor: The University of Michigan Press, 1996.
Gözaydın, İştar. *Diyanet: Türkiye Cumhuriyeti'nde Dinin Tanzimi*. İstanbul: İletişim Yayınları, 2009.
Gourisse, Benjamin. *Political Violence in Turkey, 1975–1980: The State at Stake*. London: I. B. Tauris, 2023.
Gunes, Cengiz. *The Kurdish National Movement in Turkey: From Protest to Resistance*. London: Routledge, 2012.
Güler, Gökhan. *Erol Güngör: Hayatı, Eserleri ve Düşünceleri*. Ankara: Türk Akademisi Sosyal ve Kültürel Araştırmalar Merkezi Vakfı, 2012.
Günaydın, Mehmet. "Din Kültürü ve Ahlâk Öğretiminin İlköğretim ve Liselerde Zorunlu Ders Olmasına Prof. Dr. Hüseyin Atay'ın Katkıları." *Dinbilimleri Akademik Araştırma Dergisi* 9, no. 4 (2009): 287–304.
Hanioğlu, M. Şükrü. "Blueprints for a Future Society: Late Ottoman Materialists on Science, Religion, and Art." In *Late Ottoman Society: The Intellectual Legacy*, edited by Elisabeth Özdalga, 28–116. London: Routledge Curzon, 2005.
———*Atatürk: An Intellectual Biography*. Princeton: Princeton University Press, 2011.
Heper, Metin. *İsmet İnönü: The Making of a Turkish Statesman*. Leiden: Brill, 1998.

İçener, Zeyneb Çağlıyan. "Presidents, the State and "Democracy" in Turkey: The Ideas and Praxis of Süleyman Demirel." PhD diss., Bilkent University, 2010.

Jäschke, Gotthard. "Der Islam in der neuen Türkei. Eine Rechtsgeschichtliche Untersuchung." *Die Welt des Islams* N. S. 1, no. 1/2 (1951): 1-174.

———*Die Türkei in den Jahren 1942-1951: Geschichtskalender mit Namen- und Sachregister.* Wiesbaden: Otto Harrassowitz, 1955.

Kamer, S. Tunay. "Türk Eğitim Sisteminde Karma Eğitime İlişkin Fikirler, Tartışmalar ve Uygulamalar (1908-1950)." PhD diss., Ankara University, 2013.

Kaplan, İsmail. *Türkiye'de Milli Eğitim İdeolojisi ve Siyasal Toplumsallaşma üzerindeki Etkisi.* İstanbul: İletişim Yayınları, 1999.

Kaplan, Sam. "Din-u Devlet All Over Again?: The Politics of Military Secularism and Religious Militarism in Turkey Following the 1980 Coup." *International Journal of Middle East Studies* 34, no. 1 (2002): 113-127.

———*The Pedagogical State: Education and the Politics of National Culture in Post-1980 Turkey.* Stanford: Stanford University Press, 2006.

Kara, İsmail. "Din ile Devlet Arasında Sıkışmış Bir Kurum: Diyanet İşleri Başkanlığı." *Marmara Üniversitesi İlâhiyat Fakültesi Dergisi* 18 (2000): 29-55.

———*Cumhuriyet Türkiyesi'nde Bir Mesele Olarak İslâm.* İstanbul: Dergâh Yayınları, 2008.

Kara, Mustafa. *Metinlerle Günümüz Tasavvuf Hareketleri 1839-2000.* İstanbul: Dergâh Yayınları, 2004.

Karagözoğlu, Galip. *Talim ve Terbiye Kurulu'nun Türk Eğitimindeki Rolü ve Etkileri Forumu 16 Mart 2007.* İstanbul: T. C. İstanbul Kültür Üniversitesi, 2007.

Karakılıç, Selçuk. "Peyami ve Necip Fazıl." *Türk Dili* 758 (2015): 90-98.

Karaömerlioğlu, Asım. *Orada Bir Köy Var Uzakta: Erken Cumhuriyet Döneminde Köycü Söylem.* İstanbul: İletişim Yayınları, 2006.

Karataş, Murat. "Cumhuriyet Halk Partisi'nin Siyasal İktidar Anlayışı (1946-1950)." *Uluslararası Sosyal Araştırmalar Dergisi* 29 (2014): 507-520.

Karpat, Kemal H. *Ottoman Population 1830-1914: Demographic and Social Characteristics.* Madison: The University of Wisconsin Press, 1985.

Kayalı, Kurtuluş. *Ordu ve Siyaset: 27 Mayıs – 12 Mart.* İstanbul: İletişim Yayınları, 1994.

Kaynar, Mete Kaan. "Altmışlar Türkiye'sine Ellili Yıllardan Bakmak." In *Türkiye'nin 1950'li Yılları*, edited by Mete Kaan Kaynar, 667-688. İstanbul: İletişim Yayınları, 2016.

———"Önsöz." In *Türkiye'nin 1970'li Yılları*, edited by Mete Kaan Kaynar, 17-19. İstanbul: İletişim Yayınları, 2020.

Kemerli, Pınar. "Religious Militarism and Islamist Conscientious Objection in Turkey." *International Journal of Middle East Studies* 47, no. 2 (2015): 281-301.

Kenar, Ceren and Doğan Gürpınar. "Cold War in the Pulpit: The Presidency of Religious Affairs and Sermons during the Time of Anarchy and Communist Threat." In *Turkey in the Cold War: Ideology and Culture*, edited by Cangül Örnek and Çağdaş Üngör, 21-46. Houndmills: Palgrave Macmillan, 2013.

Kesgin, Safiye. "Cumhuriyet Dönemi Örgün Eğitim Kurumlarında Ahlak Eğitimi." PhD diss., Ankara Univrersity, 2010.

Kılıç, Ali. *Atatürk'ün Hususiyetleri*. İstanbul: Sel Yayınları, 1955.

Kılıç, Murat. "Tek Parti Döneminde Milliyetçilik ve CHP'nin Yedinci Büyük Kurultayı." *Çağdaş Türkiye Tarihi Araştırmaları Dergisi* 24 (2012): 189-202.

Koçak, Cemil. *Tek-Parti Döneminde Muhalif Sesler*. İstanbul: İletişim Yayınları, 2011.

———*Demokrat Parti Karşısında CHP: Bir Muhalefetin Analizi*. İstanbul: Timaş Yayınları, 2017.

Kodamanoğlu, M. Nuri. *Türkiye'de Eğitim (1923-1960)*. Ankara: Millî Eğitim Basımevi, 1964.

Koloğlu, Orhan. *Osmanlı'dan Günümüze Türkiye'de Basın*. İstanbul: İletişim Yayınları, 1992.

Koştaş, Münir. "Ankara Üniversitesi İlahiyat Fakültesi." *Ankara Üniversitesi İlâhiyat Fakültesi Dergisi* 31 (1989): 1-27.

Kuru, Ahmet T. "Passive and Assertive Secularism: Historical Conditions, Ideological Struggles, and the State Policies toward Religion." *World Politics* 59 (2007): 568-594.

———*Secularism and State Policies toward Religion: The United States, France, and Turkey*. Cambridge: Cambridge University Press, 2009.

Küçükçayır, Gülnur Ak and Necati Cemaloğlu. "Türkiye'de Geçmişten Günümüze Özel Okullar ve Eğitim Politikaları üzerine Bir Araştırma." In *Eğitim Yönetimi Araştırmaları*, edited by Sadegül Akbaba Altun, Deniz Örücü, Kadir Beycioğlu, Yaşar Kondakçı, and Serkan Koşar, 87-99. Ankara: Pegem Akademi, 2017.

Lamprou, Alexandros. *Nation-Building in Modern Turkey: The 'People's Houses', the State and the Citizen*. London: I. B. Tauris, 2015.

Landau, Jacob M. "Muslim Opposition to Freemasonry." *Die Welt des Islams* 36, no. 2 (1996): 186-203.

Lewis, Bernard. *The Emergence of Modern Turkey*. London: Oxford University Press, 1961.

Mardin, Şerif. *Religion and Social Change in Modern Turkey: The Case of Bediuzzaman Said Nursi*. Albany: State University of New York Press, 1989.

Matthews, A. T. J. *Emergent Turkish Administrators: A Study of the Vocational and Social Attitudes of Junior and Potential Administrators*. Ankara: Türk Tarih Kurumu Basımevi, 1955.

Naymansoy, Günseli. *Türk Felsefesinin Öncülerinden: Tezer Taşkıran*. Ankara: Atatürk Kültür Merkezi Yayını, 2013.

Nevzatoğlu, Zeynep. "Basında Din Eğitimi-Öğretimi Laiklik Tartışmaları (1945-1960)." Master's thesis, Ankara University, 2006.

Odabaşı, Levent. "Fikir Kulüplerinden Devrimci Gençliğe." In *Türkiye'nin 1960'lı Yılları*, edited by Mete Kaan Kaynar, 341-358. İstanbul: İletişim Yayınları, 2017.

Okay, M. Orhan. *Necip Fazıl Kısakürek*. Ankara: Kültür ve Turizm Bakanlığı, 1987.

Okutan, Ömer. "Din Eğitimi." In *Cumhuriyet Döneminde Eğitim*, 409-425. İstanbul: Millî Eğitim Basımevi, 1983.

Ozgur, Iren. *Islamic Schools in Modern Turkey: Faith, Politics, and Education*. Cambridge: Cambridge University Press, 2015.

Öcal, Mustafa. *İmam-Hatip Liseleri ve İlköğretim Okulları*. İstanbul: Ensar Neşriyat, 1994.

———*Osmanlı'dan Günümüze Türkiye'de Din Eğitimi: Mukaddime Kitap*. Bursa: Düşünce Kitabevi Yayınları, 2011.

Özcan, Gencer. "Altmışlı Yıllarda 'Dış' Politika." In *Türkiye'nin 1960'lı Yılları*, edited by Mete Kaan Kaynar, 99–115. İstanbul: İletişim Yayınları, 2017.

Özcan, Zeynep. *İnönü Dönemi Dinî Hayat*. İstanbul: Değerler Eğitimi Merkezi, 2015.

Özdemirci, İlbey C. N. *Fötr Şapkalı Şıh: Cumhuriyet Sekülerleşmesi ve Taşra*. İstanbul: İletişim Yayınları, 2022.

Özdoğan, Günay Göksu, Füsun Üstel, Karin Karakaşlı and Ferhat Kentel. *Türkiye'de Ermeniler: Cemaat-Birey-Yurttaş*. İstanbul: İstanbul Bilgi Üniversitesi Yayınları, 2009.

Özek, Çetin. "Din Özgürlüğünün Korunması ve Dinsel Haklardan Yararlanılması Konusunda Bazı Düşünceler." *İstanbul Üniversitesi Hukuk Fakültesi Mecmuası* 45, no. 1–4 (1981): 71–117.

Özkalp, Reşat and Aydoğan Ataünal. *Türk Millî Eğitim Sisteminde Düzenleme Teşkilâtı: Talim ve Terbiye Kurulu-Milli Eğitim Şûrası*. İstanbul: Millî Eğitim Basımevi, 1977.

Öztürk, Nazif. *Türk Yenileşme Tarihi Çerçevesinde Vakıf Müessesesi*. Ankara: Türkiye Diyanet Vakfı Yayınları, 1995.

Pacaci, Mehmet and Yasin Aktay. "75 Years of High Religious Education in Modern Turkey." In *The Blackwell Companion to Contemporary Islamic Thought*, edited by Ibrahim M. Abu-Rabi', 122–144. Oxford: Blackwell Publishing, 2006.

Parlak, Deniz. *Laikleşme Sürecinde Camiler: Geç Osmanlı'dan Erken Cumhuriyet'e*. İstanbul: İletişim Yayınları, 2020.

Parmaksızoğlu, İsmet. *Türkiye'de Din Eğitimi*. Ankara: Millî Eğitim Basımevi, 1966.

Riedler, Florian. *Opposition and Legitimacy in the Ottoman Empire: Conspiracies and Political Cultures*. Abington: Routledge, 2011.

Rubin, Avi. *Ottoman Nizamiye Courts: Law and Modernity*. New York: Palgrave Macmillan, 2011.

Saç, Selman. "Ilımlı Mücadeleden Radikal Önlemlere: 27 Mayıs 1960." In *Türkiye'nin 1960'lı Yılları*, edited by Mete Kaan Kaynar, 77–97. İstanbul: İletişim Yayınları, 2017.

Sakallıoğlu, Ümit Cizre. "Parameters and Strategies of Islam-State Interaction in Republican Turkey." *International Journal of Middle East Studies* 28 (1996): 231–251.

Savut, Harun and Ayşenur Özbakkal. "Prof. Dr. İsmail Cerrahoğlu'nun Hayatı ve Eserleri." *Bülent Ecevit Üniversitesi İlahiyat Fakültesi Dergisi* 4, no. 2 (2017): 157–176.

Sitembölükbaşı, Şaban. *Türkiye'de İslâm'ın Yeniden İnkişafı 1950–1960*. Ankara: Türkiye Diyanet Vakfı Yayınları, 1995.

Somel, Selçuk Akşin. *The Modernization of Public Education in the Ottoman Empire, 1839–1908: Islamization, Autocracy and Discipline*. Leiden: Brill, 2001.

Somer, Murat. "Is Turkish Secularism Antireligious, Reformist, Separationist, Integrationist, or Simply Undemocratic?" *Journal of Church and State* 55, no. 3 (2013): 585–597.

Şimşek, Eyup. "İlköğretim Din Kültürü ve Ahlak Bilgisi Ders Kitapları 'Ahlak' Öğrenme Alanlarının İncelenmesi," *Atatürk Üniversitesi İlahiyat Fakültesi Dergisi* 38 (2012): 189–214.

———"Çok Partili Dönemde Yeniden Din Eğitimi ve Öğretimine Dönüş Süreci (1946–1960)." *Ankara Üniversitesi Türkiye Araştırmaları Enstitüsü Dergisi* 49 (2013): 391–444.

Terzioğlu, Derin. "How to Conceptualize Ottoman Sunnitization: A Historiographical Discussion." *Turcica* 44 (2012/2013): 301–338.

Tezcan, Baki. *The Second Ottoman Empire: Political and Social Transformation in the Early Modern World*. New York: Cambridge University Press, 2010.

Tunaya, Tarık Z. *İslâmcılık Cereyanı: İkinci Meşrutiyetin Siyasi Hayatı Boyunca Gelişmesi ve Bugüne Bıraktığı Meseleler*. İstanbul: Baha Matbaası, 1962.

———*Türkiyede Siyasî Partiler 1859–1952*. İstanbul: Doğan Kardeş Yayınları, 1952, repr. İstanbul: Arba Yayınları, 1995.

Tuncer, Erol. *Osmanlı'dan Günümüze Seçimler (1877–2002)* Ankara: TESAV Yayınları, 2003.

Tunçay, Mete. *T. C.'nde Tek-Parti Yönetimi'nin Kurulması (1923–1931)*. Ankara: Yurt Yayınları, 1981.

Turam, Berna. "Turkish Women Divided by Politics." *International Feminist Journal of Politics* 10, no. 4 (2008): 475–494.

Turan, İbrahim. "Türkiye'de İlahiyat Eğitimi: İstihdam Alanı-Program İlişkisi üzerine Bir Değerlendirme." *İstanbul Üniversitesi İlahiyat Fakültesi Dergisi* 37 (2017): 59–77.

Turan, Refik. "'Milli Tarih'ten 'Sosyal Bilgiler'e Türkiye'de İlköğretim Düzeyinde Tarih Öğretimi." *International Journal of Social Science* 49 (2016): 258–278.

Türkmen, Buket. "A Transformed Kemalist Islam or a New Islamic Civic Morality?: A Study of 'Religious Culture and Morality' Textbooks in the Turkish High School Curricula." *Comparative Studies of South Asia, Africa and the Middle East* 29, no. 3 (2009): 381–397.

———"Kemalist İslâm'ın Dönüşümü mü Yoksa Yeni Sünni Yurttaş Ahlâkı mı?: 'Din Kültürü ve Ahlâk Bilgisi' Ders Kitapları üzerine Bir İnceleme." *Toplum ve Bilim* 120 (2011): 48-78.

Uçkan, Rafet. "Altmışlı Yıllarda Cumhuriyet Halk Partisi ve Ortanın Solu." In *Türkiye'nin 1960'lı Yılları*, edited by Mete Kaan Kaynar, 453–472. İstanbul: İletişim Yayınları, 2017.

Ueno, Manami. "Sufism and Sufi Orders in Compulsory Religious Education in Turkey." *Turkish Studies* 19, no. 3 (2018): 381–399.

Uygun, Selçuk. "Türkiye'de Dünden Bugüne Özel Okullara Bir Bakış: Gelişim ve Etkileri." *Ankara Üniversitesi Eğitim Bilimleri Fakültesi Dergisi* 36, no. 1–2 (2003): 107–120.

Uzer, Umut. *An Intellectual History of Turkish Nationalism: Between Turkish Ethnicity and Islamic Identity*. Salt Lake City: The University of Utah Press, 2016.

Uzun, Hakan. "İktidarını Sürdürmek İsteyen Bir Partinin Kimlik Arayışı: Cumhuriyet Halk Partisi'nin 1947 Olağan Kurultayı." *Çağdaş Türkiye Tarihi Araştırmaları Dergisi* 25 (2012): 101–139.

Ünsür, Ahmet. *Kuruluşundan Günümüze İmam-Hatip Liseleri*. İstanbul: Ensar Neşriyat, 2005.

Üstel, Füsun. *İmparatorluktan Ulus-Devlete Türk Milliyetçiliği: Türk Ocakları (1912–1931)*. İstanbul: İletişim Yayınları, 1997.

———*"Makbul Vatandaş"ın Peşinde: II Meşrutiyetten Bugüne Vatandaşlık Eğitimi*. İstanbul: İletişim Yayınları, 2004.

VanderLippe, John M. *The Politics of Turkish Democracy: İsmet İnönü and the Formation of the Multi-Party System, 1938–1950*. New York: State University of New York Press, 2005.

Wilson, Howard E. and İlhan Başgöz. *Türkiye Cumhuriyetinde Milli Eğitim ve Atatürk*. Ankara: Dost Yayınları, 1968.

Yanık, Aybars and Tanıl Bora. "Altmışlı Yıllarda Türkiye'nin Siyasî Düşünce Hayatı." In *Türkiye'nin 1960'lı Yılları*, edited by Mete Kaan Kaynar, 275–300. İstanbul: İletişim Yayınları,

2017.
Yavuz, Hakan. M. "Cleansing Islam from the Public Sphere." *Journal of International Affairs* 54, no. 1 (2000): 21-42.
Yaycioglu, Ali. *Partners of the Empire: The Crisis of the Ottoman Order in the Age of Revolutions*. Stanford: Stanford University Press, 2016.
Yıldız, Ahmet. "Hamdullah Suphi Tanrıöver." In *Milliyetçilik*, edited by Tanıl Bora, 642-645. İstanbul: İletişim Yayınları, 2002.
Yıldız, Nuran. "Demokrat Parti İktidarı (1950-1960) ve Basın." *Ankara Üniversitesi SBF Dergisi* 51, no. 1 (1996): 481-505.
Yılmaz, Mehmet Serhat. "Türkiye Cumhuriyeti İnkılâp Tarihi ve Atatürkçülük Dersi Konularının İlköğretimde Öğretimi." In *Türk Eğitim Sisteminde Atatürkçülük ve Türkiye Cumhuriyeti Tarih Öğretimi 10-11 Kasım 2005*, edited by Yasemin Doğaner, 23-44. Ankara: Hacettepe Üniversitesi Atatürk İlkeleri ve İnkılâp Tarihi Enstitüsü, 2006.
Yılmaz, Murat. "Erol Güngör." In *Milliyetçilik*, edited by Tanıl Bora, 650-657. İstanbul: İletişim Yayınları, 2002.
Yücel, Hasan Âli. *Türkiyede Orta Öğretim*. İstanbul: Devlet Basımevi, 1938.
Zürcher, Erik-Jan. *Turkey: A Modern History*, 3rd ed. London: I. B. Tauris, 2009.
———"Ottoman Sources of Kemalist Thought." In *Late Ottoman Society: The Intellectual Legacy*, edited by Elisabeth Özdalga, 14-27. London: Routledge Curzon, 2005.

秋葉淳「オスマン朝末期イスタンブルのメドレセ教育——教育課程と学生生活」『史学雑誌』第105編第1号、1996年、62-84頁。

———「アブデュルハミト二世期オスマン帝国における二つの学校制度」『イスラム世界』第50号、1998年、39-63頁。

———「オスマン帝国近代におけるウラマー制度の再編」『日本中東学会年報』第13号、1998年、185-214頁。

———「オスマン帝国における近代国家の形成と教育・福祉・慈善」広田照幸・橋本伸也・岩下誠編『福祉国家と教育——比較教育社会史の新たな展開に向けて』昭和堂、2013年、141-157頁。

———「『伝統教育』の持続と変容——19世紀オスマン帝国におけるマクタブとマドラサ」秋葉淳・橋本伸也編『近代・イスラームの教育社会史——オスマン帝国からの展望』昭和堂、2014年、26-50頁。

———「オスマン帝国の新しい学校」秋葉淳・橋本伸也編『近代・イスラームの教育社会史——オスマン帝国からの展望』昭和堂、2014年、86-112頁。

穐山祐子「『国民』の測りかた——トルコ共和国における近代人口センサス導入をめぐって」『言語社会』第7号、2013年、178-192頁。

———「『トルコ文字』導入過程にみる文字表象の政治性」『言語社会』第9号、2015年、262-275頁。

アサド、タラル『世俗の形成——キリスト教、イスラム、近代』中村圭志訳、みすず書房、2006年。

新井政美「トルコのナショナリズム思想に関する一考察——ズィヤ・ギョカルプを中心に」『史学雑誌』第88編第2号、1979年、191-211頁。

———『トルコ近現代史――イスラム国家から国民国家へ』みすず書房、2001 年。

———「『オスマン市民』の自由と平等――ミドハト憲法から 1924 年憲法へ」立石博高・篠原琢編『国民国家と市民――包摂と排除の諸相』山川出版社、2009 年、141-164 頁。

伊藤寛了「オスマン帝国末期におけるズィヤー・ギョカルプのナショナリズムとイスラーム改革思想」『イスラム世界』第 65 号、2005 年、1-24 頁。

———「イノニュの時代（1938～1950 年）のトルコにおけるラーイクリキ議論の展開」粕谷元編『トルコ共和国とラーイクリキ』上智大学イスラーム地域研究機構、2011 年、3-31 頁。

———「ポスト・アタテュルク時代のイスラム派知識人」新井政美編著『イスラムと近代化――共和国トルコの苦闘』講談社、2013 年、99-127 頁。

井上順孝「国際的視点からみた宗教文化教育」『國學院大學研究開発推進機構日本文化研究所年報』第 8 号、2015 年、33-45 頁。

今城尚彦「世俗主義の葛藤を生きるトルコの宗教的少数派――イスタンブルに住むアレヴィーの若者たちの信仰実践」『文化人類学』第 87 巻第 1 号、2022 年、26-43 頁。

岩坂将充「トルコにおける政軍関係の再検討――1960 年クーデタにおける将校団の『団体としての利益』」『日本中東学会年報』第 20－2 号、2005 年、295-321 頁。

上野雅由樹「ミッレト制研究とオスマン帝国下の非ムスリム共同体」『史学雑誌』第 119 編第 11 号、2010 年、64-81 頁。

———「アルメニア人オスマン官僚の教育的背景」秋葉淳・橋本伸也編『近代・イスラームの教育社会史――オスマン帝国からの展望』昭和堂、2014 年、138-164 頁。

上野愛実「トルコ共和国におけるナクシュバンディー教団エレンキョイ・グループとその機関誌『金の樋』」『オリエント』第 58 巻第 1 号、2015 年、57-69 頁。

———「1970 年代のトルコにおける道徳教育――宗教性の観点から」『東洋学報』第 99 巻第 2 号、2017 年、27-51 頁。

———「アタテュルク後の宗教教育政策――ライクリキの転換点」小笠原弘幸編『トルコ共和国国民の創成とその変容――アタテュルクとエルドアンのはざまで』九州大学出版会、2019 年、127-150 頁。

———「トルコ共和国における宗教教育政策（1940 年代～1970 年代）――宗教教育の再開から必修化まで」博士論文、東京大学、2020 年。

———「宗教に依拠しない道徳――1943 年刊『トルコ人の道徳信条』の解説と全訳」『大阪市立大学東洋史論叢』第 21 号、2021 年、92-109 頁。

大島史「トルコ『80 年体制』における民族主義とイスラーム――トルコ－イスラーム総合論を中心に」『イスラム世界』第 64 号、2005 年、1-20 頁。

大西直樹・千葉眞編『歴史の中の政教分離――英米におけるその起源と展開』彩流社、2006 年。

小笠原弘幸「トルコ共和国公定歴史学における『過去』の再構成――高校用教科書『歴史』（1931 年刊）の位置づけ」『東洋文化』第 91 号、2011 年、289-309 頁。

———「歴史教科書に見る近代オスマン帝国の自画像」秋葉淳・橋本伸也編『近代・イスラームの教育社会史――オスマン帝国からの展望』昭和堂、2014 年、165-185 頁。

カサノヴァ、ホセ『近代世界の公共宗教』津城寛文訳、玉川大学出版会、1997 年。

粕谷元「トルコにおけるカリフ制論議とラーイクリッキ――1922～1924 年」『日本中東学会年報』第 9 号、1994 年、93-116 頁。

———訳「〔全訳〕1924 年のトルコ共和国憲法」粕谷元編『トルコにおける議会制の展開――オスマン帝国からトルコ共和国へ』東洋文庫、2007 年、175-189 頁。

———「トルコの政教分離論再考——シャリーア・ワクフ省の廃止ならびに宗務局およびワクフ総務局の新設に関する法律（1924年）の検討から」粕谷元・多和田裕司編著『イスラーム社会における世俗化、世俗主義、政教関係』上智大学アジア文化研究所イスラーム地域研究機構、2013年、3-22頁。

———「1925年のトルコ大国民議会におけるタリーカ活動禁止法案審議」『イスラム世界』第91号、2019年、1-27頁。

小泉洋一「トルコの政教分離に関する憲法学的考察——国家の非宗教性と宗教的中立性の観点から」『甲南法学』第48巻第4号、2008年、279-345頁。

幸加木文「現代トルコにおけるフェトゥッラー・ギュレンの思想および運動の志向性とその変容」博士論文、東京外国語大学、2013年。

斎藤淑子「トルコ共和国『革命』と俗権国家の原則（lâyiklik）」『西南アジア研究』第21号、1968年、1-30頁。

桜井啓子『革命イランの教科書メディア——イスラームとナショナリズムの相剋』岩波書店、1999年。

佐島隆「トルコ・イスラームの一形態としての宗務庁——政教関係の一断面」『イスラム世界』第39/40号、1993年、45-72頁。

澤江史子『現代トルコの民主政治とイスラーム』ナカニシヤ出版、2005年。

伊達聖伸『ライシテ、道徳、宗教学——もうひとつの19世紀フランス宗教史』勁草書房、2010年。

———『ライシテから読む現代フランス——政治と宗教のいま』岩波書店、2018年。

———「論争のなかの『倫理・宗教文化』教育——近年の議論の動向と公共空間における『宗教』の位置」『ケベック研究』第10号、2018年、19-32頁。

伊達聖伸編『ヨーロッパの世俗と宗教——近世から現代まで』勁草書房、2020年。

田中マリア・細戸一佳・ミカエル・デルヴロワ「『スイスPER』における『倫理と宗教文化』教育の現状と課題」『倫理道徳教育研究』第3号、2020年、1-15頁。

永田雄三「トルコにおける『公定歴史学』の成立——『トルコ史テーゼ』分析の一視角」『植民地主義と歴史学——そのまなざしが残したもの』刀水書房、2004年、107-233頁。

藤波伸嘉「オスマン帝国と『長い』第一次世界大戦」池田嘉郎編『第一次世界大戦と帝国の遺産』山川出版社、2014年、191-218頁。

———「帝国のメディア——専制、革命、立憲政」秋葉淳・橋本伸也編『近代・イスラームの教育社会史——オスマン帝国からの展望』昭和堂、2014年、242-268頁。

ボベロ、ジャン『フランスにおける脱宗教性（ライシテ）の歴史』三浦信孝・伊達聖伸訳、白水社、2009年。

宮崎元裕「トルコにおける多元的宗教教育の状況とその可能性——イギリスとの比較を通して」『京都女子大学発達教育学部紀要』第11号、2015年、31-40頁。

山口昭彦「現代トルコの国民統合と市民権——抵抗運動期から共和国初期を中心に」酒井啓子・臼杵陽編『イスラーム地域の国家とナショナリズム』東京大学出版会、2005年、239-263頁。

山口輝臣『明治国家と宗教』東京大学出版会、1999年。

若松大樹「トルコにおけるアレヴィーの人々の社会変化——宗教的権威と社会範疇に関する人類学的考察」『文化人類学』第76巻第2号、2011年、146-170頁。

和田守編著『日米における政教分離と「良心の自由」』ミネルヴァ書房、2014年。

著者略歴

東京外国語大学外国語学部南・西アジア課程トルコ語専攻卒業、東京大学大学院総合文化研究科にて博士（学術）の学位を取得。日本学術振興会海外特別研究員を経て、2022年より岩手県立大学専任講師。専門はトルコ現代史、中東地域研究。論文に、“Sufism and Sufi Orders in Compulsory Religious Education in Turkey”（*Turkish Studies* 19, no. 3 (2018): 381-399)、「アタテュルク後の宗教教育政策――ライクリキの転換点」（小笠原弘幸編『トルコ共和国 国民の創成とその変容――アタテュルクとエルドアンのはざまで』九州大学出版会、2019年、127-150頁)、“The Rise of Nationalised, Religious Education in Turkey from the 1950s to the 1970s”（*Middle Eastern Studies*, forthcoming）など。

トルコ共和国のイスラーム教育と世俗主義
1940年代から1970年代における宗教政策

2024年11月23日　第1版第1刷発行

著　者　上《うえ》　野《の》　愛《まな》　実《み》

発行者　井　村　寿　人

発行所　株式会社　勁《けい》　草《そう》　書　房

112-0005　東京都文京区水道2-1-1　振替　00150-2-175253
（編集）電話　03-3815-5277／FAX 03-3814-6968
（営業）電話　03-3814-6861／FAX 03-3814-6854
三秀舎・牧製本

ISBN978-4-326-20068-9　　Printed in Japan

＊落丁本・乱丁本はお取替いたします。
ご感想・お問い合わせは小社ホームページから
お願いいたします。

https://www.keisoshobo.co.jp

伊達聖伸
ライシテ、道徳、宗教学
もうひとつの19世紀フランス宗教史
A5判 六六〇〇円
10203-7

伊達聖伸 編著
ヨーロッパの世俗と宗教
近世から現代まで
A5判 四九五〇円
10286-0

J・ボベロ
R・リオジエ
伊達聖伸・田中浩喜 訳
〈聖なる〉医療
フランスにおける病院のライシテ
四六判 四〇七〇円
15473-9

中野智世・前田更子・渡邊千秋・尾崎修治 編著
カトリシズムと生活世界
信仰の近代ヨーロッパ史
A5判 四九五〇円
20064-1

藤井修平
科学で宗教が解明できるか
進化生物学・認知科学に基づく宗教理論の誕生
A5判 四四〇〇円
10317-1

＊表示価格は二〇二四年一一月現在。消費税（一〇％）が含まれております。
＊ＩＳＢＮコードは一三桁表示です。

勁草書房刊